New Theories on
Chinese Character Typology

李海平 著

字形学

新论

重庆大学
出版社

献给我亲爱的小西北。

自序

因字体设计而进一步关注汉字，可惜总感觉在门外道听途说，于是萌发了进门去看看的冲动。

都说冲动是魔鬼，果不其然，还没走到门边就发现自己是周边最"矮"的那个。不过庆幸的是，个子不够可以勤奋来凑，而且矮子也有矮子的幸福和机遇。仰望的习惯使他更懂得珍惜每次所见的星空，时间久了，倒也能看出星空中的一些奇妙来。

数年来被先辈们一波又一波的知识浪潮冲击着，震撼中有一天忽然发现汉字的星空被人为地分为几大区域，虽然各自群星璀璨，但彼此却鲜少往来。"横看成岭侧成峰"，每个角度都有自己的美，可惜又都是不完整的，不免有些遗憾，每个角度都看看成了新的冲动。

借助先辈们的累累硕果，结合自己所处的领域，斗胆酝酿了《汉字字形学》和《汉字字体学》这对双胞胎，可谓初生牛犊不怕虎。可惜矮子即便能幸运地看出星空中的一点奇妙，要真正地验证并消化，其实难度极大，几年下来，磕磕碰碰、战战兢兢，总算勉强孕育出了其中的一胎——《汉字字形学新论》。

或许因为"混血"的天然基因，《汉字字形学新论》庆幸地融合了一些新的血液：

（1）扩展常规字形学的考察视角，首次提出字形设计的概念，并把字形气质、书写顺序、字形外轮廓、构件方位等一般文字学鲜少触及的字形内外在特征及字形选用制度、行款样式等字形应用都纳入研究的范畴。

（2）扩展常规字形学的字形研究类别，把民间字形（即民间文字字形）、宋体字形、现代设计类字形、现代书法类字形都纳入考察的范围，讨论字形演变过程中的自由化和程序化两个方向。

（3）尝试明晰"字形"与"字体"的异同及在汉字演变过程中的"相依"与"配合"关系，并斗胆厘正一般文字学中如合体字、异体字等用到的"体"的概念偏差，也试图辨明"画"字与"写"字的差异，明确各类字形的线条特点及艺术属性。

（4）提出取形源头、观察视角、取形手法、取形思维、成形范式、定形技巧、再次成形等字形设计技法，尝试构建一套新的字形研究基本内容，并有意识地归纳如字形的两种拆解法、"多"的表示法、品格功能等汉字字形设计区别于其他文字体系最重要的特点。

（5）探究书法与字体设计两个与汉字密切关联的不同专业方向在面对如字形重心设置、中宫设置等相同需求时，各自解决办法的不同出发点，试图从技法层面上厘清汉字相关学科之间的堡垒。

（6）对与字形相关的几个常见问题展开新的思考，主要有行款字序自上而下、行序自右而左基本样式形成的内在根源；小篆长方形、隶书扁方形、楷书正方形外轮廓定式化的根本因素；中国古代活字印刷被"边缘化"的真实原委；持单纸书写姿势的实用性商榷。

（7）总结汉字演变过程中的一些重大事件，如汉字的两次下行，汉字的两次造字观念羁绊的冲破。

（8）根据读图时代的特点，发挥图表的优势，增加了大量章节大纲式和细节解说式的图表应用。

新生的胎儿总是懵懂的、脆弱的，更需要引导指正。希望在各方的帮助下，《汉字字形学新论》茁壮成长，成为有用之才。

目录

附录

绪论

❶ 构件的概念出自王宁先生的《汉字构形学导论》，指当一个字形被用来构造其他的字，成为所构字的一部分时，它就是所构字的构件，见王宁《汉字构形学导论》，商务印书馆，2015年，97页。

❷ 正因为汉字获得字形的时候已经把"六书"手法蕴含在其中，因此在所获的字形中我们既能看到"六书"的独自应用，也往往能看到"六书"的混合使用。而这正是"六书"受到如"从来没有过明确的界说"，"每个文字如果由六书来分类，常常不能断定它应属哪一类"（唐兰《中国文字学》，上海古籍出版社，1979年，75页）等批判的原因所在，也是文字学家在"六书"外可以进行如"二书"、"三书"、新"六书"，甚至"七书"及"八种构字法""十一种构形模式"等广泛讨论，并持续取得累累硕果的原因所在。（王力先生提出"二书说"，唐兰、陈梦家、裘锡圭、张世禄、赵诚、刘又辛、林沄、卜伟光等先生提出"三书说"，戴君仁、张玉金提出"四书说"，王元鹿、朱振家提出"五书说"，李瑛、詹鄞鑫、苏培成对"六书"进行改造并提出"新六书说"，高亨、王凤阳提出"七书说"，李圃先生提出"甲骨文造字八法"，王宁先生归纳"汉字十一种构形模式"。）

❸ 注意，这并不意味着不同层级的取形是同时进行的。最初几个层级的取形往往是此前"成果"的直接应用，详见中篇合形一节的具体讨论。

❹ 我们可以简单理解为"六书"理论更侧重汉字的字义表达方面，而这里讨论的取形技法更侧重汉字的字形获得方面。

"六书"是最早分析汉字构造的系统理论，它的适用性使它一脉相承、长盛不衰。可惜"六书"提及的构造方法往往过于笼统，比如象形，"画成其物，随体诘诎"，具体画哪些物、取哪部分随体诘诎呢？"六书"留下了不少难点。倾向静态式的阶段性归纳，过于笼统的特点及理论形成所处的时代使它对先民们实际造字中不断面对问题、解决问题等积累过程的关注略显不足。

庆幸的是，我们发现早期文字其实蕴含着一套更"明细"的取形技法，从取形源头、观察视角、取形思维，到取形手法、构件❶方位规则，至成形基本范式、定形技巧，而"六书"❷就蕴藏在其中并发挥着高度的配合性。以"宿"字为例（图 0-1），它为取形设计了一个"人在屋里席子上睡觉"的典型场景。第一层级"人""屋""席"的形态采用了平视和俯视两种视角，取各自典型特征——象形所得；第二层级"人""屋""席"三者视角合成所需的场景（平视＋俯视）——会意法获得"宿"的意思❸，这过程里蕴含着"六书"❹且彼此之间相互配合。

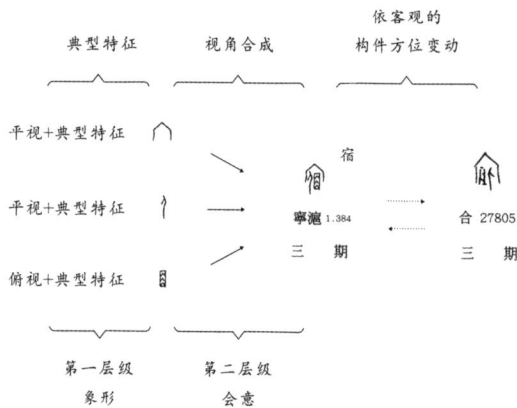

■图 0-1　"宿"字的取形　一个字形的获得往往需要多个层级。大部分人仅关注最后一个层级，最初几个层级所蕴含的"六书"手法常被忽略。图中涉及的具体技法及构件方位变动的相关依据详见中篇的讨论。

任何技法都不能一劳永逸，汉字也并非停滞不前，事实上，汉字的继续演变很快就遇到了一次重大的机遇和挑战，即第一次文字下行❶。

如果说早期的汉字主要是高层贵族这个"小圈子"里的"专享"，那么第一次文字下行则一定程度上打破了这种"专享"，它带来了一系列的连锁反应。

首先，原"专享"群体为了继续保持这种特权，不得不寻求为文字开发某种新的"专享"，装饰化、艺术化文字或许就是其中的一种选择，早期充满"贵气"性质的精致性装饰及之后有较高"门槛"的书法艺术应该都含有这种选择的因素，在此期间形成的形体间堡垒❷和历代文人们投入大量心血层出不穷的书论都可以作为"旁证"。

其次，原无这种"专享"的群体则成了"幸运儿"，他们如同忽然天降横财的"暴发户"，对文字透露着"既无所谓但又敬畏"的矛盾心态：

"无所谓"是因为易得，可以"毫无压力、无所顾忌"地对原有文字进行改造，或许没有这种"无所谓"的态度就没有了隶变的"胆大"。

"敬畏"，一方面是对忽然拥有文字使用权力的一种天然心理反应；另一方面是文字原有的"神圣"地位不可能短时间内变更，这时期掌握文字依然是一种"身份"的象征❸，这或许是隶变虽"胆大"却又有"底线"的原因所在吧❹。

于是，在两个群体这些"复杂"心态的共同推动下，形成了对汉字力求实用却又渗着情感的特有态度❺。在不断碰撞、磨合中，汉字步入了新的发展阶段，可以说是一个重要的转折点。

不过具体"落实"到字形层面，第一次文字下行不但强化了一些原来就需要面对的问题，同时还带来了一系列急需解决的问题：

其一，社会对文字记录语言精确性需求越来越高，但是文字数量不可能无限膨胀，无止境地创造新字是不现实的，如何有限度地创造新字成为造字法面临的重大挑战。或许造字法不需要本质上的革新，但是面对文字下行带来进一步加剧的这种需求而继续自我调节完善却是势在必行的❻。

❶ 汉字有过两次下行，还有一次发生于民国时期，详见附录一的讨论。

❷ 关于形体间堡垒详见下篇贵族一章的讨论。

❸ 需要注意，这次下行虽然一定程度上改变了文字的神圣地位，但它也仅是扩大了掌握文字的群体，并非我们想象中的普及大众，因此文字依然具有一定的神圣地位。

❹ 从其他文字体系的发展我们可以管窥这种态度的重要性。比如腓尼基人，我们不难猜测他们无论是对古埃及文字还是楔形文字都有"既无所谓又不敬畏"的心态，因此他们对这些文字采用了从造字法上直接颠覆的方式。

❺ 详见笔势化模式一章的进一步讨论。

❻ 此前汉字演变已出现过一次极为重要的涉及造字观念羁绊的冲破，详见附录二的讨论。

❶ 文字广泛应用带来的汉字职能开发等字用层面的内容,当然也是此时的重点,不过已超出了本书的范畴。

❷ 汉字有过两次涉及造字观念羁绊的冲破,一次构造层面,一次造型层面,详见附录二的讨论,这次文字下行关注的是后者。汉字初期成形时,虽然字形在造型上已和图画产生了一定程度的分离(详见字形演变的五个阶段一章的讨论),但依然束缚于取形物象,字形突破性简化和方便性书写都有待改进,因此造型层面的造字观念更新成为共同关注的重点。

❸ 这次观念的冲破可以说是汉字演变过程中仅有的"破而后立"状态。相对西文,民国以前,汉字几乎没有商业性交流、记录等急需的逼迫(这次下行的快捷书写需求其实是所有文字广泛应用时的一种常规需求),也没有外来力量的巨大冲击,主要"困扰"汉字的其实是异形、俗字等"小问题",因此没有出现西文"颠覆"式的急剧文字演变,而是形成自身独特的用字环境(详见地理环境一节的讨论),"慢慢"自我优化、推进,甚至有"空闲"把书写艺术化,并为之付出巨大的精力。民国时期则是商业性交流、记录等急需以及外来力量冲击的双重逼迫,汉字也曾尝试西文的"颠覆"式急剧演变。不过庆幸的是处于高度成熟期的汉字最终以"改良"的方式,顺利地渡过了这次自诞生以来最大的危机(详见现代文化一节的讨论)。

❹ 此处原文为"形状笔画",考虑此时笔画化尚未真正发挥作用,因此改为"线条形状"。

❺ 蒋维崧《由隶变问题谈到汉字研究的途径和方法》,《山东大学学报》,1963年第3期,1-20页。

其二,更严重的是,如一字多种构件方位选择、不重视书写顺序等原有造字观念下的字形规则已经不适应文字下行所带来的如日常快捷书写、美化等各种新需求,这其中日常的快捷书写需求与此时通用字形的矛盾尤其突出,旧字形面临着一次全新的改造。更新造字观念,形成一套适应这种新变化的字形规则迫在眉睫。

三　汉字关注重心的转向

可见,结合字形原本需要面对的问题及下行带来的契机和挑战,字形的继续演变可以表示如下:

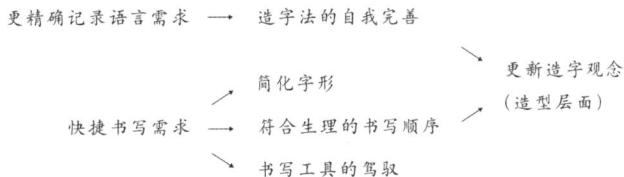

这个演变进程图同时也包含着汉字发展的两个重要信息:

(1) 发展的转向,即从侧重造字需求转向侧重书写需求;

(2) 发展指向了同一个关注重心❶,即更新造字观念(造型层面)❷。

汉字借此完成了如冲破取形物象束缚等重大造字观念的转变❸,实现了一次极其重要的自我提升。不过这时期的"光芒"虽然笼罩在造字观念更新上,但实际上大部分探索是在相互配合中同时进行的,并常常呈现自身的独立性或阶段性。

前者相互配合如形声方式"分量"的加重与隶变的相辅相成。蒋维崧先生认为汉字发展到以形声方式为主的阶段,合形字才可以完全靠偏旁的不同来互相区别,单体字则通过线条形状❹的不同来互相区别,隶变得以产生(即笔势化模式真正发挥作用,详见后文),并反过来推动形声方式的进一步发展❺。

后者呈自身独立性的如造字法中对利用原有字形造字的进一步
完整化❶：

相似的字义 → 不同的字音 → 利用原有的字形造字 → 转注（原有）
                        （原有的两个不同字形）

不同的字义 → 相似的字音 → 利用原有的字形造字 → 假借（原有）
                        （原有的同一个字形）

不同的字义 → 不同的字音 → 利用原有的字形造字 → 增形（新）
                        （原有的两个不同字形
                        或在其上的轻微改造）

❶ 有不少学者尝试通过后来的隶楷字形总结造字法，如前文注释中提到李瑛先生总结的"新六书"，即笔画直接组合、以简单字形为核心增加笔画、符号组合、符号与偏旁组合、会意、形声，见李瑛《隶楷汉字的造字方法——"新六书"》，中国社会科学出版社，2012年。
❷ 林沄《古文字学简论》，中华书局，2012年，104页。
❸ 关于毛笔的优劣势及其劣势的神奇转化，详见毛笔一章的讨论。

不难看出，后来的造字法完善了利用原有字形的第三种情况，即音义都不同的现象。差别是利用原有的字形是异形，或在其上轻微改造的异形，如"事""吏"本是同字异形，后来直接分离成两字，而"音"是"言"加一点变为异形再分离为新字。林沄先生很早就注意到了这种造字法，称它为不增加偏旁而利用异形或有意造成异形的分化方法，既不能归为表义法，也不能归为表音法或兼表音义法，是一种属后起而具有独立性质的造字法，称为"分形法"❷。不过这种造字法义不同、音不同，形其实也不同，"分形"虽直接表明了把形分开，但是"分"也有"分得""分到"的含义，存在"分得其中某音某义"的误解，建议用"增形"，表示音形义三者都分离，实际是全方位增了一个形，更契合这种造字法的特点，这样真正完善的汉字构造方法可以称为"七书"。

呈阶段性的如驾驭书写工具的尝试。书写需求的侧重必然导致对书写工具前所未有的关注，带来书写心态的变化，结合前文提到"专享"群体的选择等因素，形成了使用工具、驾驭工具和升华工具三个典型的阶段，神奇地把毛笔的劣势转化为优势❸，使字形美化追求常态化，可以对应着汉字字形演变中的几种变化：

使用工具 —→ 驾驭工具 —→ 升华工具
   ↓   ↓   ↓
受工具的限定 —→ 追求书写生理 —→ 追求书写心理

菁 6.1   粹 1000   井姬鼎   師<u>旂</u>鼎   亦
一期   三期   周早   周中

菁 4.1   佚 383   母
一期   四期

■图 0-2　"亦"与"母"字形中的两个小线段各表不同的含义

❶ 我们甚至认为不断遇到问题、不断解决问题是汉字不断发展的根本动力所在，也是汉字作为最古老的文字之一能存活下来的关键所在。

❷ 沙宗元《文字学术语规范研究》，安徽大学出版社，2008年，134页。

❸ 王筠《说文释例》，中华书局影印本，1987年，10页。

❹ 对于这三者是否并举，目前学界有很多不同的声音。早期的如梁东汉先生认为三要素论是不科学的，它在某种条件下可以成立，但是当一个字只是代表词的一个音节时，这种说法就站不住脚，见其《汉字的结构及其流变》，上海教育出版社，1959年，3页；近期的如李运富先生认为"形音义"并不是同一平面的东西，也不都是必不可少的东西，不宜并称三要素，见其《汉字学新论》，北京师范大学出版社，2012年，5页。

❺ "字形设计"的定义受到了黄哲老师的指点，特此感谢。

❻ 这个定义依据的是传统汉字概念。目前有些学者认为汉字对于语言有相对的独立性，能不受时空限制表达一定的意象信息（事物或观念），代表著作有《汉字学新论》《汉字文化引论》。前者为汉字下了这样的定义："汉字是汉族人创造的，不受时空限制而能表示一定的意象信息（事物或观念），也能记录汉语（词，语素和音节）的平面视觉符号。"详见李运富《汉字学新论》，北京师范大学出版社，2012年，5页。后者也下了类似的定义："汉字是汉族人民创制的，作为社会记录和交往工具用的，直接表达意义的，具有象征作用和审美价值的，和汉语结构相适应的书写符号系统。"详见苏新春《汉字文化引论》，广西教育出版社，1996年，22页。据这种新的认识，字形设计也应该存在构拟表示一定意象信息（事物或观念）的平面视觉形态的过程。

值得一提的是，字形在此期间一直体现着一种"坚持"，即选用最精简字形的同时力求保留最基本的理据。这在字形的简化意向、气质变化、书写顺序和文字功能等演变过程中都有直观的反映。它其实带来了很多麻烦，比如取形时字形的可选度变得有限，甲骨文"亦"字的"腋下"与"母"字的"双乳"不得不用同样的两个小线段表示（图0-2）。这样的字形在字义信息传达中当然很容易引起误读或产生分歧，不过即便是笔画化之后这种可选度变得更有限，汉字也没有因此而改变这种"坚持"。

四　字形设计概念的提出

汉字的这些发展变化正好反映了字形演变的过程性：

漫长的汉字字形演变历史，其实是汉字字形面对一个个困难，寻找相应解决办法，不断自我完善的过程❶。汉字字形的研究需要涵盖"过程"——字形演变规律、各影响因素的整理归纳及"解决办法"——造字法的总结两个因素。基于这两个因素，导入设计学，提出"字形设计"概念，糅合这些研究内容成为汉字字形学研究的一个新的尝试。

但是要真正明晰什么是"字形设计"，首先必须厘清"字形"的概念。

"字形"经常被解释为文字的外形，即一种文字单个字符在空间展示出来的形状❷。不过这个定义仅是对字形的一种外在形态描述，王筠《说文释例》提到："先有字义，继有字声，乃造字形。"❸文字学上通常把"字形""字义""字音"三者并举❹，字形显然不仅仅是表面看起来的文字外形：

首先，字形是为记录汉语，它必然蕴含着记录汉语义和音的方法，并随着义和音的发展而不断向前推进，其间不可避免的各种影响因素接踵而至，具有明显的过程性。

其次，在实现记录汉语的过程中汉字的识读和书写是不可分割的，因此字形必然涵盖结构和书写两种属性。

由此，我们不难得出"字形设计"的概念❺：字形设计是构拟记录汉语义和音信息的平面视觉形态的过程❻。

字形设计具有"方法"和"过程"两个内涵，它与我们设计学科中的"字体设计"是两个不同的概念（详见附录三的讨论），同时有几点需要注意：

（1）"方法"与"过程"两个内涵都是字形内在层面的内容，字形设计概念的提出及其意义在于把这些内在层面挖掘出来，认识字形的本质，明晰字形与绘画图形的差异。

（2）字形与字体都涉及书写属性，不过字形所蕴含的书写属性主要指文字能被顺利、方便地写出来，关注书写的快捷化和生理性，而字体所包含的书写属性更多指书写后的外在形态具有某种风格特征，注重书写的视觉感受，是不同的追求方向。

（3）字形与字体的名称是共用的。我们通常说"楷书"，字体上是"楷书体"，而从字形角度是指一种楷书状的字形，可以称为"楷书形"。目前的这种共用，由于没有严格的限定，很容易引起一些麻烦，比如用楷书风格书写小篆状的字形，是称为楷书还是小篆呢？对于字形字体名称的共用，在阅读的时候必须有明晰的判断❶，目前文字学领域中有些用到"体"的概念就存在一定的偏差，对这些概念的斗胆厘正详见附录三。

（4）字形结构与结体的差异。一个是字形的概念，一个是字体的概念。虽然两者都指向文字各组成部分的布局，但字形结构侧重布局的科学性、系统化，结体则侧重布局如疏密、匀称等美感问题。

五　字形设计的研究内容

通过上面的分析，我们发现字形设计的研究内容通常必须涵盖静态的"技法"❷、动态的"演变"及它们的影响因素。其中如书写需求、书写工具的驾驭等关注点转向带来的字形变更更是考察的要点。除此之外，不局限于单个字形，篇章形态也成了考察的重点。综合以上几点可以归纳为三个部分：

（1）字形的演变过程，涉及字形的演变规律、内外在特征演变、字形的选用制度、行款样式；

（2）造字法，即字形设计技法，涵盖设计指导思想、设计思维等；

（3）字形演变的各类推动力，即字形设计的各影响因素，触及设计思维层面，也包括某个文字的具体取形。

❶不少学者采用"形体"这个概念，可惜对字形与字体的具体关系往往不加辨识，字形和字体的研究通常混在一起。

❷这里所谓的静态是相对的，详见中篇并存与革新一节的讨论。

这三个部分彼此关联、相互作用，它们的整体研究才构成了汉字字形设计研究相对完整的框架。

汉字字形设计技法是三项研究的核心，不过"六书"就蕴含在这些技法中，因此这里不再专门探讨"六书"。

对于研究中设计思维和字形规则等方面的归纳有两点补充：

第一，这种归纳并非绝对化的，仅是一种共性的总结，它如同"六书"的归纳一样，并不能绝对化地对应到每一个字形中。

第二，有些规则如"三即是多"是阶段性的总结，在后来的发展中被一定程度地破坏，如"首"的字形，初期依据规则的"三眉毛"在隶变后只剩"两眉毛"了，因此这类规则的归纳更容易让人产生疑惑。

此外，为了更好地辅助研究，发挥图表的优势，增加图表应用也是一种新的尝试。图表有两类：一类是章节大纲式的图表，一类是细节解说式的图表。

六　注意事项

（1）为了研究方便和避免混淆，这里的字形名称依然采用传统的方法，就是直接采用相应字体名称"代言"，如甲骨文表示甲骨文字形，篆文表示篆文字形，后文将不再明晰标出。

（2）书中的辅助字义主要以学界认定的为主，不介入训诂学层面的考释和争论。

（3）书中早期的字形考察目标主要是甲金文。甲骨文虽然有"册"字，西周金文也有大量史官"册命"的记录，但目前发现的竹简，年代最早也不过是战国初年（曾侯乙墓的遣册），史料严重欠缺。

（4）书中提到"至某种字形"时，通常指某一种字形成为字形演变的关注点，并不意味着它是标准字形，也不意味着之前的其他字形就消亡了。比如"至草书时"，指草书占据了字形发展的"聚焦点"，但其实隶书才是当时的标准字形，只是"光芒"不如草书，这时期小篆也依然存在，但只是和草书一样作为一种辅助字形。

（5）书中提到的字形都是当时的。很多字形虽然后代也在使用，但就字迹而言，秦时李斯的小篆并非唐时李阳冰的小篆，这是需要强调的。

（6）书中提到同时存在很多字形，仅指它们在字形层面上的存在，就社会通用层面上，它们或如同汉时的草书仅是一种辅助字形，或如同现代的甲骨文根本不通用。

由于知识结构所限，且研究能力不足，文中必然存在不少缺陷和附会现象，如同日本学者林巳奈夫在一本研究画像石的著作中写的："对于面对'制作画像石的目的是什么？上面画的情景有什么含义？'等诸多问题的时候，笔者自己本身也没有完全搞清楚，也正是如此，才一直进行研究，所以不能说'毫无疑问，肯定如此'的话，请允许我这样解说：'目前我是这么考虑的。'"❶敬请方家指正。

❶〔日〕林巳奈夫著，唐利国译《刻在石头上的世界：画像石述说的古代中国的生活和思想》，商务印书馆，2010年，2页。

上篇

汉字字形的演变

第一章 汉字字形演变概述

一 汉字字形的分类

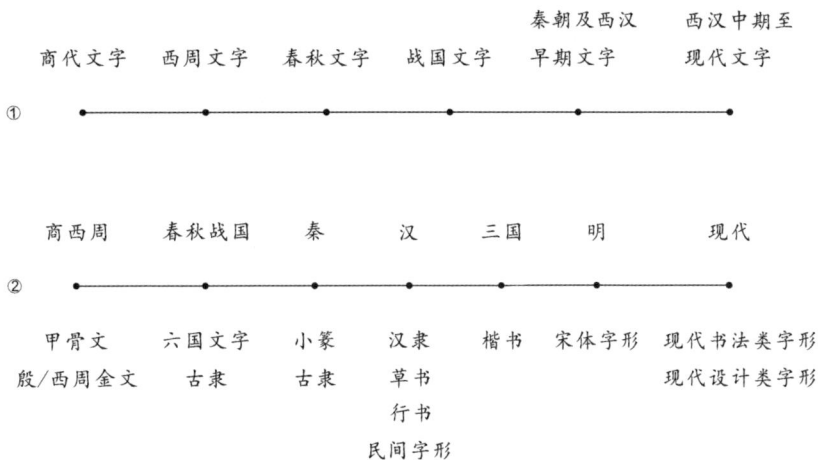

	商代文字	西周文字	春秋文字	战国文字	秦朝及西汉早期文字	西汉中期至现代文字
①	•	•	•	•	•	•

	商西周	春秋战国	秦	汉	三国	明	现代
②	•	•	•	•	•	•	•
	甲骨文 殷/西周金文	六国文字 古隶	小篆 古隶	汉隶 草书 行书 民间字形	楷书	宋体字形	现代书法类字形 现代设计类字形

■图1-1 汉字字形的分类 ①是以时间为依据的字形命名,②是为了方便研究特别制作的字形演变图,并不代表规范的字形分类及其发展更替关系。

❶ 指草书的得名来自"草稿",又称"稿书"。

❷ 王凤阳先生认为社会上通行的文字只有两类:标准文字和日用文字,同时又认为同时代并行的只存在标准体和应用体,详见王凤阳《汉字学》,吉林文史出版社,1989年,103页、180页。不过严格来说,标准文字也是日用文字的一种,即标准体也是应用体的一种。为避免这种概念上的歧义,这里分为标准字形和辅助字形,使各自的功用更明晰化。

提及字形的分类,我们通常会想到甲骨文、隶书、草书等熟悉的名称,其实这些名称本身就存在着一些困扰,比如甲骨文来自书写载体,而草书有的认为来自书写特点, 也有的认为来自书写用途❶, 命名依据并不一样。此外,甲骨文是出土文物,小篆是传世文献,性质也不一样。虽然我们可以用同一种依据或性质来命名, 如图1-1中 ① 的命名, 但是这种命名方式同样存在不足, 实际研究中依然需要草书、楷书等名字, 对于汉字字形的命名还需学界的进一步规范统一。

鉴于此,这里抛开命名的困扰,图1-1中②以时间为线列出不同时期对应的字形。在后文的图例和行文中有些依照上面的时间, 有些依照下面的字形名称,但都只是一种权宜之计,不代表规范的字形演变关系。

当然, 学者们还常用字形的另一种分类法, 就是从社会通用层面入手, 只有两类, 标准类和辅助类, 即标准字形和辅助字形❷。标准字形指具有官方性质的社会通用规范字形, 辅助字形指标准字形外起补充辅助作用的字形。标准字形通常只有一类字形, 如秦时的小篆、汉时的隶书。而辅助字形一般含有多类字形,如汉时草书、篆书并存。

但是无论是哪种分类方法,都不可能留意到所有的字形,历史中真正能被关注到的字形往往只有三类:

(1) 能成为某个阶段社会字形"焦点"的,如鸟虫书、小篆、隶书。

(2) 不一定是社会字形"焦点",但字形改造幅度较大,具有代表性的,如古隶、宋体字形。

(3) 名家或名作品的字形,如欧阳询的书法字形、《兰亭序》里的字形。

由于第三类更多以书法层面的字形为主,因此这里仅关注前两类。结合两种分类方法,主要有甲骨文、金文、六国文字、古隶❶、小篆、汉隶、民间字形(即民间文字字形)、草书、行书、楷书、宋体字形、现代书法类字形、现代设计类字形。

有一点需要补充,即宋体字形、民间字形、现代书法类字形和现代设计类字形一定程度上反映了字形在自由化和程式化方面的发展状态,也是字形演变不可或缺的研究对象(图1-2)。

宋体字形常被认为是充满匠气的呆板字形,实际上它对楷书字形进行了大幅度的特征概括❷,在实际应用中,对字形统一性相对严格,是一次前所未有的字形高度程式化处理,值得单列考察。

民间字形,以民俗字体字形为代表,是汉字的另一个发展方向,它的字形是自由化的典型,正好与宋体字形的高度程式化相对,也值得单列考察。

现代书法类字形、现代设计类字形是字形自由化和程式化现代发展的成果,同样是字形演变考察的主要对象。

❶《颜氏家训·书证》记载:"开皇二年五月长安民掘得秦时铁秤权,旁有铜涂镌铭两所……其书兼为古隶。"见檀作文译注《颜氏家训》,中华书局,2007年,260-261页。此外,六国也进行了类似隶书的尝试,而且此时草书已经萌芽,因此称古隶比草隶、秦隶更能避免混淆。

❷宋体字形是对楷书字形特征概括的成功之作,巧妙保留了楷体最典型特征的同时又实现了高度的程式化,具备流水线作业的可能,详见下篇工匠一节的讨论。

■图1-2 品牌字体字形和民间字体字形 上为现代设计类字形(品牌字体字形),李海平、戴嫚设计;下为民间民俗字体字形。

二 汉字字形演变的五个阶段

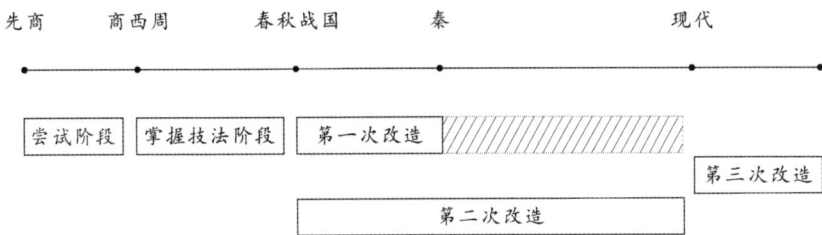

■图1-3 汉字字形演变的五个阶段

❶目前所见其他地方的商代文字，字形基本与殷墟甲金文相同，没有明显的地方色彩，见陆锡兴《汉字传播史》，语文出版社，2002年，15-16页。这说明这时期的文字已经有一套统一的、相对完整的字形设计技法。

❷裘锡圭《文字学概要》（修订本），商务印书馆，2013年，5页。

❸万业馨《应用汉字学概要》，商务印书馆，2012年，75页。

❹有意思的是，这种生理层面的特点有时候竟成为书家展现个性的突破点。比如张瑞图书法的标新立异，很可能来自他在研习书法时发展出的一种既不寻常却符合他本人肌肉生理特点的书写习惯。转引自白谦慎《傅山的世界：十七世纪中国书法的嬗变》，生活·读书·新知三联书店，2015年，33页。

从汉字字形设计技法掌握程度及字形改造状态入手，汉字字形演变可以分为五个发展阶段：尝试阶段、掌握技法阶段、第一次改造、第二次改造和第三次改造（图1-3）。

"尝试阶段"指汉字发展初期对字形设计技法各种可能性的尝试和归纳，实际上是一个技法试验、总结和储备的阶段。目前史料的严重缺乏使这部分历史的考证异常困难，其更多的是一种猜想。

"掌握技法阶段"指已经总结了一套字形设计的技法❶，汉字的基本功能也已经完全具备的阶段。这时期字形与图画逐渐实现了分离，代表字形是甲金文。

这个阶段，汉字字形与图画容易混淆。我们知道字形与图画的分离有两种情况：一是构造法上，有学者认为，表义字的产生有助于使那些本来跟图画没有明确界线的象形符号逐渐跟图画区分开来，成为真正的文字符号❷；也有学者认为形声结构方式是对图画方法的彻底抛弃❸。二是造型方式上，即字形与图画所用造型方式的分离。这两种情况都达到了，字形与图画才算是真正地完全分离。由于早期汉字字形采用了与绘画类似的线或线面等"画"字的方式，因此有时候形态上与绘画图形看起来并没有什么不同，但实际上已经出现了第一种情况的分离（图1-4）。

"第一次改造"指掌握了一套字形设计技法后，在逐步完善过程中，正遇到第一次文字下行的契机而进行的如美化、书写顺序生理化等各类字形改造尝试的阶段，保守与开放并存，且初具成效。美化尝试带来第一次文字装饰的高峰，而书写顺序生理化尝试❹则代表着汉字关注点更

■图1-4 字形与图画关系变迁 或许目前所见初期铭文中的天、齿、亦等字的人物（左上）与岩画（右上）在造型上并没有本质的差别，但是内在成形方式上如"亦"字用两点表示腋下的造字方式其实已经与图画的方式完全不同了；而后来春秋时期《嵌赤铜狩猎纹壶》上的人物与动物造型（中右）与左边同时期的天、鸟、马等字在造型上已能看出很大差异，图画与字形明显是两种不同的发展方向。当然就文字本身，相对初期齿字还需画出人的身体（左上），左下的齿、目、口等字的字形形态不但意味着与图画方式的分离，同时也意味着典型特征取形规则的成熟，早已经放弃了图画的任意性❶。

多转向书写需求后的"具体行动"，开始驾驭工具，其中如古隶❷与最初草书的字形实践意味着束缚于客观物象的造字观念已经出现了瓦解，字形与图画也真正分离❸（图1-5）。这个时期也有一个现象值得注意，即官方直接介入了字形规范❹，代表性事件是小篆的规范❺。

"第二次改造"的初期实际上就是第一次改造，之后是其中一个方向的延续，因此也可以认为依然处于"第一次改造"阶段，不过不同于初期的保守和试探，这个阶段的发展方向明确，在驾驭工具的基础上，致力于挖掘工具的潜能，并实现了工具的升华，步入书写反映心理的层面，字形也完全脱离了客观物象的束缚（图1-6），不但连续出现了具有开拓性的文字形态，即隶书（汉隶）、草书、行书和楷书，同时哲学的介入艺术化了书写，使它成为汉字的一种常态化追求。与此同时，当汉字萌发了更契合版刻特点的字形需求时，由于技法的熟练，汉字很快就出现了全新的程式化字形——宋体字形。

"第三次改造"是汉字字形的一个全新发展阶段，由外来文化和技术革命带来

不同阶段	字形与图画的关系	字形与取形物象的关系
尝试阶段	不分离	完全束缚于取形物象
掌握技法阶段	基本分离	束缚于取形物象
第一次变革	真正分离	出现瓦解

■图1-6 不同阶段字形与图画的关系、字形与取形物象的关系

的，直观表现为书写工具、材料的革命性变更，主要体现在现代字体设计和现代书法上。现代书法突破了传统文房四宝的概念，比如书写工具除了毛笔，还有电脑、喷枪，甚至挖掘机、推土机、身体器官、动物等意想不到的物体；颜料也不仅是墨，还有各种

❶ 其实在有些甲骨板上偶尔夹杂的图画已清晰地表明了字形与图画的这种分离，如《甲编》2336上的"人猿图"，《甲编》2422上的老虎图、大象图，它们与字形的差异是非常明确的图画与文字的差异。

❷ 有学者认为隶书得名于它作为小篆的附属字体，而非狱吏或徒隶，见何琳仪《战国文字通论（订补）》，江苏教育出版社，2003年，197页，而这也正好契合隶书是因快捷书写需求而发端的事实。

❸ 必须注意在这个阶段出现了青铜器纹饰与铭文装饰追求上同步的现象，见下篇工匠一节的讨论，不过它仅是字形与图画表层的关联。

❹ 有学者如赵平安先生认为秦国历史上曾至少有过三次"书同文"。第一次在周桓王时期，第二次在秦孝公时期，第三次才是我们常说的秦统一后的"书同文"政策。详见赵平安《试论秦国历史上的三次"书同文"》，原载于《河北大学学报》，1994年，第3期，81-84页，112页，后载于其《隶变研究》，河北大学出版社，2009年，136-143页。

❺ 姜亮夫先生认为小篆总结了汉字发展的全部趋向、全部规律，也体现了汉字结构的全部精神。详见姜亮夫《古文字学》，1984年，浙江人民出版社初版，校订后载于《姜亮夫全集十七》，云南人民出版社，2002年，56页。

❶ 对于这种不同，我们猜测有以下几个因素：一，纹饰已经处于成熟期，而文字尚处于探索期；二，先民已经在意识中把文字与纹样区别化的一种表现；三，为了保持文字神秘感、神圣感的需要，不与纹饰雷同化的一种手段。

❷ 绪论已经初步论及字形与字体的密切关系，有学者认为笔法空间运动形式的终结意味着大类别字体发展的终结，见邱振中《笔法与章法》，江西美术出版社，2012年，46页。大

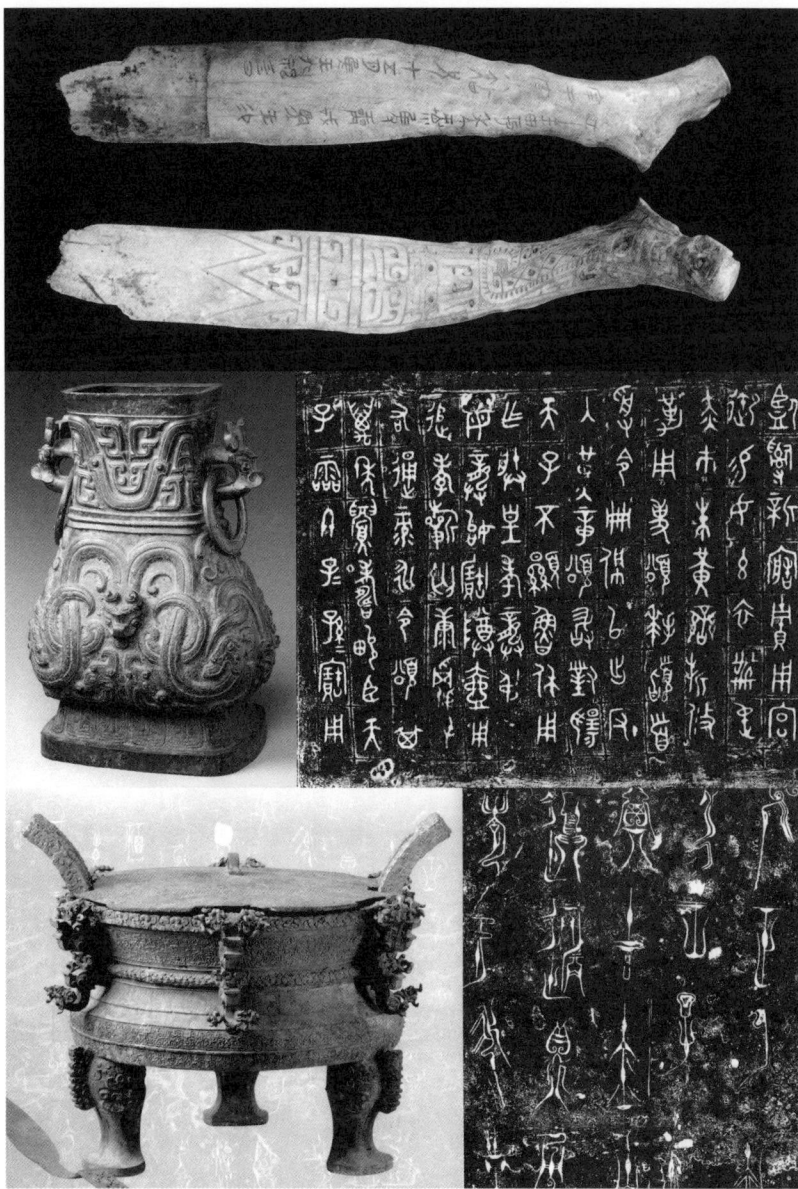

■图1-5　字形与纹饰的关系　对比商《宰丰骨》上的甲骨文及纹饰（上），我们发现铭文自由平和，而纹饰规整精致，是两种不同的美感追求。这在铭文上也有同样的体现❶，《颂壶》的铭文（中右）即便是打了格子书写，但相对纹饰的精致（中左），它显得"随性"多了，不过这时期也出现了如《王子午鼎》铭文追求类似纹饰那种华丽装饰的现象（下），是文字与图画分离后出现的少数在装饰美感上有同步趋向的现象。

黏合剂、化学剂，有时候干脆用数字技术，字形随意性和程式化并存，变化可谓"天翻地覆"。而现代字体设计，一方面，几乎任何一种方式都可以被引入到汉字的字形设计中，字形设计作品千奇百态（图1-7）；另一方面，大量新兴的，代表全新书写工具、书写载体初步成果的❷如屏显类字体，虽然没有形成如楷书、隶书等开拓程度如此高的字形，但实际上已在一定

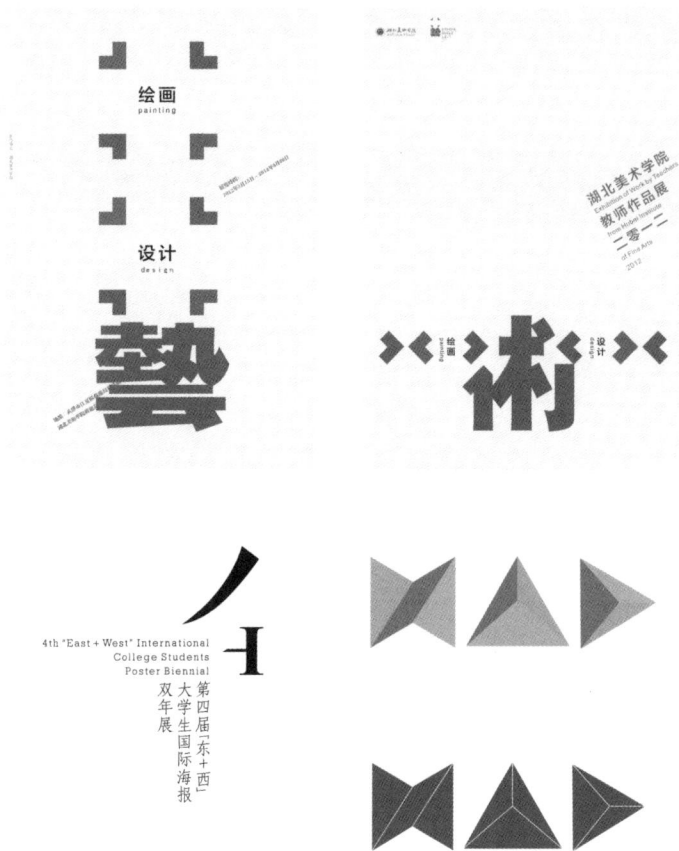

■图1-7 现代字体设计的包容性 现代字体设计作品里中文、西文、阿拉伯数字等都展现了极大的包容性。上为湖北美术学院2012年教师作品展系列海报，"艺术"两字把两种不同形式的括号巧妙融合在字形中，表示展览的包容性；左下为第四届"东+西"标志，其中的"4"字结合了汉字笔画和拉丁字母笔画，表示展览融合了中西两方；右下为辛安渡市政标志，立体化了辛安渡拼音的头个字母"XAD"，表示公司服务的全方位，皆李海平设计。

程度上突破了原有字形的框架，代表着新一轮的字形变更已经来临。

不过需要注意的是，随着如人工智能等更具革命性技术的介入❶，或许字形的第三次改造尚未完成就直接步入了第四次改造，取形成形等字形相关的一切可能会出现难以预料的更具颠覆性的变更。

（接上页）类别字体发展的终结必然影响字形的发展，汉字的演变也证实了这种关联。不过之前笔法的讨论是以毛笔为对象的，而第三次改造中毛笔已经不再是主要书写工具了，因此它的直接变更意味着新"笔法"出现的极大可能性，也必然预示着新的开拓性字体诞生的可能，进而导致字形的新一轮发展。

❶2018年已经出现了首款以人工智能命名的字库字体——阿里汉仪智能黑体，不过它是人机协作模式协调生成的，人为的成分很高。

三 汉字形与体的相依与配合

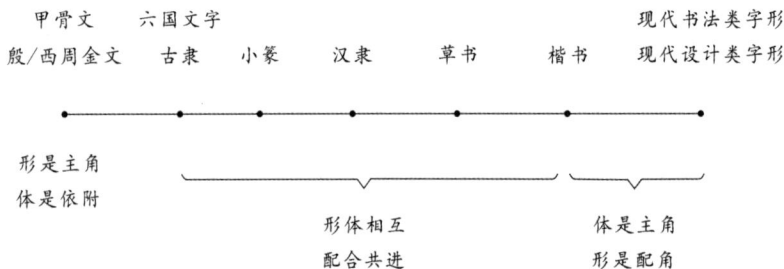

甲骨文	六国文字						现代书法类字形
殷/西周金文	古隶	小篆	汉隶	草书	楷书	现代设计类字形	

形是主角
体是依附

形体相互
配合共进

体是主角
形是配角

■图1-8 形与体关系的三个不同阶段

■图1-9 隶变与隶定后字形的差异 横向第一组为篆文,第二组为直接隶定后的字形,第三组为隶变后的字形,可见纯粹体的变化对字形的推进是有限度的。

❶ 黄约斋《汉字字体变迁简史》,文字改革出版社,1956年,22页。

汉字形与体虽然是两个概念, 但又具有前文提到的如名称共用等密切关联,在实际的汉字演变过程中, 它们相互依存, 又相互配合,我们可以将其关系分为三个不同阶段 (图1-8)。

第一阶段, 形是主角, 体是依附。这个时期以造字法, 即字形设计技法的进一步完善为最主要任务,文字美感追求更多是一种自然反应, 刻意成分并不强烈, 其实严格来说, 早期并没有体的概念, 一切以形的发展为主。

第二阶段, 形体相互配合共进。同样是第一次文字下行带来的契机, 更精确表达语言、快捷书写、字形简化、文字美化等需求都成为汉字发展的热点, 不同国家、不同群体都卷入了这场形与体的试验中。其间除了形的激烈变更, 体也因美化追求的主动化而开始受到重视。这是一个形和体都在各自尝试的阶段, 也是形和体积极配合共进的阶段, 直至楷书时, 字形结构、书写工具、书写生理、艺术化需求等方面才终于达到完美统一。

需要注意, 这个阶段虽然是形与体的配合阶段, 但实际上形依然是主角 (图1-9), 也就是说形的简化、快捷书写是汉字演变的真正推动力量, 体是服务于这种需求的, 几大重要字体的形成虽有艺术化、规范化等层面的因素, 但更多的是配合这种需求的成果, 一些字形构件的类化如"奏""奉""秦""泰""春"等字上部一律被置换为春字头❶, 主要力量是形的结构变更, 而非体的发展推动。

第三阶段, 体是主角, 形是配角。该阶段形与体配合共进的高峰已经过去, 形基本稳定不变, 大类别的体本身也停止发展。这时期汉字主要集中于原有形、体的基础上挖掘各种艺术可能性，不但具有明确谱系传承的风格贯穿其间，个性化的风格追求更是大放异彩。

第三阶段的这种追求一直持续到当代，不过在面临书写工具、承写物的更进一步革命性变革时，或许形与体将会再次出现新的尝试与配合，继续推动汉字形与体新的繁荣。

四　汉字字形演变的两条路线

第一次文字下行后，字形演变出现了两条路线，主线和副线。

主线，顾名思义指汉字字形演变的主流路线，它拥有字形演变的话语权，广受关注，以社会通用层面的正形方向❶及字形外在特征层面的美化方向为代表。

正形方向，即官方性质的标准字形发展方向。历代无论字形如何演变，官方层面总会适时"出手干预"，从中规范出适合社会通行的标准字形。它通常不是一种硬性的新造字形，而是从社会现行的众多字形中选取，并予以规范化、官方化。正形方向从文字诞生起就如影随形，并随字形的发展与时俱进，表面上它常会被指定到某个具体的作品或文件中，前者如秦李斯书写的刻石铭文形体，后者如1965年政府认定的《简化字总表》。不过从大的层面上看，汉字字形的正形路线大致如下：大篆、小篆❷、隶书、楷书。

美化方向指字形的不同风格追求，主要有装饰美化方向和书法艺术方向，两者在汉字的字形演变中都扮演了重要的角色。

汉字的这两个美化方向在文字的初期表现都不明显，字形的美感追求尚未成为一种自觉❸，不过后人常因该时期汉字形体的天然、质朴而大加推崇，赋予了很多美誉，甲骨学家董作宾先生也把书体作为该时期甲骨文断代的十个标准之一❹。后来首先出现明显主动化追求的是装饰美化方向，战国时期以中山王三器铭文和各国鸟虫篆成就它的高峰❺，秦时以小篆代表另一个极致❻，至汉代它的余晖尚存。书法艺术方向❼真正变成一种主动化追求较晚，从文字学层面，汉隶才是它的第一个成熟的"作品"，不过它"后来者居上"，逐渐取代装饰美化方向成为发展的主角。汉隶之后，它的各种字形成果不断，汉字也真正脱离了早期"画"字的束缚，

❶ 古代通常认为字形规范和书体规范是一回事，因此这里的正形方向也可以说就是正体方向。

❷ 小篆的正形化比较特殊，它可以理解为对文字字形的一种回归式的规范整合，可惜在真正推广应用上并不成功，后来更多是一种政治性的象征，而汉隶则是对早期的平民式解构破坏字形的整合，具体应用和后续发展都大获成功，成为字形继续演化最主要的关注点。

❸ 相对于这时期纹饰的精美，文字字形确实显得有点"笨拙"。郭宝钧先生认为商代对铜器的重视点，在纹不在铭，见其《商周铜器群综合研究》，文物出版社，1981年，40页。其实这时期并非不重视铭文，而是文字与纹饰的追求方向在这个阶段并不一致，前文字形与图画的分离已有所论及，下篇参与群体一章将会进一步讨论。

❹ 董作宾《甲骨文断代研究例》作于1932年，现载于刘梦溪主编的《中国现代学术经典：董作宾卷》，河北教育出版社，1996年，127页。

❺ 工整美观有两个方向，一是工整匀称，中山王三期铭文是代表；一是添加外物，鸟虫篆是代表。详见后文字形装饰性一节的讨论。

❻ 需要注意，小篆人为刻意的性质使它在汉字字体演变中的地位很独特，有学者直接认为小篆只起了官样文字的作用，而不是一种流通文字，也不是汉字发展过程中的一个主要环节。见王蕴智《殷周古文同源分化现象探索》，吉林人民出版社，1996年，235页。也有学者认为"与其说秦始皇用小篆统一了文字，还不如说他用隶书统一了文字"。见北文《秦始皇"书同文字"的历史作用》，《文物》，1973年11期，2-7页，后载于《朱德熙古文字论集》，中华书局，1996年，80页。后裘锡圭《文字学概要》（修订本）（商务印书馆，2013年，79页）也引用了该观点。

❼ 有些人认为书法其实也是文字的一种装饰美化，这种观点不能说是

■图1-10　摆字法的应用　左为民间摆字"寿"，它是由生活中的客观物象直接摆成；右为现代设计中摆字方法的灵活应用，上部分"上"字为书籍摆成，下部分"下"字则是借用投影和共用"上"的一横而成的，把"上""下"两字巧妙地合为一体，李海平设计。

（接上页）错的，但是如同说人也是一种动物，无可争议。不过人又不是一般意义上的动物，他有诸如发明、使用工具等大量区别于其他所有动物的独特特点，书法也是如此，它是文字的一种装饰美化，但又不是一般意义上的文字装饰美化。

❶ 必须注意书法有古今书体兼融的审美观，比如《书谱》提倡"熔铸虫、篆、陶均草、隶"以达到"体五材之并用"的理想境界，见孙过庭《书谱》，载于《历代书法论文选》，上海书画出版社，1979年，130页。熔铸的几个字体中就有虫书，不过是作为风格的"养分"之一，与文字的主流发展不是一回事。

❷ 孙过庭《书谱》写道："复有龙蛇云露之流，龟鹤花英之类，乍图真于率尔，或写瑞于当年。巧涉丹青，工亏翰墨。"载于《历代书法论文选》，上海书画出版社，1979年，127页。文中对字形这种兴盛一时表面直观装饰的"不屑"是书家态度的代表。

步入了"写"字的阶段❶，至楷书后个性化追求更是大放异彩。

副线指汉字字形发展的边缘路线，配角式的，常被忽略，一般指具有民间性质的民间方向。

民间方向，一方面指无官方身份的民间用字演变，一方面指以民俗字体为代表的文字大众化。前者主要体现为以工匠的身份参与字形的演变，详见下篇工匠一节的讨论。后者是装饰美化方向的"民俗化"，一个装饰美化方向"失势"后的主要发挥方向。装饰美化方向停留于表面形态的"画"字特点被认为"功亏翰墨"❷，在高峰之后很快陷入低谷，小篆之后其实就已经失去了"主角"的地位，逐渐步入民间：其中一部分如日常器物文字延续了类似铭文的装饰功能，少量尚能受到士大夫阶层的关注，而另一部分如民俗文字真正地步入一般百姓生活，彻底与主线拉开距离，后来虽然也受主线的影响，字形上有靠拢，但随意性越来越明显，而且往往具有明显的依附性，如瓦当文依附瓦当，吉祥文字配合民俗。不过这个方向的字形在延续早期装饰特点的基础上有所突破，甚至创造出了如"摆字"等有趣的成形手法（图1-10）。

步入当代，这两条路线出现了合并现象，"画字"方式出现了回归，民间字体也被现代书法和现代设计所注意，汉字字形又迎来一个变更期。

战国　　　　战国　　　　秦　　　西汉　　　西汉

小篆　　②

秦篆文　────　古隶　────　古隶　────　古隶　────　汉隶

六国文字　①　古隶类形体　　　　　　　　　　　草书

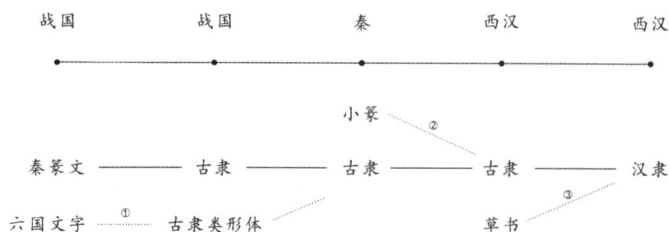

■图 1-11　隶书的演变过程

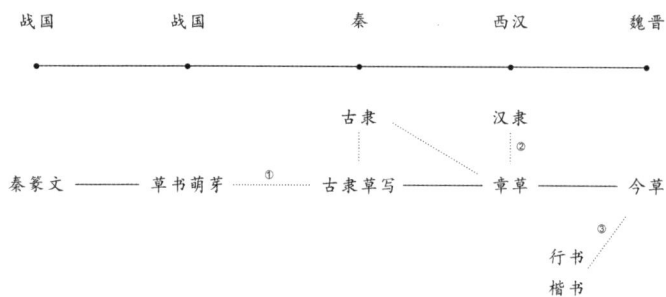

战国　　　　战国　　　　秦　　　西汉　　　魏晋

古隶　　　汉隶
②

秦篆文　────　草书萌芽　①　古隶草写　────　章草　────　今草

行书　③
楷书

■图 1-12　草书的演变过程

　　字形在两条路线的演变过程中完成了"形"的标准化、定型化、符号化，也发展了"形"的自由化和程式化。在此期间，汉字的造字法和书写需求也找到了和谐统一的方式，形和体完美统一，字形字体都实现了蜕变，共同铸就了汉字形体的独有特点。

　　当然，这两条路线关系复杂，在演变过程中相互交融借鉴，因此有几点容易混淆：

　　其一，隶书和草书复杂的演变过程。

　　隶书和草书其实代表了正形方向和美化方向在快速书写需求促使下，平衡字形识读需求、美化需求，出现不同侧重点的相应成果：隶书在符合快速需求、美化需求的前提下，倾向字形识读，因此成熟的隶书有标准字形的特点；草书则是弱化识读性，倾向快速书写和美化需求，因此成熟的草书更适合艺术表达。

　　隶书的"复杂感"在于演变过程中源头的多样化（图 1-11）。这里以古隶和汉隶为例简单论述，图 1-11 中三个数字标识的演变是最容易混淆的地方：

　　① 除了早期不可避免地在一定程度上受到西周晚期和春秋时期某些篆文的影响外，严格来说古隶的字形源头主要有两类❶，一类是秦篆

❶ 有学者认为隶书的直接前身是草字而不是篆书，因为所谓隶变，名义上是篆变隶，而实际上是篆体通过古草演变为隶书，见陆锡兴《汉字传播史》，语文出版社，2002年，27页。

❶ 赵平安《隶变研究》，河北大学出版社，2009年，10页。

❷ 裘锡圭《文字学概要》(修订本)，商务印书馆，2013年，92页。

❸ 出自魏建功《草书在文字学上之新认识》，转引自裘锡圭《文字学概要》(修订本)，商务印书馆，2013年，86页。

❹ 赵平安《隶变研究》，河北大学出版社，2009年，24页。

❺ 清周星莲《临池管见》提及："后人不曰画字，而曰写字。写有二义：《说文》：'写，置物也。'《韵书》：'写，输也。'置者，置物之形；输者，输我之心，两义并不相悖。所以字为心画。若仅能置物之形，而不能输我之心，则画字写字之义两失之矣。"载于《历代书法论文选》，上海书画出版社，1979年，717-718页。

❻ 汉字书写时除了考虑单字的"笔顺"，也顾及了行款的字序，因此这里"写"字用"书写顺序"更为贴切，对于书写顺序的讨论详见书写顺序一节。

❼ 古人书论常说一笔书，其实就是书写顺序的顺畅，气息连贯。

❽ 张怀瓘《六体书论》，载于《历代书法论文选》，上海书画出版社，1979年，212页。

❾ 笪重光《书筏》，载于《历代书法论文选》，上海书画出版社，1979年，560页。

❿ 沃兴华《书法技法新论》，湖南美术出版社，2015年，134页。

⓫ 注意，这里的甲骨文、小篆指当时尚不关注书写顺序的甲骨文和小篆，并非指后代书写的字形，那或许就是"写"字了。当然，也并非说这一时期的甲骨文、小篆就没有书写顺序，它们当然也有一定的书写顺序，只不过没有形成后来明显的生理化和规则化，更多于工整美感的讲究，难有如笔画之间衔接、字与字之间衔接等书法艺术关键性特点的讲究，详见笔势化模式及书写顺序两个章节的进一步讨论。

文，一类是六国篆文，也就是说，战国时期，六国也有类似古隶类型的字形演变趋势，并与秦互相影响。

② 战国时期秦的古隶主要源自秦篆文，而西汉时期则更多源自小篆。虽然古隶源自大篆或小篆的说法都是可以的❶，但并不能完全等同。

③ 汉隶和章草是由古隶的正体和俗体发展而成的❷，它们有密切的关联。魏建功先生认为八分的挑法是草书笔画规整化的产物❸。

草书的演变同样容易混淆(图1-12)，其中最主要的也是字形源头的变化，有三点表现：

① 战国时期草书萌芽❹，但至秦时它的字形也通常被认为是古隶的一种"草写"，并没有如同古隶那样成为"焦点"。

② 西汉时章草形成，它的字形有出自汉隶，也有出自古隶。也就是说，草书萌芽时，它的源头是篆文，但是当它受到重视，继续演变的时候，源头出现了不少变化。

③ 今草时，字形源头再次有了些变化，有些字形是楷书草化的写法。

其二，"画"字与"写"字的差异。

"画"字与"写"字是字形演变过程中的两种书写方式，清周星莲《临池管见》曾从是否"输心"来讨论画字与写字，认为它们其实是同一回事❺。事实上，画字与写字在操作层面上就存在很大的差别，其中最关键的是书写顺序。

"画"字具有"画画"的一些特点，通常没有严格规定哪笔开始、哪笔结束。"写"字则不然，笔画先后有约定，通常不会随意更改，有非常规范的书写顺序❻，是汉字关注点转向书写需求后的重要成果之一。讲究书写顺序，才可能使字与字、行与行之间的关系真正受到关注，可以"一笔书之"❼，有了"势"的概念，才出现了张怀瓘描述的"势以生之，气以和之，神以肃之，合而裁成，随变所适"❽，也才有笪重光提到的"筋之融结在纽转，脉络之不断在丝牵"❾。近年有学者提到笔势是指走在空中的笔画趋势，认为完整的"写"字应是从笔画到笔势，笔势到笔画，再从笔画到笔势的过程❿，同样强调书写过程中字形线条因书写顺序而产生的关系。

具体字形线条上，"画"字对应的是线条、线＋面或纯面，"写"字对应的是笔画。落地成体上，甲金文、小篆等⓫字形都属于"画"字，隶书、草书、

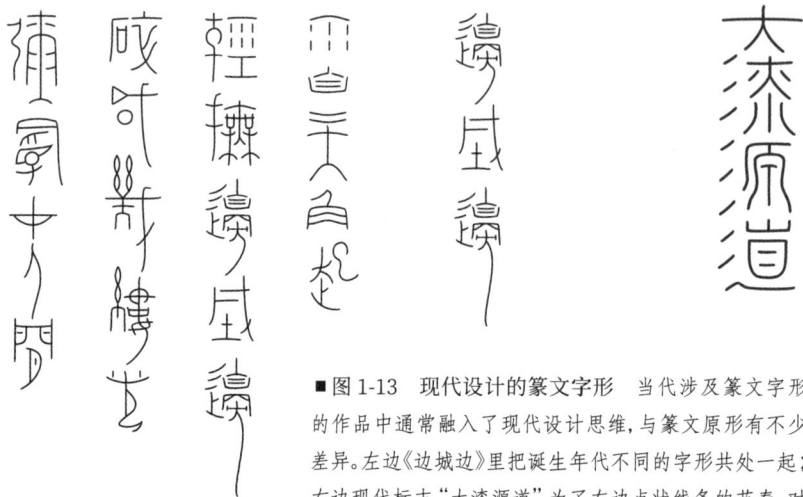

■图1-13 现代设计的篆文字形 当代涉及篆文字形的作品中通常融入了现代设计思维，与篆文原形有不少差异。左边《边城边》里把诞生年代不同的字形共处一起；右边现代标志"大漆源道"为了左边点状线条的节奏，对字形结构进行了不少调整❶，皆李海平设计。

❶ 现代字体设计中的篆文字形通常加入了视错觉调整，这也是现代设计思维的成果，关于视错觉调整详见附录十一。

❷ 孙晓云先生认为，严格地说用笔法写成的字才是书法，详见《书法有法》，华艺出版社，2001年，22页。

❸ 通常认为，书法作为一种艺术领域而成形的时期，是在西汉末东汉初，即公元元年前后。

❹ 如后人讲究写篆要有方味和涩意即是基于书法追求的考究。

❺ 形是体的根基，正如王宁先生说的："无形不成其为字，无形不需书写，风格无所依托。"见王宁《汉字构形学导论》，商务印书馆，2015年，143页。

❻ 甲骨文、金文、小篆等原属于"画"字特性的字形，它所谓的"法"（即笔法）其实是书法觉醒后比附的，后人更多的是借助这些字形展现某种"法"而已。

❼ 指外在象形性，根据历代书论，我们可以理解为汉字也存在着内在的象形性，详见后文字形象形性一节的讨论。

楷书等则为"写"字。而在字形艺术特点上，"画"字对应的是装饰美化，"写"字对应的是书法艺术。书法因"写"而诞生，虽然"写字"并不一定是书法❷，但书法一定是"写字"。小篆、金文和甲骨文常被直接称为书法，其实是不恰当的，唐李阳冰的篆书和李斯的篆书并不是一回事。李阳冰"写字"，是用唐时的笔法书写篆文的字形，他已经把楷法的书写顺序应用于书写中，而李斯是"画字"，当时并非书法真正觉醒的状态❸，尚看不出对书写顺序的重视，换句话说，李斯的小篆主要是装饰追求的成果，而李阳冰主要是书法追求的成果❹。因此，如果非要与书法有关系，"小篆书法"比较贴切的称呼应是"小篆字形书法"，甲骨文书法、金文书法是"甲骨文字形书法"和"金文字形书法"，此时小篆、甲骨文、金文的身份是基本形❺，后世经常在这些基本形上加入相应的笔法，如楷法、隶法，以追求某种风格❻。

五 汉字字形演变的两种模式

汉字字形演变中多种模式在发挥作用，其中最值得关注的有两种：象形模式和笔势化模式。

象形模式指围绕原初字形进行工整化、系统化，以及一定程度的简化或繁化，使字形逐渐变得匀称、有序、规范，实现字形的进一步符号化，但是在此过程中依然极力保持着字形的象形特征❼（图1-14）。这个模式最

合 15185	益公鐘	趙孟壺	中山王鼎	㝱肯盤	說文
一　期	周中	春秋	戰國	戰國	

後下 35.1	保卣	沈兒鐘	中山王鼎	石鼓汧沔	說文
一　期	周早	春秋	戰國	戰國	

■ 图 1-15　笔势化模式　图中两个①的书写顺序改变非常重要，体现了书写转向考虑生理性的重大变化。它有时候仅是方向的轻微调整，如下组"卜"字；而有时候造成了字形的讹变，如上组"至"字，是"古文由此绝矣"的一个重要缘由。

雲夢日甲	马王堆帛书	司马显姿墓志
戰國	西漢	北魏

菁 5.1	豪鼎	侯馬盟書
一　期	周中	戰國

大程度地"保护"了初期所获得的字形，字形是中心。以书写为例，为了遵循原初字形，往往保留着有多道宛曲的长线条，书写起来很是麻烦，书写本身舒畅与否并非考虑的重点。这当然造成了字形演变中的"束手束脚"，简化、构件类化都是"小心翼翼"的，不过很少涉及变动原初字形的工整化则"束缚"较少，最后走向了高度装饰美化，甚至出现"违规"的附加外物装饰。汉字演变中的篆文字形，即从甲金文字形至小篆字形的演变过程都属于这个模式。

笔势化模式则是另一番"景象"，这种模式对字形的"改造"不再是小心翼翼，而是大刀阔斧（图 1-15）。如果说象形模式构件出现一定程度类化或构件方位发生某种变动已经算是幅度较大的一种变化，那么笔势化模式则往往使这些构件如立于左边的"水"变成三个点，直接演化为一种新的形态。根据人右手竖排书写的特点，服务于书写的顺畅，是这个模式的主要特点。这意味着绝大部分构成字形的线条是依据书写的笔势而定的，也就是把原由取形时客观物象典型特征约定的象形状态变成由符合人生理性书写的笔势约定的状态，比如用书写舒适的直线、斜线或只有一道弯折的线条替换掉原来书写极为麻烦的多道宛曲长线条。这带来了两点极为关键的改变：

(1) 改变了束缚于取形物象的造字观念；

(2) 真正解放了字形的线条。

这两点改变意义重大，一方面昭示着造字法面对新需求的挑战，自我完善取得了良好成效；另一方面意味着字形发展新起点的到来，尤其是线条的解放使"体"的概念受到了重视，形与体配合的状态得以形成，字形演变步入了全新的发展阶段。

正因为如此，笔势化模式的执行一方面必然存在从不同方向入手的试探性尝试阶段(图 1-16)，如后文将会详细讨论的发生于战国时期的楚系、秦系的书写顺序、线条特征等试验；另一方面不可避免地变更初期字形的一些特点，形成新的线条形态、新的线条黏合分离方式及新的构件形态和新的构件方位设置，出现大量改造性的字形，字形真正实现了高度简化和符号化，并因此有了如关注笔画之间的衔接、追求字形的内在意趣等新的字形发展和美化追求关注点，影响了汉字后续演变的方向。

■图 1-16　笔势化试探方向多样　从虎溪山汉简《日书》的两种字迹中能清晰看到笔势化的不同试探方向。左边把字形的大部分笔画都改造成右弧线形态，让我们看到为提高书写速度和使书写更顺畅所作的努力；右边捺和横的略显夸张的摆动则让我们看到汉隶波磔的端倪。

汉字字形学新论

对于这两种模式，有几点需要补充：

第一，虽然笔势化模式明显开始发挥作用是在春秋末，但是它的发端却可以追溯到早期字形线条从线面到纯线条的迈进。可惜这个步伐在有了主动美化追求后，因装饰美化方向的最先"胜出"而不得不放缓，甚至停滞，更多地转向线条的美化修饰。

第二，笔势化模式的执行并不意味着主要作用于初期的象形模式就此销声匿迹了，事实上这个模式从未真正消失，我们依然能从不少字形中分析出它最初的物象原型，如同鲁迅所说的"不象形的象形字"。

第三，笔势化模式本质上依然是一种"表面"字形改造。绪论中提到了第一次文字下行中形成了对汉字追求实用中渗着情感的特有态度，它不同于纯以实用主义为出发点的欧洲字母文字，因此不可能出现如同欧洲那样国王是文盲的现象❶，反之是上至皇家贵族下至不识字平民百姓都对汉字融入生活的意愿和热情，对文字如敬惜字纸般的"呵护"。事实上，改造"强烈"的笔势化模式虽然涉及造字观念的转变，出现了线条特征，构件形态及布局方式的革新，但是实际上"六书"依然糅合在其中。笔势化属于一种改良幅度较大的字形改造，但它并没有从本质上动摇造字法，这或许就是汉字演变一脉相承的一个重要原因。

第四，笔势化模式的配合性和不同层级。由于笔势化模式实质停留于"表面"的字形改造，因此它往往需要如构件类化、构件方位变革等造字法自我完善手法配合，也需要如低层贵族的参与、高层贵族的"默许"等来自其他方向的力量共同推动才能真正实现字形的有效改造。笔势化模式可以从低至高推及字形的各个方位：线条的笔势化，即笔画化；构件的笔势化，即后来的隶楷字形等构件系统；整个字形的笔势化，即后来的隶楷等字形；篇章的笔势化，即后来的书法章法。

第五，象形模式的配合性和不同阶段。相对笔势化模式，象形模式虽然"小心翼翼"，但并不意味着没有对字形进行必要的改造，如果对照殷商金文字形与春秋金文字形，字形同样出现了不少变化，而如果与小篆对照，变化更大。事实上如同笔势化模式，象形模式也配合如形声字的增多、构件类化意识增强等造字层面的优化，对字形进行了一定程度的改造，体现为两个不同阶段：早期象形程度最高，仿形为主；之后逐步减弱象形，并借助装饰美化的主动化，展开对线条的修饰，以美化为主。

设计技法　　　　　　　　　　　　　　设计技法继续

原始储备　　　　　设计技法尝试　　　开发方向选择

设计技法形成

设计技法总结

相关应用规范

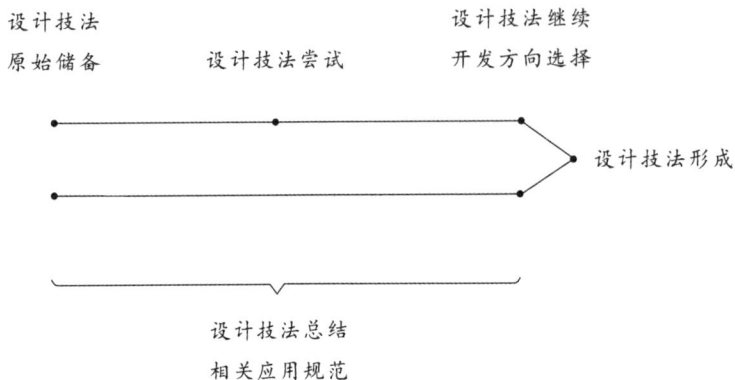

■图2-1　汉字字形起源猜想

甲骨文是发展期的文字，已经掌握了字形设计技法，属于比较完善的文字体系。正如夏鼐先生所说的："我们知道小屯殷墟文化是一个高度发达的文明。如果这是中国文明的诞生，这未免有点像传说中老子，生下来便有了白胡子。"[1]殷墟出土的大量甲骨文是我们目前可以见到的，最早的系统化汉字，但它并不能代表汉字诞生的最初源头。

杨树达先生曾说："文字之作，不由于一人，亦不局于一地，各凭意匠为之，初非有定则也。"[2]文字的诞生有时候很难用常规的逻辑来推断，我们通常认为社会历史条件是不可或缺的造字动机，但是印加人建立的印加帝国是"没有文字的文明"[3]，西亚的乌鲁克则先有国家后有文字[4]。事实上，有时候就恰恰是一些看似极不重要的因素催化了文字的诞生，云南"坡芽歌书"就仅仅是为了记录歌词而创造[5]，傈僳族的"竹书文字"也仅仅是为了解除刻木、结绳的不便而创制的[6]。承写物的选择也有类似情况，它也不一定以便于书写为第一要义，甲骨文选择的骨板就既不方便也不舒适。

鉴于这种情况，从字形设计技法的形成入手展开讨论是相对保险的，因为文字发展之初最主要的目标就是形成一套行之有效的字形设计技法，实现造字用字的可能。

[1] 夏鼐《中国文明的起源》，文物出版社，1985年，82页。

[2] 杨树达《中国文字学概要 文字形义学》，上海古籍出版社，2013年，13页。

[3] Marcia Ascher and Robert Ascher, "The Quipu as a Visible Language", Visible Language 9 (1975), pp. 329-330.

[4] 拱玉书《文字与文明——以楔形文字为例》，载《古代文明》辑刊，2004年第3卷，380-404页。

[5] 王元鹿、朱建军《"坡芽歌书"的性质及其在文字学领域中的认识价值》，《华东师范大学学报》（哲学社会科学版），2009年第5期，78-81页。

[6] 傈僳族"竹书文字"更惊人的地方是，它是由一个叫汪忍波的农民凭一人之力单独创制的。详见王元鹿、朱建军、邓章应《中国文字发展史·民族文字卷》，华东师范大学出版社，2015年，55-56页。

下面就从字形设计技法入手，尝试勾勒汉字字形设计技法形成的基本脉络，分析历史中汉字多次进行字形设计技法尝试、总结和规范的基本过程(图 2-1)。

一　初期字形设计技法尝试

汉字最初的发展有两个"任务"在同时进行，一个是字形设计技法的尝试，一个是字形设计技法的总结和规范。

我们先看字形设计技法的尝试，它可以分为三个阶段。

第一个阶段是设计技法的原始储备，就是储备进行造字尝试必要的相关设计技法、设计思维。

类似当代的"海选"，在古代中国大陆上存在多个不同区域不同群体，他们同时进行着与造字技法相关的原始积累活动。对于这些活动，目前文献、出土资料都有涉及，可惜有相当一部分是传说。下面我们列举其中的几个典型例子，对照它们储备的技法方向❶：

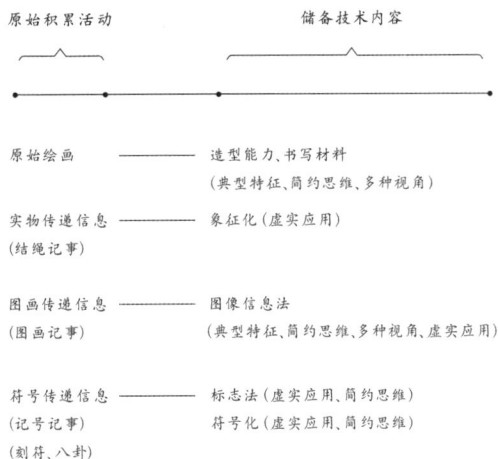

❶技法内容的具体情况详见中篇的讨论。

❷白川静先生认为文字以前的传承会被原封不动地汇总到汉字的字形中。见［日］白川静著，王巍译《中国古代民俗》，春风文艺出版社，1991年，16-17页。

原始积累活动　　　　　　　储备技术内容

原始绘画　　————　造型能力、书写材料
　　　　　　　　　　　　(典型特征、简约思维、多种视角)

实物传递信息　————　象征化(虚实应用)
(结绳记事)

图画传递信息　————　图像信息法
(图画记事)　　　　　　　(典型特征、简约思维、多种视角、虚实应用)

符号传递信息　————　标志法(虚实应用、简约思维)
(记号记事)　　　　　　　符号化(虚实应用、简约思维)
(刻符、八卦)

文字是人类思维和行为方式的反映，也是人类认知世界的结晶，不难发现，这些原始积累活动充分反映了先民在文字形成的初期阶段的"努力"，储备内容也基本涉及了字形设计技法所需的"技法"与"思维"两个层面的相关内容❷。其中如形体组合意识、视角合成等一些储备尤为重要(图 2-2、图 2-3)，它们是后来构成汉字自身特色的关键因素。我们常

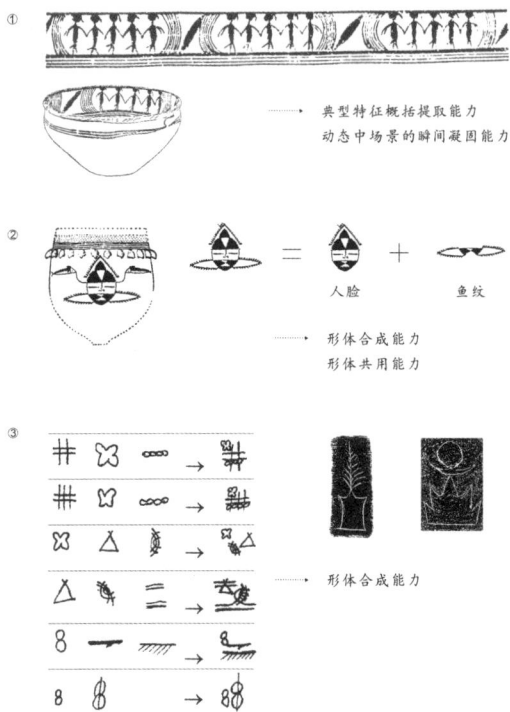

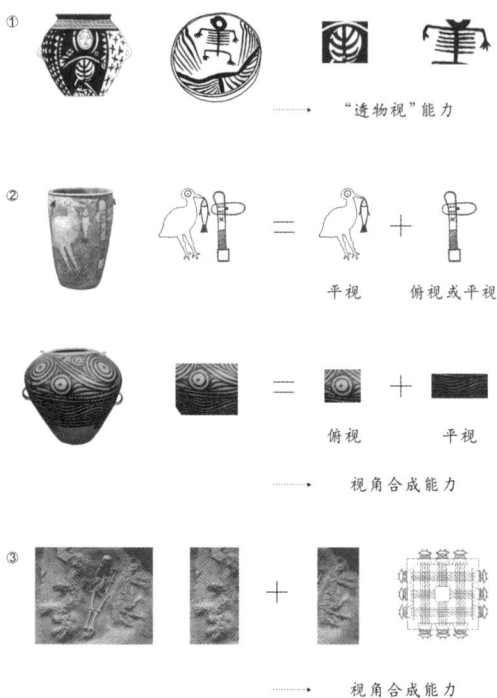

■图2-2 技法储备之一 从出土文物中我们能看到后来汉字取形成形不可或缺的几种技法储备。①动态物象或场景瞬间凝固的手法,这是后来汉字取形中对待动态物象或场景的主要"法宝";②③展现了图形和符号之间组合的意识,它使后来汉字合形组字的基本范式变得顺理成章,其中③右边的大汶口陶器刻符把来自不同空间的物象巧妙合为一体的方式与它常被直接认为是文字具有同等重要的意义。①为马家窑文化《舞蹈纹彩盆》,②为仰韶文化《人面纹彩陶罐》,③左为双墩遗址陶刻符中的符号组合,右为大汶口文化陶器上的刻符。

■图2-3 技法储备之二 这组出土文物展现了更为惊人的技法储备。①展现的是X光式的"透视"能力,它是汉字取形特有的一种视角,中篇基本视角一节中将会重点讨论;②③展现了极为重要的视角合成手法,②的两图都结合了平视和俯视两种视角,上图中鹳和鱼是平视角度,石斧应是俯视,它更多可能是放在地上的(当然也不排除是插在地上的);下图的上部漩涡纹为俯视,下部的波浪式纹样则为平视,两种视角合一;③的视角更为特殊,它类似后来的王城图(图右),是先民以不同方位为出发点,同时观看然后合一的一种手法(王城图是人在正中间,逐个往四个方向看;③是人在四周,由外往正中间看)。①左一为马家窑文化的《人面像兽骨组合图案彩陶罐》,左二为马家窑文化的《人骨架形图案彩陶钵》;②上为仰韶文化《鹳鱼石斧图陶缸》,下为马家窑文化《漩涡纹四系彩陶罐》,③左为仰韶文化《龙虎形蚌贝摆塑》,右为王城图。

喜欢把陶符作为汉字诞生讨论的主要对象,其实它与汉字更多是一种表象上的可能性联系,而原始绘画、纹样、图案等展现出来的观察手法、事物认识方式,尤其是造型手法对汉字诞生的影响更为深刻❶,同样应该作为考察和研究的重点❷。

　　第二个阶段是设计技法的尝试,它是在原始设计技法储备基础上的各种"试错"。
　　与原始储备不同,这阶段各种设计技法争相斗艳,可谓"百家争鸣"。目前文献、出土资料同样大量涉及，也有相当部分是传说。文献资料除了结绳记事、八卦等，还有传说中的"仓颉造字"。出土资料则以刻符为代表，最著名的有半坡、大汶口等刻符❶。

如果对照字形设计技法内容，我们能清晰地看到这些尝试的方向❷：

尝试方向		相应技术内容
八卦	——	观察法、取形法、成形法 应用法（使用范围）
结绳记事	——	取形法、成形法、应用法（使用范围）
仓颉造字	——	观察法、取形法、成形法 应用法（技法规范、使用范围）、书写材料
半坡陶符	——	观察法、取形法、成形法（独形为主）
大汶口陶符	——	观察法、取形法、成形法（出现了合形方式）

不难看出各种技法尝试的方向是非常明确的❸。

第三个阶段是设计技法继续开发方向选择，也就是从第二个阶段的"试错"中选择可行性较高的设计技法继续完善。技法的"存活"竞争非常激烈❹，汤因比曾说："某一种语言和某一种文字在统一国家成立之前已把所有可能的竞争者都排挤出去了。"❺山东丁公村陶片的11个刻字，不少学者认为是一种被"排挤"掉的文字（图2-4），而流行三个多世纪的西夏文依然没有逃脱灭亡的命运，20世纪初汉字自身的拉丁化危机等也都是这种竞争激烈的很好例证。

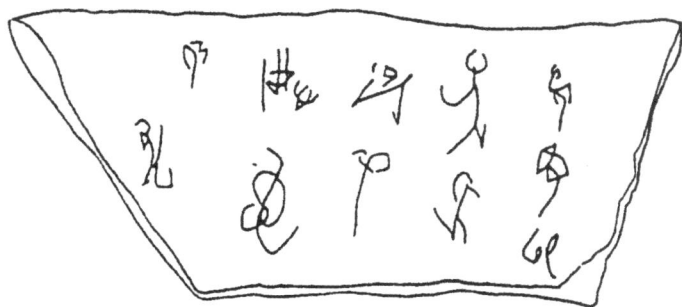

■ 图2-4 山东邹平丁公龙山文化遗址出土陶文（摹本）

对于开发方向的选择，饶宗颐先生《符号初文与字母——汉字树》中提到符号推进的两条道路很有启发性，如下[1]：

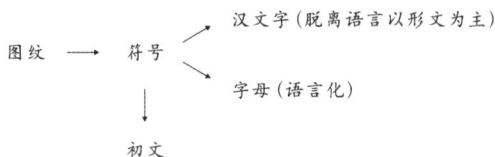

饶氏的意见是汉字不与语言结合，选择了独立发展的道路，其实除了是否具有社会性的记录交际功能这个标准外[2]，无论是哪条道路，汉字技法方向选择要具有真正的可行性，至少需要跨过两道坎：

（1）独立成为个体[3]。繁或简、倾向图画或符号都不是关键，只有独立成个体才可能真正形成句子，实现复杂信息的有效传达（图2-5）。

（2）个体间实现字义的有效衔接。裘锡圭先生《文字学概要》中对此有生动的阐释：表示"大鹿"，画一头很大的鹿来表示，和用"大鹿"两个字来表示是根本不同的（图2-6）。另外，不知道"大"的意思，甲骨文"大鹿"两个字就会被当作图画来看，理解为一个人和一头鹿在一起[4]。可见，个体间的字义只有实现了有效的衔接才能使这些个体真正肩负起文字的功能。

关于最终的选择方向，从目前文献来看，仓颉造字法，即"书契"应该是当时的一种选择。我们来看几个文献的相关记载：

《四体书势》提到："昔在黄帝，创制造物。有沮诵、仓颉者，始作书契以代结绳。"[5]明确说明了用"书契"代替"结绳"。

《说文解字叙》理出了更清晰的脉络："始作《易》八卦……及神农氏结绳为治而统其事……黄帝之史仓颉……初造书契。"八卦至结绳至书契，路线明确。

《荀子·解蔽篇》也记载："好书者众矣，而仓颉独传者，一也。"[6]"好书者众"，说明会书的人很多，也就是说当时具备取形成形能力的为数不少；"独传者"，说明最后仓颉脱颖而出。难怪《淮南子·本经训》对"仓颉造字"有这样的感慨："昔者仓颉作书，而天雨粟，鬼夜哭。"[7]"天雨粟，鬼夜哭"是否暗示着仓颉的造字法超越了试验的范畴，是种真正可行的造字法了？

（接上页）类最早的文字体系却没在欧洲发生，详见［俄］B.A.伊斯特林著，左少兴译《文字的产生和发展》，北京大学出版社，1987年，77-80页。

[4] 中原中心论早已受到质疑，中国文化复杂多元已经成为一种共识，文字方面亦是，比如李学勤先生认为中国境内的原始文字，绝非都是汉字，或与汉字直接有关，见其《走出疑古时代》，长春出版社，2007年，111页。

[5] ［英］阿诺德·汤因比著，郭小凌、王皖强译《历史研究（下卷）》，上海人民出版社，2010年，53页。

[1] 饶宗颐《符号·初文与字母——汉字树》，商务印书馆，1998年，28页。

[2] 对于划分文字与非文字的标准，有学者认为唯一标准为是否具有社会性的记录交际功能。至于和语言的结合程度，结合途径是史前文字和有史文字的分野，是不同系列文字的分野，不能作为文字与非文字的分野。详见王凤阳《汉字学》，吉林文史出版社，1989年，32页。

[3] 很多学者认为的"文字画"其实离文字还相当遥远。"文字画"通常有一定的画面规模，很难与另一幅"文字画"组合排列，连成句子，实现文字交流记录等基本功能。有些学者更倾向于陶符是原始文字的说法，估计就是基于陶符在这方面的天然优势。

[4] 裘锡圭《文字学概要》（修订本），商务印书馆，2013年，3页。

[5] 卫恒《四体书势》，引自《晋书·卫瓘传附卫恒传》，中华书局1974年标点本，1061页。

[6] 荀况《荀子·解蔽篇》，《诸子集成》第二册，中华书局1986年重印本，267页。

[7] 刘安《淮南子·本经训》，《诸子集成》第七册，中华书局1985年重印本，116-117页。

■图 2-5　文字画　常被用来探讨原始文字的印第安人要求美国总统允许他们迁移到三湖地区的信（上）和印第安车偃部落父亲给儿子的汇款信（下），其实它们要形成句子、篇章等文字发展必不可少的进一步讲究并不容易，离真正的文字还很远。

小臣缶鼎　鹿方鼎
商　　代　商　　代

■图 2-6　大、鹿　个体间字义的有效衔接非常重要，"大""鹿"是指"一个人和一头鹿"或是指"一头很大的鹿"？

❶ 高明《论陶符兼谈汉字的起源》，《北京大学学报》（哲学社会科学版），1984年第 6 期，49-62页。
❷ 这也契合中国文明延续性的特点，正如美国学者顾立雅所描述的："中国文化发展的连续性是独特的。其最显著的特征是不曾中断的发展能力，这一特征似乎可以追溯到商代以前华北的新石器时代文化中。"见 Herrlee Glessner Creel, *Studedies in Early Chinese. Culture, Baltimore*, 1937, p.254.

可惜目前有限的出土资料尚难清晰地勾勒当时设计技法继续开发方向选择的脉络，不过我们可以从一些资料中得到一些侧面证据，比如高明先生认为陶器符号出现比汉字早，但几乎看不出有什么明显的演进，基本上是停滞不前的，与文字是两种不同的事物❶。其实这种现象恰好为字形设计技法在进行继续开发的方向选择时，放弃了这类设计技法提供了有力的证据。

二　初期字形设计技法总结和规范

第二个"任务"，即设计技法的总结及其相关应用的规范化，其中的技法总结除了涵盖具体技法，也不可避免地涉及设计思维方面的相关内容❷。

第二个"任务"与第一个"任务"同步进行，一方面及时地对设计技法、应用规范进行归纳总结。"事大大其绳，事小小其绳"虽是后人的一种描述，但可以视为当时的一种技法总结，并可能适用且足够于先民当时所处的状态[1]；另一方面把这些总结同步反馈到下一个尝试中，成为下一个尝试方向的"指明灯"。[2]

这种及时的总结反馈非常重要，它是某种字形设计技法对应文字能否实现体系化的关键，而更不容忽视的是归纳反馈的程度往往也决定了文字的命运。古埃及文字，除了约定符号（民书字符号，部分僧书字符号）外，自始至终都使用图形符号（圣书体）[3]，总结反馈使古埃及文字形成强大的文字体系，但是没能持续与时俱进地及时总结反馈又使它最终没能逃脱被取代的命运；么些文（纳西文的旧称）也有类似情况。它有近千年的历史，可惜还滞留在图画阶段，未能演进成符号[4]，最终应用范围只限于一隅。反观汉字，先民们的思维次序就蕴含着这种总结反馈的习惯[5]，即便在技法成熟后，依然没有停止这种习惯，后文将会提到的如简化意向、书写顺序等演变过程都是这种习惯的反映。汉字长盛不衰，经得起各种挑战，及时总结反馈的习惯功不可没。

遗憾的是，目前可见的文献中关于初期的这类归纳和总结记载仅有"仓颉造字"，应用规范则没有任何记载。章太炎《造字缘起说》记载："字各异形，则不足以合契，仓颉者盖始整齐画一，下笔不容增损，由是率尔箸形之符号，始为约定俗成之书契。"[6]由此可见，仓颉规范了设计技法。

汉字最初字形设计技法就是在这两个"任务"的共同推动下向前发展的，至甲金文时，一套字形设计技法已经形成，汉字也步入了发展阶段。

[1] 文字产生初期的状况应该是基础的、聚合的，而不是系统的、组合的。详见李运富《汉字学新论》，北京师范大学出版社，2012年，22页。

[2] 必须注意，对不足的总结有时候意义更重大。

[3] ［俄］B.A. 伊斯特林著，左少兴译《文字的产生和发展》，北京大学出版社，1987年，165页。

[4] 董作宾《从么些文字看甲骨文》，原作于1951年，现载于刘梦溪主编《中国现代学术经典：董作宾卷》，河北教育出版社，1996年，585页。

[5] 关于思维次序详看下篇其他因素中地理环境一节。

[6] 章炳麟《章太炎全集（三）》，上海人民出版社，1984年，389-390页。

第三章 字形的演变（一）：内在特征

一 汉字功能

文字有三个不同功能层次，即记录、交际功能，文化、艺术功能和品格、神圣功能。其中记录、交际功能是基本功能，而文化、艺术功能，品格、神圣功能都是高级功能（图 3-1）。基本功能是高级功能的根基，我们在讨论任何一种高级功能的时候，都已经承认了它的基本功能。

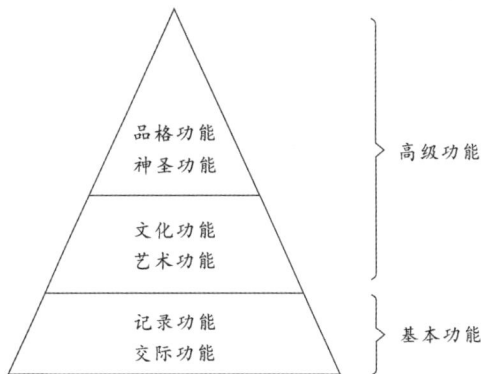

■图 3-1 文字的功能层次

❶ 钱泳《书学》，载于《历代书法论文选》，上海书画出版社，1979年，627页。
❷［日］白川静著，郑威译《汉字百话》，中信出版社，2014年，18页。

"记录、交际功能"指文字是语言的载体，信息传递的媒介。

"文化功能"指文字既是文化的载体，某种思想的媒介，本身也携带着一定的文化信息。

"艺术功能"指文字具有装饰性或艺术性功能。

"品格功能"，即文字代表一种修养，书品即人品，是一种超文字化的功能。汉字的这个功能来自书论，是中国特有的书法审美和批评的成果，涉及伦理秩序，是书法理论的一个核心内容。不过实际文字演变过程中，正如反对者认为的"岂在区区笔墨间，以定其人品乎！"❶书品并不能真正代替人品，具有片面性，字与人品契合联系上的并不多，但这并不影响汉字这一高级功能在历代文人意识中的存在。

"神圣功能"指文字的神圣化。在古埃及及甲骨文时期，我们都能看到这个功能。文字是宗教或巫师与神的媒介，具有神圣的地位和功能。"文字是'文'的限定性用法，可以将话语的神力固定下来，书写出来的文字都拥有神奇的能力。"❷

神圣功能为主｜神圣功能弱化｜神圣功能基本消失

艺术功能萌芽｜艺术功能兴起｜艺术功能高度发展

文化功能不彰｜文化功能受到重视

基本功能不显｜记录/交际基本功能受到重视

品格功能萌芽｜品格功能受到重视

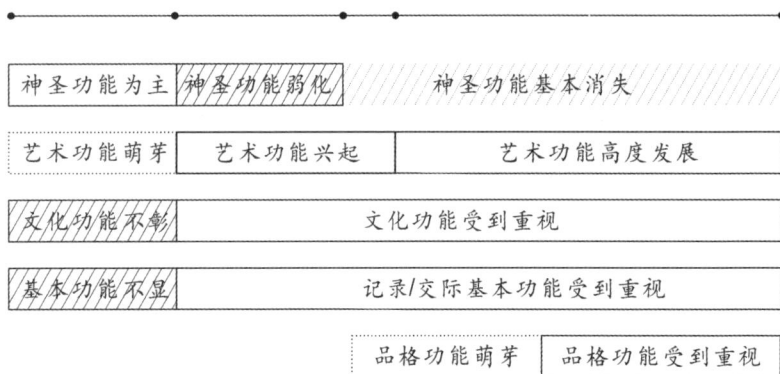

■图 3-2　汉字功能演变图

汉字具备三个层级的所有功能，其中的"品格功能"更是汉字独有的。文字的这些功能在汉字的不同阶段有不同表现（图 3-2）。

商周甲骨文中卜辞文数量惊人，记事文稀少，汪德迈先生曾说："与其说这些记文是为了人与人之间的交流，毋宁说只是为了记载人类与精灵、与上苍的联系。"❶早期汉字的神圣功能因这频繁的通神活动而被高度强化，文事信息能力反而常被忽略。不过这并不意味着早期的汉字不能完成长篇作品，传播文化思想，有学者认为《尚书》中的《盘庚》篇是商代流传下来的❷。此外，春秋时期楚庄王的"止戈为武"开创了人为赋予字形文化含义的先河，也是汉字文化功能的一种体现。这时期汉字艺术功能也开始萌芽，西周时《大克鼎》《颂壶》出现了打格子追求工整的铭文，春秋时期《楚王子午鼎》出现了鸟虫书❸。

战国时期，《诅楚文》中秦王依然想用告神之文诅咒楚王❹，然而西周646 篇铜器铭文包含"作 + 祖先们 + 器名"套语出现 251 次，而诸侯国341 篇铜器铭文仅出现 11 次❺。战国中期以后，商鞅三器或记官名，或记人名，开启了"物勒工名"替代"物勒主名"的先河❻，兵器、度量衡器也成为勒刻的对象❼，早期最重要的神圣功能逐步弱化了。这时期中国教育首次出现普及化，"官失而师儒传之"，❽各种哲学理论和科学思想兴起，形成此后 2000 年间中国传统思想的主流，文字基本功能和文化功能受到了真正的重视。与此同时，鸟虫书被南方诸侯大量用于纹饰各种器物，200 年间，仅越国就有此类器物 66 件❾，文字的装饰性功能也被强化。

❶［法］汪德迈著，陈彦译《新汉文化圈》，江西人民出版社，1993 年，93 页。
❷钱存训《书于竹帛：中国古代的文字记录》，上海书店出版社，2004 年，22 页。
❸曹锦炎《鸟虫书通考》，上海书画出版社，1999 年，5 页。
❹一说为秦惠文王诅楚怀王，一说为秦昭王诅楚顷襄王。赞同前一说的人较多。
❺这是白川静《金文通释》的统计，转引自马几道《东周青铜器铭文》，载于［美］夏含夷主编，中国古文字学导论翻译组译《中国古文字学导论》，中西书局，2013 年，91 页。
❻何琳仪《战国文字通论（订补）》，江苏教育出版社，2003 年，179 页。
❼陈絜《商周金文》，文物出版社，2006 年，229 页。
❽汪中著，田汉云点校《新编汪中集·周官征文》，广陵书社，2005 年，372 页。
❾曹锦炎《鸟虫书通考》，上海书画出版社，1999 年，5 页。

❶ 崔豹《古今注》记载："牛亨问曰：自古有书契以来便应有笔，世称蒙恬造笔何也？答曰：蒙恬始造即秦笔耳。以枯木为管，鹿毛为柱，羊毫为被，所谓苍毫，非兔毫竹管也。"《古今注》，中华书局，1985年，22页。

❷ 见《诸子集成》第七册，上海书店出版社，1986年，131页。

❸ 周予同《中国经学史讲义》，载于王元化《学术集林》卷八，上海远东出版社，1996年，57页。

❹ 白谦慎、贺宏亮《社会精英结构的变化对20世纪中国书法的影响》，《艺术学研究》，2008年第00期，182-208页。

❺ 有学者认为扬雄这里的"书"指书面语言，并非笔迹或书法。见华人德《中国书法史：两汉卷》，江苏教育出版社，1999年，195-196页。

秦的统一，奏事繁多，始皇以衡石量书，国家管理的需要使文字基本功能被进一步发挥，在文事中大放异彩。传说的"蒙恬造笔"应是蒙恬为提高军中文事效率而改良毛笔❶，秦始皇5次出巡，刻石7次，"立石，刻颂秦德"，实际上是秦的政治文告，文字的文事目的远胜通神需求。

汉时，王充《论衡·别通》提到："萧何入秦，收拾文书，汉所以能治九州者，文书之力也。（汉）以文书御天下。"❷足见汉字基本功能的发挥。而《说文解字》某种程度是汉字文化信息的一种注解，"不懂文字学，就不配研究经学"❸逐渐成为一种共识。这一时期，书法也已经觉醒，文字书写成为一种艺术，品格功能出现了萌芽。而至楷书阶段，品格功能已经高度成熟，成为文人们的一种"信仰"，"文字书写并非仅仅为了交流信息，它还被视为表现书写者思想和性情的手段。在中国，'字如其人'不但是重要的艺术批评理论，还是根深蒂固的社会信仰。因此，在书法上取得成就也就被视为自我修养到相当高度的表现"❹。历代书论也有所体现，如扬雄的"书，心画也"❺，赵壹的"人品既殊，性情各异，笔势所运，邪正自形"，柳公权的"心正则笔正"，傅山的"作字先做人"，朱和羹的"立品是第一关头"，说的都是汉字的"品格功能"。

二 字形气质

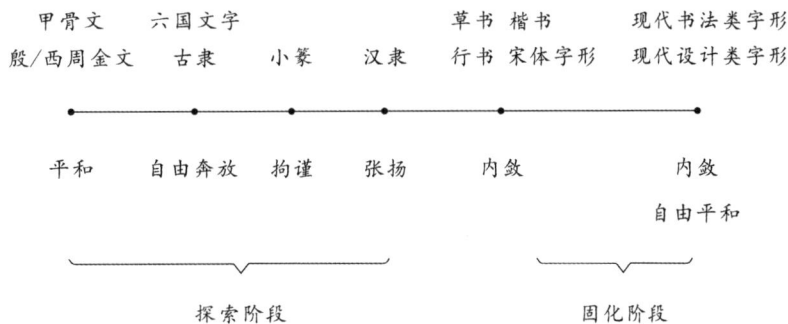

| 甲骨文 | 六国文字 | | | 草书 楷书 | 现代书法类字形 |
| 殷/西周金文 | 古隶 | 小篆 | 汉隶 | 行书 宋体字形 | 现代设计类字形 |

| 平和 | 自由奔放 | 拘谨 | 张扬 | 内敛 | 内敛 自由平和 |

探索阶段　　　　固化阶段

■图3-3　汉字字形气质演变图

字形的气质表现为字形所蕴含的成形强度（如书写时的情绪状态）、速度（如书写的速度）、灵活性（如书写的自由度）与指向性（如字形张扬或内敛）等稳定的综合特征。

汉字字形气质的演变大致由平和、拘谨、张扬，而至内敛（图 3-3、图 3-4）。

最初汉字相对单纯的使用目标和群体，使甲金文的字形表征和成形过程都是比较"放松"的。虽然有学者用"狞厉的美"[1]来描述早期的青铜器，但是金文的字形大小和外轮廓不拘，或许因使用者、使用环境和使用方式而显得神秘，但并不"狞狞"，在不打格子的金文中，这种自由平和的感觉更甚（图 3-5）。

战国时期"天子失官，学在四夷"，[2]民间学者出现，知识由贵族专有而普及至平民[3]，文字神秘化基本被打破，虽然有些文字的应用如虎符、玺印会在字形外轮廓有所限定，但这并不妨碍文字散发出来的"亢奋"。这时期的字形总有一种欣欣然的气息，装饰化及异形大兴。此外，潇洒恣意的书写快捷化尝试也在这个时期兴起，古隶出现，草书萌芽。

可惜，汉字字形很快迎来了一次"高压"。小篆字形严谨，成形高度规范，对字形是某种程度的"禁锢"，显得特别拘谨，是一种前所未有的"不自由"状态。

反抗力量来自隶书。如果说最早期的隶书字形仅表现为成形时的散漫，那么后来的则加入了一种"挣扎式"的"张扬"，它解散篆体，拉直线条，省并结构，夸张横捺。可惜这种气质后来逐步被削弱、改造，西汉河平四年（公元前 25 年）的《孟琁残碑》已有明显的程式化特征，而如《张迁碑》《曹全碑》《乙瑛碑》《礼器碑》等汉隶代表作品，字形更是以工整匀称为主，循规蹈矩，失去了最初的"抗争"意识，基本没了当初的"豪迈"之气，逐渐"内敛"（图3-6）。

草书某种程度上是这种"豪迈"之气的延续，是早期隶书走向汉隶（或叫八分）外的另一路方向[4]。可惜它仅是隶书的一种辅助性简便字形，外观虽然行云流水、随性洒脱，内在却是严守法度。西北出土的居延、敦煌汉简与东部沿海连云港伊湾汉墓出土的简牍草书虽然相隔万水千山，但其草书的间架结构基本一致，都使用了统一的规则书写[5]。草书这种自由与约束的

[1] 李泽厚《美的历程》，江苏文艺出版社，2010 年，60 页。
[2] 《四书五经》，中华书局，2009 年，840 页。
[3] 钱存训《书于竹帛：中国古代的文字记录》，上海书店出版社，2004 年，10 页。
[4] 裘锡圭《文字学概要》（修订本），商务印书馆，2013 年，92 页。
[5] 李均明《古代简牍》，文物出版社，2003 年，146 页。

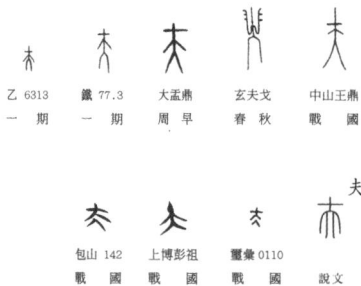

■ 图 3-4 "夫"字不同字形的气质差异

■图3-5 《折觥》及铭文 《折觥》中,相对整个器物的"狰狞",铭文显得自由平和。

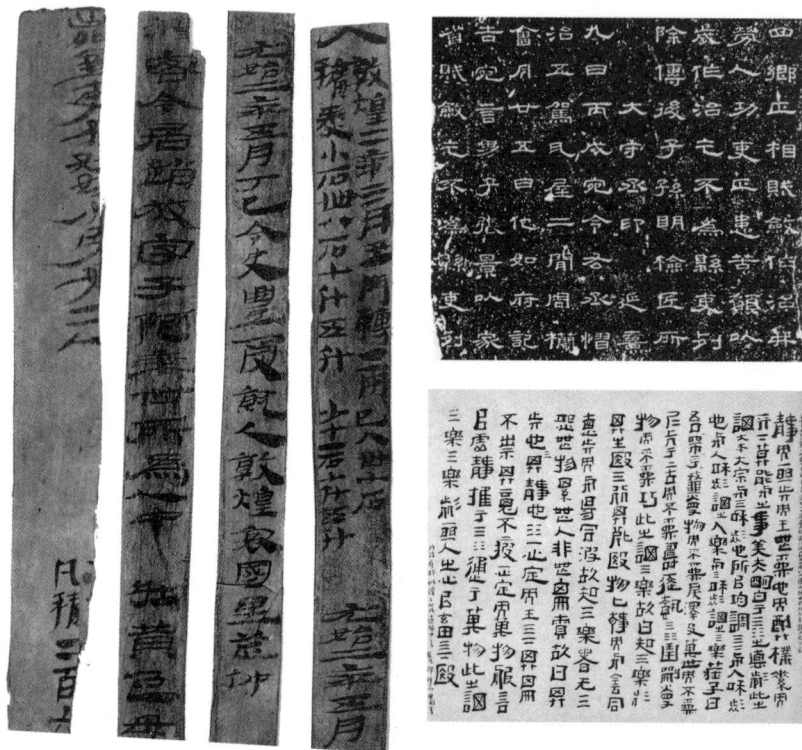

■图3-6 恣意与拘谨 左边西汉敦煌马圈湾简牍字形尚有奔放的感觉,右上成熟期的《张景造土牛碑》字形就显得异常拘谨,右下清代傅山的《啬庐妙翰》隶书部分也同样远不及早期的奔放。

"夹生"感,实际是一种并"不自由"的"自由"。❶ 可能因为它的这种特质,历代不少文人喜欢用它的字形来展现自己在"规则"下的某种"洒脱","喜怒窘穷,忧悲、愉佚、怨恨、思慕、酣醉、无聊、不平,有动于心,必于草书焉发之"❷。草书成为情绪表达的出口,字形得到不断扩展,魏晋时代今草出现,唐以后又有了狂草。

楷书字形笔画藏头护尾,行走方式如同一根绳子两头打结,割断线条向周边延伸的走势,气集中宫❸,呈蓄势状态,笔画间向背的呼应态势也显示出往字内攒聚的整肃感,纵敛之势成了主导❹,字形"内敛"。姜夔《续书谱》认为"真书(即楷书)以平正为善"是"世俗之论,唐人之失"❺。但也正好点出了楷书字形的一个典型特点——平正。自此,"内敛平正"占据了主角地位,成为汉字最具代表性的字形气质,汉字也完成了它的主体字形气质演变过程,此后主要是这些气质的交融、细化等进一步开发。

❶ 草书的"自由"一方面是线条的行云流水,书写速度的"淋漓尽致";另一方面是唯一真正解放了字与字之间的界限。
❷ 韩愈《送高闲上人序》,载于《历代书法论文选》,上海书画出版社,1979年,292页。
❸ 关于中宫,详见中篇定形技法中"中宫"一节的讨论。
❹ 刘涛《书法谈丛》,中华书局,1999年,85页。
❺ 载于《历代书法论文选》,上海书画出版社,1979年,384页。

三 字形简化意向

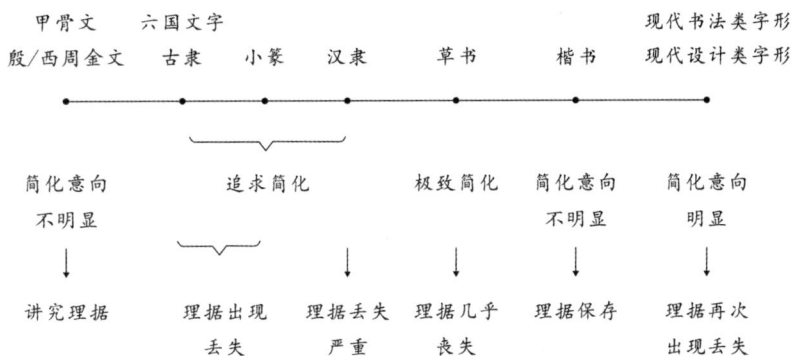

■ 图 3-7　汉字字形简化意向演变及其相应理据变化图

■ 图 3-8　甲骨文"安"字一期、三期、五期字形对比

❶ 关于"形的极简化"思维, 详见中篇"形的极简化"一节的相关讨论。

❷ 如姚孝遂先生认为甲骨文从整个文字体系来看, 其形体已经过了符号化的改造, 无论在线条化还是规范化方面都已具备了相当的规模, 文字形体的区别方式和手段已达到相当高的水平。见其《甲骨文形体结构分析》, 载于吉林大学古文字研究室《古文字研究 (第二十辑)》, 中华书局, 2000 年, 272 页。

❸ 如甲骨文不得不用线条方式成形, 本身就是一种线条化过程, 又因契刻的字小, 不免出现概括省略的现象, 即为线条式省略简化。

❹ 早期文字发展的动力是来自多方面的, 快捷书写引发的强烈简化意向和前文提到的"反抗"并不矛盾。

文字字形的发展大体是由繁至简, 汉字字形当然也不例外 (图 3-7), 不过早期的这种意向并不明显。虽然商代甲骨文因契刻的繁难、西周金文因铜器的大兴必然都存在一定的"速写"愿望, 但早期的汉字字形已经是"形的极简化"造字思维❶下的产物, 形体也经过了一定程度的符号化改造❷, 短时间内简化并非第一要务。而这一时期文字的神圣功能及神秘化需求也使字形简化的意向变得很弱, 因此商代甲骨文和西周金文虽然出现如线条式省略简化❸等简化现象, 但我们发现早期的文字如一期与五期甲骨文的大部分字形差异其实并不大 (图 3-8)。

真正有明显简化意向是在春秋末年。这时期文字下行, 应用范围扩展, 使用频率很高的常用字迫切希望能实现"快捷书写", 成为推动汉字字形简化最主要的动力❹, 出现了大幅度的书写性简化。这种动力即使在小篆阶段, 也没有因为政府的规范行为而停止简化的脚步, 至草书时达到了极致。

草书后，简化意向明显减弱，虽然各类俗字不断，但是整体上汉字字形基本保持不变，我们发现唐代的楷书字形和清代的基本一样。

对于这种现象，最常见的解释是字形理据的存失。汉字字形的简化和字形理据的存失是成反比的，字形越简化，理据丢失越严重。草书几乎达到了汉字字形简化的极致，字形理据大量丢失，为了保留最基本的字形理据，简化意向不得不戛然而止。章草后的楷书，其理据的保留反而高于之前的汉隶就是一个很好的例证。此后草书"反难而迟"，**●** 主要作为一种艺术性而非日常实用性的形体存在，章草后的今草、狂草的这种身份更加清晰**❷**。

草书或许也意识到了理据的严重丢失，字形特别讲究法度，不能随意变更，某种程度应是担心理据真正无可考证了。现在通用的简化字引起诟病，估计也是因为它再次大幅度启动了简化意向，引起了字形理据的丢失，新中国第二代简化字的最终废除也应是同样的原委。

保留最基本的字形理据是汉字的一种选择，成为汉字的一个特色，但是不能夸大字形理据的作用。唐兰、裘锡圭等学者"记号字"**❸**概念的提出可以认为是对字形理据发展的一种清晰认识。

另外需要指出的是，对于汉字的简化，我们能直观地感受到一字一简的方式，有章可循，不同于西方字母文字的造字层面上的颠覆性"简化"方式。因此汉字简化其实是原有字形的一种改良，本质上依然是一脉相承的。

四 书写顺序

甲骨文　六国文字　小篆　　　　　　　　　　　现代书法类字形
殷/西周金文　古隶　　古隶　汉隶　　草书　　楷书　现代设计类字形

不注重　　　　　　　书写顺序　书写速度　书写速度　书写速度
书写顺序　　　　　　明确化　　极致　　回复平缓　随机
　　　　　不注重
　　　　　书写顺序
　　　考虑书写顺序
　　　两路并存
　　　　　　　　　　　　　书写顺序
　　　　　　　　　　　　　明确化

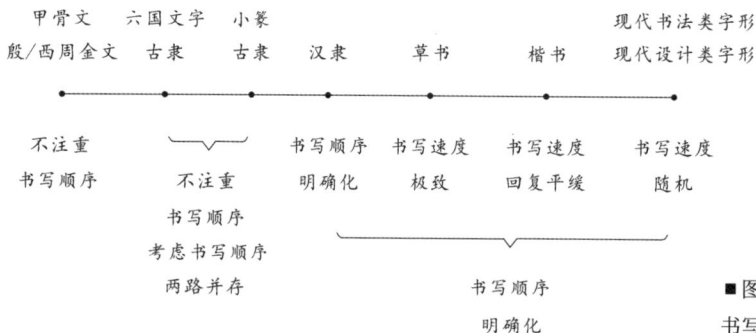

■ 图3-9　汉字书写顺序及书写速度演变图

● 出自赵壹《非草书》，载于《历代书法论文选》，上海书画出版社，1979年，2页。

❷ 当然，草书还曾被用于速记。谢和耐先生在其著作《中国社会史》中感叹汉字竟能借助简化的草书形式，造就历史上第一套速记法，并录有这样一个故事：有一本988年于巴格达写成的著作，内中提到著名的穆罕默德·阿尔拉兹（850–925年）眼见一个中国人（大概是路经阿巴斯德首府的）边听边译即时将加伦（2世纪）的著作录下来，感到惊奇不已。见［法］谢和耐著，黄建华、黄迅余译《中国社会史》，人民出版社，2010年，34-35页。

❸ 唐兰《中国文字学》，上海古籍出版社，1979年，109页；裘锡圭《文字学概要》（修订本），商务印书馆，2013年，10-15页。

书写顺序是指对一个字形从起笔到收笔的书写过程，它包含了书写动作、书写速度，三者是相互关联的。书写顺序的考虑往往意味着对书写快慢及书写"顺手"与否的关注，而这两方面的关注正好是汉字字形改造不可或缺的动力。关注书写快慢，必然注意书写过程简省与否，进而促动字形线条与结构的变更；关注书写是否"顺手"，即是对书写生理的考虑，同样促进了字形的一系列改造优化。

书写顺序虽然与我们通常所讲的"笔顺"有密切关联，但它触及了字形单笔画的书写过程，同时注意了字与字的衔接关系，不但可以考察字形单个笔画的运行细节，也比较容易让我们跳出单字的局限，观察字与字之间的连接过渡关系，着眼于篇章书写的考察。因此选用了"书写顺序"作为考察方向比常规的"笔顺"方向更为全面。

需要重申的是，理论上无论哪个字形都是按照某种顺序书写，都是有书写顺序的，不过早期汉字的这种顺序是以字形为本。也就是说，书写顺序是依据字形而定的，经常需要调整书写顺序以便适应不同的字形特点。书写顺序往往是无序的，而这里讨论的书写顺序是以人的生理特点为出发点的，字形是服务于书写顺序的，字形通常因书写生理需求而调整，书写顺序是有序的。这两种不同现象正好代表了象形模式和笔势化模式对书写顺序的态度，下面我们初步讨论汉字字形这两种书写顺序的变更过程。

早期汉字没有强烈"书写速度"的需求，因此基本不注重书写顺序（图3-10）。甲骨文"契刻者在刻不同的笔画时，每将甲骨旋转，以便取势"[1]。旋转甲骨的做法显然不考虑书写顺序。另外，"有些甲骨刻了直画而缺刻横画的，可知古人有时先把整章的直画刻完，再刻整章的横画，并非一字一刻"[2]。虽然这种刻字方式不一定是甲骨文成形的主要方式，但也说明了书写顺序并不是当时书写考虑的重点。采

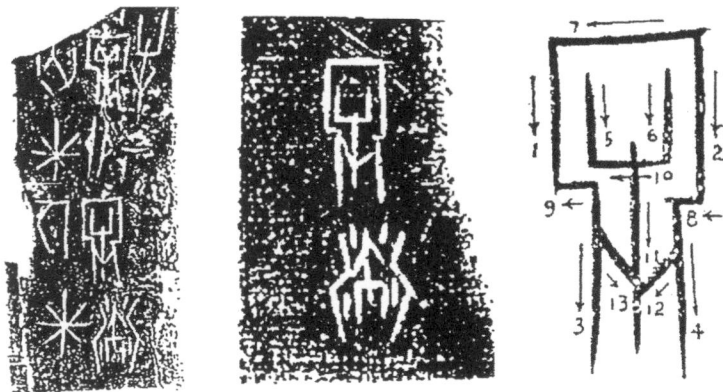

■ 图3-10　甲骨文的书写顺序模拟
中国社会科学院考古研究所赵铨先生等人做过甲骨文契刻模拟实验。左为原刻，中为摹刻，右为契刻顺序模拟。

[1] 钱存训《书于竹帛：中国古代的文字记录》，上海书店出版社，2004年，27页。
[2] 陈梦家《中国文字学》，中华书局，2011年，98页。

用类似手法的现代篆刻也提供了很好的旁证，著名篆刻家邓散木先生曾说："治印则字有后先，文无顺逆，无论其为横笔或侧笔，一律视同直笔，只将印旋转，以就刀势而已。"[1]可见篆刻也是用了旋转方式，同样没有书写顺序的讲究。当然，对甲骨文不考虑书写顺序最有力的证据当是艾兰先生《论甲骨的契刻》中提供的字形显微镜照片，这些照片显示同一甲骨上的相同字形书写顺序往往不同，很随性[2]。

殷、西周金文没有类似甲骨文书写材料的多方限制，可能略比甲骨文注重书写顺序，但是早期字形如填实等明显偏向描画的方式使这种顺序讲究也是比较有限的。

春秋战国时期，书写顺序出现了两路方向。一路延续殷商西周的传统，有时候不重视书写顺序的程度更甚之前，主要集中于铭文。其主要原因是铜器上的文字由隐秘转向对外[3]，字形有了精致化和附加外物的装饰追求，使线条反复优化成为一种必要。战国中期以后铭文往往是刀刻完成的[4]，《中山王方壶》铭文"山"字下面的弧线应是多刀修整的成果[5]。鸟虫书的线条粗细变化毫无疑问也同样是细心描绘、多次修整，不大可能一次即成。这两种强烈描画性质的装饰美化追求都不可能重视书写的顺序，后来小篆的字形应是这种方式的传承。从目前的资料上没有看到秦"书同文"时期对书写顺序的规定，事实上篆文的字形特点使它存在多种书写可能性，很难真正地统一书写顺序，比如《薛仲赤簠》铭文中"自"下面的弧线分为三笔完成，"享"字"口"形弧线则可能一笔完成（图3-11）。不过铭文的这类尝试有些或许明显使书写过程更烦琐，逆于字

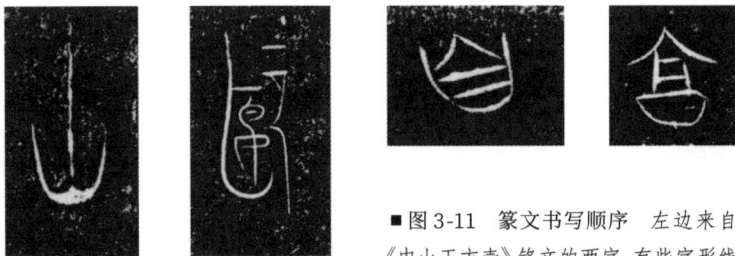

■图3-11　篆文书写顺序　左边来自《中山王方壶》铭文的两字，有些字形线条明显经过多刀修整；右边来自《薛仲赤簠》铭文的两字，字形下面的弧线书写顺序并不相同。

❶邓散木《篆刻学（下篇）》，人民美术出版社，1985年，34页。

❷出自［英］艾兰《论甲骨的契刻》，1988年长春中国古文字研究会学术讨论会论文打印件。转引自万业馨《应用汉字学概要》，商务印书馆，2012年，143页。当然也有学者如彭邦炯先生对艾兰先生这篇论文的说法提出质疑，认为甲骨文"不可能是东一画西一画的拼凑而没有章法"。彭先生通过统计《甲骨文合集》中的缺刻笔画例，认为甲骨文契刻有自身的笔顺特点，并提出中国书法艺术的书写笔顺惯例实肇自甲骨文时代的观点。见彭邦炯《书契缺刻笔画再探索》，载于台湾师范大学国系、台北"中央"研究院历史语言研究所《甲骨文发现一百周年学术研讨会论文集》，文史哲出版社，1998年，191-201页。

❸这其实是很有意思的话题，早期疑似文字的符号无论是在陶器、玉器或其他材料上，它所处的位置大都在器表，显眼，对外。而后来真正属于文字的铭文初期则走向隐秘，处于器内，一般不可见，此后才又重新出现在器表，再次对外。这种现象已被学者所关注，如杨晓能先生就其中的青铜器图形文字位置进行过相关的讨论，见［美］杨晓能著，唐际根、孙亚冰译《另一种古史：青铜器纹饰、图形文字与图像铭文的解读》，生活·读书·新知三联书店，2008年，184-185页。

❹西周铜器已经有刻铭，如晋侯苏编钟。

❺那时候没有钢刀，铭文是用做玉器的小轮子琢磨出来的。见马承源主编《中国青铜器》，上海古籍出版社，2003年，537页。

❶ 这种共同的迫切需求是秦除了政治优势、自身比较有效的试验以外，能顺利统一全国字形的一个不容忽视的原因。

❷ 帛书比较特殊，它有铜器类似的尊贵，也有简牍直接手写的随性，因此帛书文字常具备这两路字形的特征。如长沙楚帛书，字形有简牍类似的省简，书写态度却比竹简认真许多，结果线条有类似铜器铭文的工谨细致。

❸ 陈梦家先生根据武威汉简《仪礼》归纳了修改简牍书写错误的三种方法：削改、涂改和添写。详见其《汉简缀述》，中华书局，1980年，304页。

形演变趋势，有些却已经有了突破篆文线条束缚的意识，另一路简牍的突破即是起点于这种意识。

不同于铜器铭文的"悠哉"，主要服务于日常书写的简牍文字有书写速度和顺畅度的强烈需求，书写顺序成为简牍文字必须面对的首要难题❶。虽然相对于铜器、帛书❷，简牍存在一些如易得、写错可以直接刮去重写❸等天然优势，能更容易且更"无经济压力"地展开"粗犷式"的尝试，但这也不是一件容易的事，它的演进可以表示如下：

$$速写需求 \longrightarrow 关注书写顺序 \longrightarrow \begin{matrix} 缩短线条长度 \\ 减少宛曲程度 \end{matrix} \longrightarrow \begin{matrix} 字形变更 \\ 笔画形成 \end{matrix}$$

书写顺序先"着手"的是分解篆文的长线条，同时减少线条的宛曲程度。以楚系为例，引自不同简的"而""秦""寝"等字，其宛曲线条的"直"化都很明显，其中，"秦"字中"禾"中间的长线条分解成一撇和一竖完成，"寝"字冗长的宝盖头用简单的一撇一捺替代（图 3-12），这踏出解散篆文结构极为重要的一步。秦系的简牍则走得更远，大部分字形的笔道虽然还是圆转的方式，但已经加入了方折的意识（图 3-13），青川木牍中就有明显体现，这种线条方式更容易实现类别化，基本笔画呼之欲出。

在此过程中，书写顺序实现了突破。以"口"构件为例，侯马盟书中"口"的半圆弧线分左右各一笔完成，呈倒三角形态，楚系简牍也采用了

屏散簋 侯馬盟書 包山 085
周晚 戰國 戰國

史秦鬲 天星觀簡 包山 167
周中 戰國 戰國

寢敄簋 包山 146 上博容成
商代 戰國 戰國

■图 3-12　篆文长线条及其改造尝试　侯马盟书和楚系简牍中对篆文宛曲线条的"直"化，对长线条的分解和简化。

这种方式，而秦系则有所不同。青川木牍能看到一些文字中"口"字书写顺序已经突破到了隶书的三笔顺序❶，形态类似后来隶书的方块形状，云梦睡虎地秦简通用了这种写法。据"口"字形的书写顺序和形成的形态(图3-15)，我们不难看出楚系和秦系在此过程中的差异，事实上大部分学者认为以楚系为代表的六国文字和秦系的这种简写追求方向并不一样，虽可能彼此影响，但整体呈两路状态。

无论方向是否一致，改造脚步是不可能停止的，在书写顺序突破的同时笔画细节也受关注。楚系和秦系都做出各自的探索，不过秦系更为"有效"(图3-14)。楚系如上博楚简《三德》线条变化不可谓不丰富，可惜更多是直接入手结构的省简，并非建立在书写笔势调整基础上的改变，没能带来典型的笔画化成果；反观秦系睡虎地《效律》《法律问答》等，它们则突出书写笔势调整的作用❷，隶书笔画形态已经开始呈现，楚系往往下笔重而尾部轻，秦系则有了清晰的笔画中部运行过程。一个依然受限于书写工具，一个已经开始驾驭工具，秦系对书写工具性能的掌握和潜能的挖掘明显高出一筹，对于楚系和秦系的这些笔画细节差异在线条特征一节将进一步探讨。

综上，我们可以说书写顺序的需求是推动笔画和字形改造的一大动因，也是后来书法行气、时间性等艺术性诞生的基础，这里我们列举几个有趣的相关发展细节：

（1）书写顺序在单个笔画中的渗透，表现为运笔的过程。日本学者西川宁称这种"三

❶ 这是把两边向中间或中间向两边的对称写法改为从左到右的单向行笔，并借机把曲线变为直线，把笔画连断处变为方折，而不符合上述基本连接过渡方式的则断开。详见万业馨《应用汉字学概要》，商务印书馆，2012年，93页。

❷ 这两者当然都会带来大量的异形，不过楚系的直接入手结构省简，省简方向如果不一致就非常容易造成字形的无序，时间越长字形越混乱；而秦系的以书写笔势入手，从生理性出发，方向容易统一，字形变革可以有序，时间长越可能通过反复实践总结出最佳选择。

■ 图3-13 秦简文字线条的方折化 睡虎地秦简《法律问答》线条的方折已经成为常态。

■ 图3-14 秦系楚系的笔画尝试对比 对比睡虎地秦简《法律问答》(左一)和上博楚简《三德》(左三)字形类似的"是谓"(右中)和"是胃"两字(右上),我们能清晰地看到它们与后来笔画化发展方向的距离:《法律问答》已经基本配备,而《三德》则相去甚远。而另一个楚简郭店楚简《成之闻之》(左二),我们随意摘选两字(右下)发现它的用笔明显没有中间层次,距离基本笔画更为遥远。

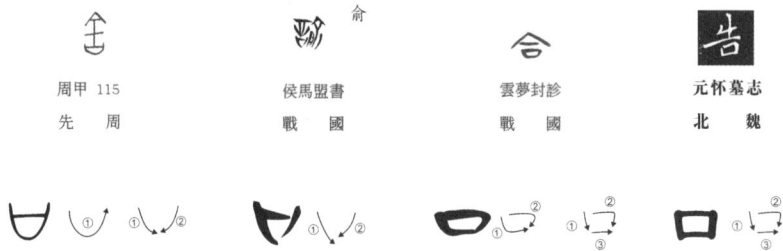

周甲 115	侯馬盟書	雲夢封診	元怀墓志
先　周	戰　國	戰　國	北　魏

■ 图3-15 "口"形书写顺序的差异

❶［日］西川宁著,姚宇亮译《西域出土晋代墨迹的书法史研究》,人民美术出版社,2015年,264-265页。
❷载于《历代书法论文选》,上海书画出版社,1979年,388页。

过折"是判断楷书字体特征的基本条件❶,而中国古代书论《续书谱》早有"一点一画,皆有三转;一波一拂,皆有三折"❷的论断。此外,中国学者还针对这个"三折"具体的运笔路线进行过广泛讨论,以包世臣《艺舟双楫》中提到的"始艮终乾""始巽终坤"为代表,它们是借用八卦来表示

巽	离	坤
震		兑
艮	坎	乾

表面始艮终乾书写顺序　　始巽终坤书写顺序

■ 图3-16　笔画的书写顺序　把后天八卦套入笔画中，能明晰"始艮终乾""始巽终坤"各自的书写顺序（运笔过程）。

实际根据藏头护尾原则的
始艮终乾书写顺序

表面始艮终乾书写顺序　　始巽终坤书写顺序

实际根据藏头护尾原则的
始艮终乾书写顺序

■ 图3-17　《粉岭大埔墟》的用笔顺序图

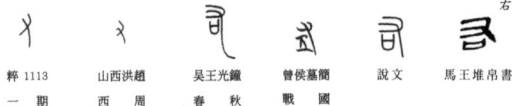

粹1113	山西洪趙	吴王光鑑	曾侯墓簡	說文	馬王堆帛書
一期	西周	春秋	戰國		

東庫盂	曹全碑
戰國	

■ 图3-18　"右"字的线条方向变更　"右"字为了顺应书写生理特点，把"捺"改为了"撇"并固定化。这个改变冲破了旧有字形的框架，意义重大。

❶ 崔尔平《"始艮终乾始巽终坤"说》,载于《二十世纪书法研究丛书·风格技法篇》,上海书画出版社,2000年,208-213页。

❷ 郭熙《林泉高致》,载于杨成寅编著《中国历代绘画理论评注:宋代卷》,湖北美术出版社,2009年,78页。

❸ 张彦远《历代名画记》,上海人民美术出版社,1964年,34页。

❹ 注意"右"字早期也存在个别类似"左"的字形。

书写时的运笔路线的。这个运笔路线参照崔尔平先生《"始艮终乾始巽终坤"说》❶一文,如图3-16所示。

(2)依书写顺序而形成的"向背"顺序受到了书法和绘画的双重关注,这种"写"字延伸出的技法常与绘画共用。宋郭熙曾说:"人之学画,无异学书。"❷唐张彦远也说:"书画用笔同法。"❸近代黄宾虹先生有一幅《粉岭大埔墟》用笔程序图(图3-17),根据线条旁的数字顺序,我们能清晰地看到他几乎每两笔就是一个向背的顺序,与"写"字的顺序如出一辙。

(3)个别汉字出于书写生理特点的考虑而出现了构件布局调整,如"右"字,横撇后再写"口"形明显比横捺后写"口"来得自然顺畅,于是捺后来被统一为撇❹(图3-18)。这导致我们现在看到的"右"字指向意思不明,与"左"字相混,不过这从观念上打破了原有字形取形思维的束缚,意义非凡。

除此之外,对于书写顺序涉及的问题,尚有四点需要补充:

第一,书写顺序虽然转向据生理特点而定,但同一个字形实际上依然存在多种可能性,有三个表现:

(1)章草和汉隶书写顺序的差异。它们虽然是并行的两路,但有些字形的书写顺序并不是完全相同的(图3-19)。明韩道亨所编《草诀百韵歌》中有两句关于书写顺序的:"或戒戈先设"和"皋华脚豫施"。"或戒戈先设"指"或""戒"等字"戈"部的横及斜勾先写,再写左边的笔画;"皋华

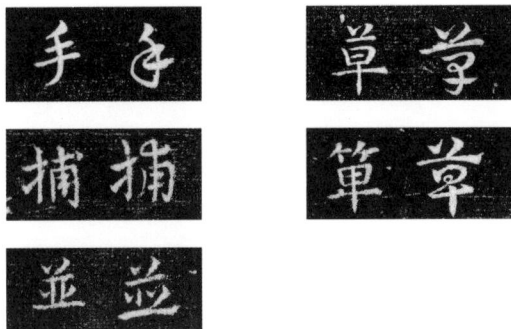

■ 图3-19 草书自成一套的书写顺序 左边三个草书明显异于楷书的书写顺序,右边两个字下部构件类似,书写顺序的差异却很大。

脚豫施"指"皋""华"二字先写中部再写左右。章草的书写顺序与其他字形的差异当然不仅于此，事实上草书不少字形的书写顺序是必须独立掌握的❶。

（2）个别字形存在个性化书写顺序。如"十"字，通常的顺序是先横后竖，但在汉简《候粟君所责寇恩事》里的"十"是一个竖折加一个横折而成。类似的写法在北齐武平年间的《泰山金刚经》"女"字中也能看到（图3-20）。这两个字的书写顺序也都很顺畅舒适，可见书写顺序的统一并非绝对一致，而是符合生理性的广义上的统一。

（3）一些特殊情况下的书写顺序。由于简牍纹理、节点、着墨等客观限定，这时期的有些字形会出现本可以一笔完成的笔画不得不采用多笔，甚至先画轮廓再来填实的特殊书写方式，是这时期书写顺序的一种特殊状态。

当然，绝大部分早期书写顺序的尝试成果被后来的书写直接继承（图3-21）。

第二，虽然书写顺序最初试验就出现了隶、草、行、楷等笔法的萌芽，但是因存在承写物、书写工具、书写观念等因素的限制，如简牍相对后来的纸，对书写位置、字形大小、书写姿势等方面都有很大的制约，这使当时字形的改造不得不有所取舍。隶书字形是当时的第一主要成果，而行书、楷书是在面对承写物变更、书写工具优化、书写观念进一步发展等新变化时，书写顺序发展的后续主要成果。

第三，虽然方折意识对隶书、楷书的诞生有重要意义，但是方折与草书的关系却是略有不同。草书的转折处讲究圆转，并非方折❷，因此草书形成过程中方折意识并非至关重要，这估计是文字学家把草书定为变异字体❸及辅助字形的一个原因吧。

第四，古代书写顺序的出发点是自上而下的字序，这造成当代改为自左而右的字序后，在书写过程中不可避免地会出现不"顺手"的情况。

❶对于古代草书传授的相关讨论，见陆锡兴《古代草书的传授和草字书》，载于中国文字学会《中国文字学报》编辑部《中国文字学报（第三辑）》，商务印书馆，2010年，169页。

❷从生理上讲，圆转书写比方折顺且快，它可以省略转折时转换笔锋的动作，更符合草书流畅简约的特点。

❸王宁先生认为汉字字体在今文字阶段形成了正规字体和变异字体。隶书、楷书为正规字体，行书、草书为变异字体。详见王宁《汉字构形学导论》，商务印书馆，2015年，3页。

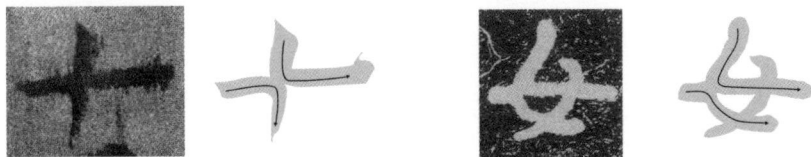

■图3-20 个性化书写顺序 汉简《候粟君所责寇恩事》里的"十"字和北齐武平年间《泰山金刚经》中的"女"字不依我们熟知的书写顺序。

包2.125　　　　　真草千字文　　　　　自叙帖
戰　　國　　　　　隋　　代　　　　　唐　　代

■图3-21 草书书写顺序的继承 "口"形书写顺序的早期尝试成果在后来的书写中依然可以看到。

一　整体特征

（一）字形象形性

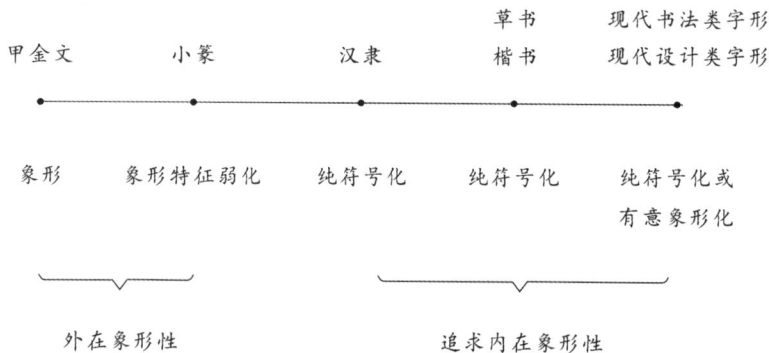

甲金文	小篆	汉隶	草书 楷书	现代书法类字形 现代设计类字形
象形	象形特征弱化	纯符号化	纯符号化	纯符号化或 有意象形化

外在象形性　　　　　　　　　　　追求内在象形性

■图4-1　汉字字形象形性演变图

　　字形的象形性与装饰性并不一样，字形象形性指字形与客观物象的相似程度，而字形装饰性是一种美感追求，它与客观物象的相似程度无关。

　　汉字字形的象形性演变有两个特点，一是逐步去象形性，走向纯符号化；二是从外在象形性转变为追求内在象形性（图4-1）。

　　汉字早期字形"画成其物，随体诘诎"，是一种外在象形性，不过以目前能看到的甲金文来说，这种象形性已经是高度概括后的象形了，字形的提炼远高于东巴文字、古埃及文字，又比楔形文字丰富多样。当然就甲金文本身而言，这种外在象形性也有所差异。甲骨文因为契刻方法的限定，其实已经出现削弱这种象形特征的现象，不少字形的象形程度相对同时期，甚至在此之后的金文都降低不少，不过汉字的这种高度"概括"的象形性虽然之后随着纯线条化、线条美化修饰而被进一步削弱，但却一直保持到小篆时期，被称为"象形古文字"阶段。

　　真正触动字形外在象形本质是在战国时代，由于对书写顺序的重视，字形挣脱了客观物象的束缚，通过如字形宛曲线条的直化、分解等改造后，字形外在象形性真正受到了"颠覆"。至隶书成熟后，我们只能从个

❶ 五代画家荆浩《笔法记》提及的描绘物象方式有助于我们解释这种转变，他提到"度物象而取其真"，又解释"似者，得其形，遗其气。真者，气质俱盛，凡气传于华，遗于象，象之死也"。见荆浩撰，王伯敏标点注译《笔法记》，人民美术出版社，1963年，3页。
❷ 郑杓《衍极·造书篇》，载于《历代书法论文选》，上海书画出版社，1979年，431页。
❸ 张怀瓘《书议》，载于《历代书法论文选》，上海书画出版社，1979年，148页。
❹ 通常认为是伪作，这里仅作为一种参考。
❺ 载于《历代书法论文选》，上海书画出版社，1979年，5-6页。

别汉隶里依稀找到一些外在象形特征。"车"字勉强能找到车轮的轮廓，"角"字模糊能看到上部的角形，整体上，汉字的外在象形性基本消失了。

有趣的是，象形性虽然在隶书、楷书等字形的改造中，从外在层面上基本消失了，但在内在层面上却得到了发扬光大，甚至更盛之前❶（图 4-2）。从传为秦时李斯的《用笔论》开始，这种内在象形意象的追求就没有消失过，唐张怀瓘《六书体论》更是直接喊出"书者，法象也"❷的"口号"。当然，这种具象描述的方式或许只是针对字形太抽象了的一种"变通"的方式而已，下面随意摘录几个影响深远的书论，感受这种"囊括万殊，裁成一相"❸。

秦李斯《用笔论》："夫书之微妙，道合自然。……用笔法，先急回，后疾下，鹰望鹏逝，信之自然，不得重改，如游鱼得水，景山兴云，或卷或舒，乍轻乍重。善思之，此理可见矣。"❹

东汉蔡邕《笔论》："为书之体，须入其形。若坐若行，若飞若动，若往若来，若卧若起，若愁若喜，若虫食木叶，若利剑长戈，若强弓硬矢，若水火，若云雾，若日月。纵横有可象者，方得谓之书矣。"❺

扛肩　　鹤膝　　蹋肩

■图 4-2　笔画形象化　书法理论中无论是"八病势"或是转折处的用笔弊病都采用了形象化的隐喻方式。

■图 4-3　现代字体设计的象形手法应用　这个标志设计巧妙地借用了档案袋形态。右边竖立的档案袋是中文"百"字，左边是阿拉伯数字"100"字样。这时候档案袋是字体，字体也是档案袋。吴晓庆、李瑶、宋荷设计（毕业设计作品），李海平指导。

至现代书法类字体和字体设计阶段, 字形的外在象形性出现了复苏, 两种类型的象形方式在书法或字体设计中被广泛应用❶(图 4-3)。当然, 这时期的外在象形化和早期的出发点并不一样, 早期的"随体诘诎"是一种不得不为的象形化, 字形识别度是它的基本要求, 而现代的象形是一种为了某种目的的人为加工, 有时候完全不考虑字形的识别度。

❶ 以书法为代表的内在象形性不仅是笔画、字形对物象体貌的表面性联想, 更重要, 也更高明之处是笔画、字形对物象神韵气魄内在生命力的"转嫁", 获得更高层次的艺术体验。从这点出发, 当代字体设计层面的外在象形性复苏其实是一种倒退。

❷ 注意这种外物并非如同甲骨文的涂朱涂墨, 或是铭文的错金等外物。

(二) 字形装饰性

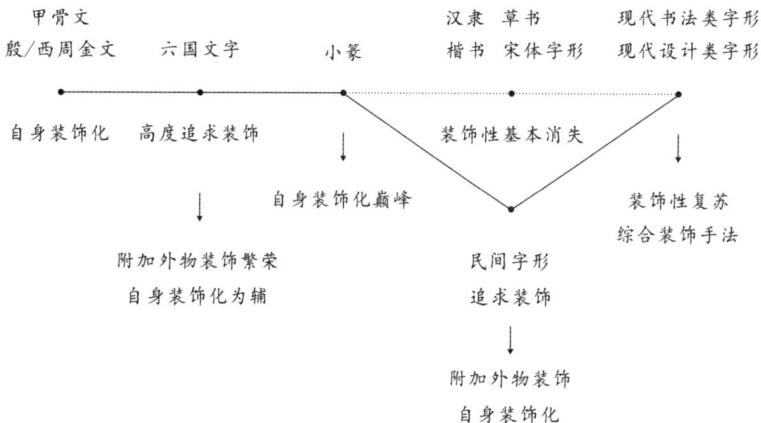

■图 4-4 汉字字形装饰性演变图

字形装饰性主要体现为字形的外在装饰, 是很多文字体系都具备的"常规"美化追求。一般文字最初都会出现如匀称、整齐等自然审美式美感追求, 并随着文字的继续发展, 逐渐转变为一种主动性的装饰美化追求, 进而形成自身的装饰特色, 汉字字形也不例外 (图 4-4)。

汉字字形装饰主要有三种类型:

(1) 字形自身装饰化, 指字形自身构成部分的装饰, 通常也有两种方式: 字形线条装饰和字形结构装饰。

(2) 字形附加外物装饰, 顾名思义就是在字形上附加外物❷, 形成装饰性。

(3) 前两种类型的综合运用。

■图4-5 瓦当文字形结构装饰的几种情况 上面三种保持了字形正立状,而下面三种则放弃了正立状,依据字形所处的范围采用"因地成形"的适应性调整。

■图4-6 现代民间花鸟字与古代鸟篆 花鸟字左为"龙飞",右为"福寿";铭文上左为寿,右为肤,下左为年,右为病。

❶对于文字瓦当的出现时间众说纷纭,目前资料显示,山东临淄齐故城范围内采集的半瓦当有文字,可见战国时期应该就有文字瓦当,只是非常稀少。见山东省文物管理处《山东临淄齐故城试掘简报》,《考古》,1961年第6期,289-297页。

这三种字形装饰方式或是"轮番上场",或是"同台登场",争相斗艳。总体上,汉字字形至小篆时期都在追求装饰性,主要以前两种类型为主,小篆后分成两路,一路所有的装饰性基本消失,体现在隶书、楷书等主线字形上;另一路延续早期的两种装饰方向,并都有所发展,体现在民间字体上;至现代,这两路表现出了合并的现象,装饰性出现了复苏,第三种装饰类型开始兴起。

字形自身装饰是最先"登场"的。《司(后)母戊大方鼎》的题铭常被认为是文字装饰风气已经盛行的标志,但是具有真正突破性的"字形美化"现象发生在春秋战国时期,字形自身装饰的两种方式同时登台,以线条宛曲匀称、字形外轮廓高度平整为目标。楚国的《王孙遗者钟》成为长江流域各诸侯国字形美化的参考范例,中山王三器铭文则把这种字形美化的精致度推向了一个高峰。至秦统一时,小篆的字形是这种追求的一种"规范化",目前所见的《泰山刻石》《琅琊台刻石》及《秦峄山刻石》,虽然有一部分是后人的摹本,但它字形的精致化方式却是一脉相承的。

汉景帝时,字形自身装饰中的结构装饰获得了新的发展机会,原偶尔才能见到的文字瓦兴盛起来❶。字形结构装饰在战国时期的玺印文字、陶器文字、货币文字外找到一个新的"发挥"场所,开发出了不少依据瓦当形态的"定制式"手法(图4-5),比如出土于神木大保当汉代城址的"长乐未央"瓦当,"长乐未央"四字结构随着瓦当形态而变,字形外轮廓呈半弧,但又规整、灵活,如同"适合纹样"式的字形结构装饰。

附加外物装饰滥觞于《王子午鼎》(图1-5),并迅速迎来一次高峰,汉时灵帝的喜好使它又一次"光芒四射",之后这种风气隐入民间,成为千家万户为各类民俗活动增色的有效方式。但是与字形单一的装饰精致化追求不同,附加外物装饰范围存在如越王勾践剑铭文的局部性添加外物,也存在如刘胜墓出土铜壶几乎整个字形就是外物的现象,精致度方面也是铜器铭文的美轮美奂及民俗字体的随意性并存(图4-6),非常多样。

值得一提的是,附加外物装饰的不一定是某个图案或事物,有时候是圆点[1]或不同朝向的各种小线段。这种附加物常被学者称为"饰笔"[2],比如东周铜器上的字形普遍存在的加点装饰现象,至今没能圆满地作出解释,应该就是一种无意义的装饰形。附加外物也有时候是一个字形,比如楚文字经常喜欢添加"口"形作为装饰性部件,"本"字就曾因添加了装饰部件"口"而长期被认为是"杏"字[3]。

把两个装饰类型混合使用主要出现在现代,以现代字体设计为代表。现代字体设计不像民俗字体那样随心所欲,也不像六国文字那样地位崇高,"戴着镣铐跳舞"[4]的特点带来了很多的束缚,为此现代字体设计更喜欢采用一种折中的手法,综合性手法恰好契合了这种需求。我们在日常生活的各种场合中能经常看到这种折中式装饰手法下的字形作品(图4-7)。

让人意外的是,字形的装饰性演变如同象形性一样,在一定阶段后也在汉字主线上消失。历代虽然存在大量的书帖、碑刻,但鲜有文字装饰,少量有装饰意味的也多选用自身就有装饰意味的篆书。同样的,目前所见到的各朝代刻本字形,正文中也几乎难见到文字装饰的例子,文字和图形得到明确的区分,这可能是汉字艺术化之后,如同象形性转为一种文字的内在追求一样,装饰性也内化了,可惜目前还缺少这方面的专门研究。

■图4-7 现代字体设计作品装饰手法的综合应用 皆李海平设计。

[1] 有些圆点,如商周金文十、二十、三十上面的一个点、两个点和三个点,徐中舒认为是打一个或几个结的绳子,甲骨文只是刻写不便省略了。详见《徐中舒历史论文选辑(上)》,中华书局,1998年,710-711页。

[2] 刘钊先生总结这类古文字的饰笔22例,见其《古文字构形学》,福建人民出版社,2006年,345-346页。

[3] 对于楚文字的这个字形,刘信芳、李守奎均采纳过"杏"的说法,详见刘信芳《包山楚简解诂》,艺文印书馆,2003年,91页。李守奎《楚文字编》,华东师范大学出版社,2003年,340页。而李守奎先生后来又认为是"本"字,详见李守奎、贾连翔、马楠《包山楚墓文字全编》,上海古籍出版社,2012年,211页。

[4] 镣铐指项目的要求,它们类似镣铐那样限定了创作的范围。

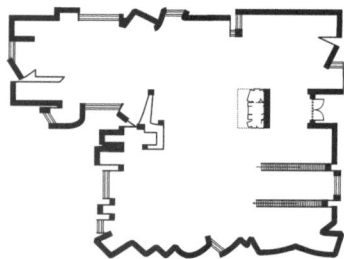

（三）字形艺术性

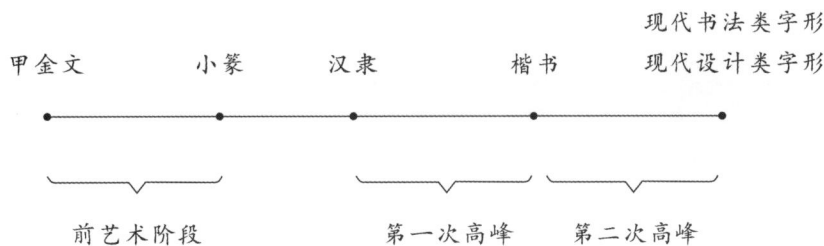

现代书法类字形

甲金文　　　　小篆　　　汉隶　　　　楷书　　　现代设计类字形

前艺术阶段　　　　　　　第一次高峰　　第二次高峰

■图 4-8　汉字字形艺术性演变图

　　这里的字形艺术性指书法艺术，它与字形装饰性最大的区别是不仅仅停留于表面形态，而是触及了内在意趣。如果说字形装饰性带来"这个字形很漂亮"的视觉感受，那么字形艺术性则带来"这个字形很有生命力"的心理体验。以用墨为例，字形装饰性倾向于如墨的浓淡、枯涩等视觉上的灰度变化讲究，而字形艺术性则往往在此基础上进一步探索如墨迹具有温度等心理上的感悟。因此，字形艺术性可以认为是字形表面装饰的升华，是字形在转向笔势化模式中，实现基本功能基础上的一种额外收获，并最终成为汉字发展的最大特色，甚至一定程度上左右了汉字的发展方向。

　　字形艺术性主要体现为把书写变成一种艺术，通过依附于字形上的"体"实现。从单字到篇章，涉及字形的笔画、间架、空白，并从技法、理论、实践、鉴赏等各个层面，发展出了一套完善的系统，在不同阶段有各自的特点(图 4-9)。

　　早期汉字字形虽然被后人赋予了很多艺术含量，但严格来说，它主要是一种自然审美式的美感追求，还谈不上艺术自觉，属于前艺术阶段。

　　字形艺术性的觉醒主要得益于以下几个方面：

　　（1）毛笔成为最主要的书写工具；

　　（2）毛笔的优化；

　　（3）书写顺序的讲究成为常态；

　　（4）书写社会化。

■图4-9　书法线条的艺术美　对比美国艺术家波洛克泼洒形成的线条和中国书法家张旭挥毫形成的线条，我们能明显感受到其中笔势的无序与贯通，力度的飘浮和沉着，正如德国汉学家雷德侯先生所说："有一些批评家宣称：现代的行为派画家们已感受到了与使用毛笔的东亚艺术家的契合之处，且指望以此获得灵感与合理性。如此的宣言者若非惘然无知，就是不愿承认中国的书法家们由始至终都需要严格的训练。"❶ 左为波洛克作画现场，中为波洛克《1949年23号作品》，右为张旭《心经》。

第一点从大量出土字迹所采用的书写工具可以证明。第二点与第一点是相辅相成的，一个工具的高使用率必然对应高使用性能的需求，促使工具的优化，之后又反过来推动工具使用的进一步发展，形成良性循环，传说的"蒙恬造笔"即是良好的例证。第三点实际上是追求书写生理性的成果，前文已有详细讨论，它发端于战国时期。第四点则主要借助汉代"善史书"制度。于是在汉初字形艺术性就实现了初步觉醒，甚至出现了字形楷模的现象，如陈遵、刘睦的书作被推崇、收藏❷。不过字形真正具有完备的艺术性要等到它指导理论的架构，通常以蔡邕《九势》为发端的代表❸。

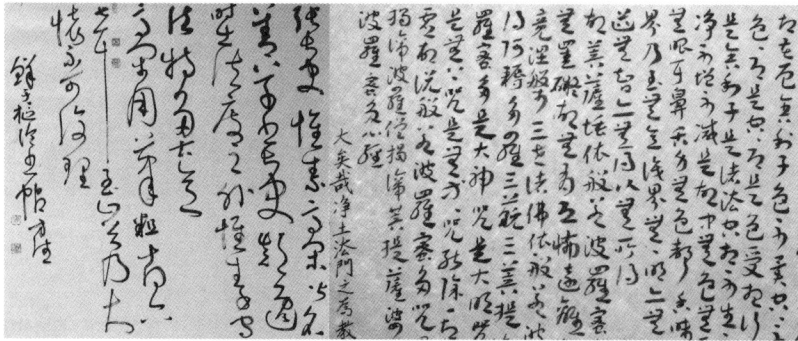

■图4-10　当代书法作品　继承传统的书法作品，出自书画家戴方德。

❶ [德]雷德侯著,张总等译《万物:中国艺术中的模件化和规模化生产》,生活·读书·新知三联书店,2005年,261页。

❷ 已知古代最早被民间收藏的是东汉陈遵的书作,最早被皇室收藏的是东汉刘睦的书作。

❸ 这是借助道家思想而构筑起来的书法艺术生成论。不过有学者认为东汉崔瑗《草书势》是中国古代书法理论的滥觞,西晋卫恒《四体书势并序》是古代书法理论的初步自觉,而南朝齐王僧虔《书赋》才是真正自觉的标志,见张天弓《先唐咏书辞赋研究》,载于《全国第五届书学讨论会论文集》,河北教育出版社,2000年,109-118页。

❶ 明代实现了将书法从"捧在手上"展玩到"挂在墙上"欣赏的转变,详见黄惇《中国书法史·元明卷》,江苏教育出版社,2007年,183-184页。

这样,字形的艺术性步入了第一个高峰期,从实用中分离出来,逐渐成为一门艺术,从文字观向艺术观转向,字形的艺术性追求逐渐成为一种常态。隶书字形"蚕头燕尾"特征的形成、楷书书写过程中字形笔画提按的强调,它们都是一种主动的,或者说带些刻意性质的视觉风格特征的总结和程式化。这是字形艺术性与字形本身发展配合共进的阶段,一种新字体的诞生通常伴随着一种新字形的出现,前文对此已有论述,这里不再赘述。

这种配合关系在楷书字形成熟后,出现了一定程度的变化。如果说第一次高峰主要集中于形的改造与新体形成的配合,并不断赋予新形、新体合法的地位,那么这次的高峰则更多是体的独角戏,它有几个特点:

(1) 不局限于当下的标准字形、辅助字形,而是面向所有出现过字形的艺术开发,比如出现于不同时代的各种"新篆书字形""新隶书字形"书法;

(2) 重视技法探索和理论总结,在不同时代形成各具特点的艺术追求,比如我们常说的"唐尚法、宋尚意";

(3) 强化艺术传承、楷模的作用,并形成了传统,前者如王书的一统,后者如帖学的传统;

(4) 融入生活和学习当中,成为修养的一部分,这从历代的科举制度到汉字品格功能的出现都可以窥探到;

(5) 成为高度独立的艺术,有专职从业人员,前者如出现了对文本内容的不计较,单纯以字形艺术为鉴赏要点,后者如唐的柳公权其实就是顶级的书写艺术专职官员;

(6) 展现形式多样,比如明代开发了折扇、对联,增大了悬挂式作品的尺寸❶。

步入当代,受毛笔手写工具"主角"地位没落的冲击和西方艺术思潮的影响,字形的艺术性一方面出现了衰弱的状态,书法不再是文人必备的"基本技能"了;一方面又面临新的发展契机,一些全新的如数字技术介入字形艺术性等尝试不断涌现。其实无论汉字如何演变,字形的艺术性追求早已经融入汉字的血液中,必定伴随着字形的不断演变而被持续注入新的生机。

二 局部特征

（一）字形外轮廓

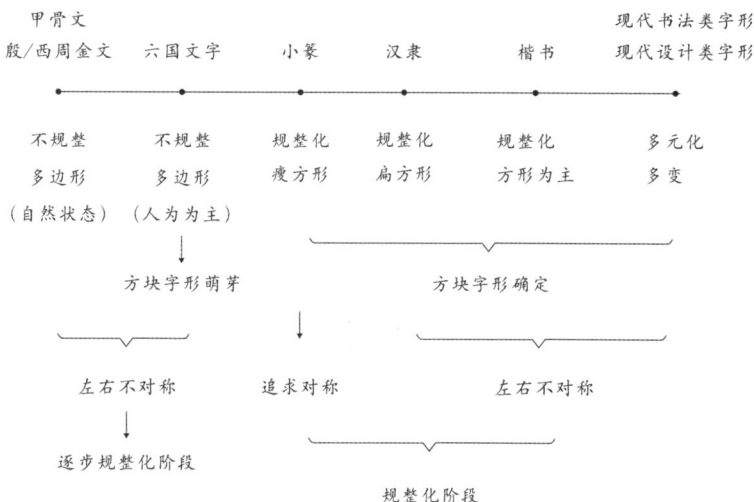

■图4-11 汉字字形外轮廓演变图

字形外轮廓指字形的外形几何形态。汉字的字形外轮廓发展从不规整走向规整，从多边形走向方形，汉字的方块化❶最终形成（图4-11）。

从目前所见的甲金文来看，虽然个别字形存在如西周《禽簋》中三个"禽"字上下两部分距离较远，容易被认为是两个字的情况❷（图4-12），不过它并非常态，绝大部分甲金文字字独立，即便是合文也是凑成一个整体，字与字之间的边界感很清晰。

这种边界清晰的外轮廓在战国前的字形中体现为自然状态的多边形❸，我们所见的甲骨文、金文字形通常线条多字大，线条少字小，字形大小不拘，在篇章中通常任其伸缩，不"委屈"每一个字。西周晚期，整齐美化意识有所提高，常用方格的方式来规范铭文的范围❹，不过它的目的更多在于行齐，每个字形大小划一的需求并不强烈，字形外轮廓依然"各自为政"。

春秋后期和战国时期出现了两个极端（图4-13）。一方面，所给字形范围的约束带来字形外轮廓的平整统一，如《蔡侯盘》铭文字形严谨，外轮廓大小基本固定，整齐划一；另一方面，字形改造尝试带来外轮廓的"更

❶ 魏建功先生认为汉字之所以叫方块字是因为汉字形体组合若干点画于一固定面积中以表语言上每一声音的单位。与这里所提的方块化略有差别，见魏建功《汉字形体变迁史》，商务印书馆，2013年，6页。

❷ 两字距离较近造成是一个字的误会当然也存在，如传本《战国策》中就误将靠得太近的"龙言"两字当成一个字，后来据马王堆出土帛书得以校正。

❸ 李圃先生称殷商甲骨文是块体文字。李圃《甲骨文文字学》，学林出版社，1995年，190页。

❹ [美]夏含夷《西周青铜器铭文》，载于其主编，中国古文字学导论翻译组译《中国古文字学导论》，中西书局，2013年，67页。

■图 4-12 《禽簋》"禽"字外轮廓
《禽簋》的三个"禽"字上下两部分
分得很开，非常容易看成两个字。

■图 4-13 战国铭文恣意与
严谨并存 左《蔡侯盘》（局
部）铭文字形严谨，右《楚王
后六室豆》《王后七府鼎》铭
文字形恣意。

❶ 这是根据《吴越文字汇编》收录
字形所得的数据，见施谢捷《吴越
文字汇编》，江苏教育出版社，1998
年，24页。

❷ 注意这种外轮廓的规范如同正形
方向的标准字形，是一种原有字形
上的程式化、规范化，并非随意地硬
性强加。这是由于不同笔画特征对
外轮廓有不同的适应性，详见附录
四的讨论，而外轮廓规范是在此基
础上的一种规范统一。

大解放"，字形更显不拘，如《正鐏》（吴越）铭文"正"字的宽高比例达到
1:7的惊人形态❶，呈极端的长方形状。东周很多国家往往是两种字形外
轮廓并存，前所未有地多样化。

当然，物极必反，这种极度的多样化必然迎来一场反方向的规
整运动。

果不其然，规整运动来得也很猛烈。一番大刀阔斧的规整过后，出
现了瘦长形的小篆❷。或许是被六国文字字形外轮廓的恣意所惊吓，这
次字形外轮廓规整成为汉字历史中字形外轮廓最规整的时代。《泰山刻
石》《琅琊台刻石》及《秦峄山刻石》字形外形高度整齐划一，后来的楷书
字形外轮廓虽然也规整，但远远没有小篆如此"苛刻"。

通过这次猛烈的字形规整运动，汉字的字形外轮廓虽然失去了最初的
丰富多样，但真正地走在高度规范化的道路上了。之后，虽然章草字形不
拘，今草、狂草更是打破了字与字之间的界限，脱离文字外形的约束，但它

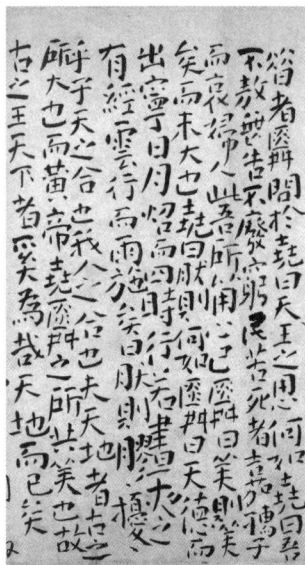

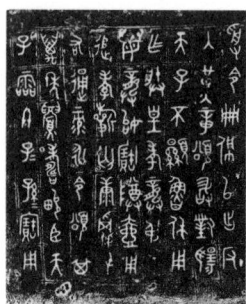

■图 4-15 《颂壶》打格子对字形外轮廓的影响甚微
在打格子的《颂壶》(局部)中，给这些铭文字形打个外框，发现每个字的大小和形状依然相差很大 [2]。

■图 4-14 书法和设计作品中消除字形外轮廓的尝试 左边傅山《啬庐妙翰》楷书部分，是书法中"支离"美学观 [1] 的实践作品，结字无序，尝试消除字形的外轮廓。设计方面也有类似的尝试(右上，Lawrence Choy 设计)，并开发了如开放式外框的设计手法(右下，石崎悠子设计)。

们并非主流。标准字形上，由于隶变过程中汉字的基本笔画形成 [3]，字形外轮廓方正化条件已经具备，《礼器碑》等汉隶的代表碑刻字形外轮廓基本呈方形了。到了楷书阶段，笔画真正完备 [4]，方形也完全占据了主角 [5]，至此中国"方块字"的面貌成熟。而随着雕版和活字的诞生，尤其是宋体的出现，字形的方块特征进一步巩固，汉字字形外轮廓也真正定型 [6]。

不过这种字形外轮廓的定型即便在标准字形上也并非是种绝对的大小一致(图 4-14)，比如程式化的，被认为最应该整齐划一的版刻字体，我们发现它们字形也存在高度不一的现象。其实各朝代不少刻本的横列经常是没有对齐的，也没有硬性规定必须对齐。而在历代书法领域中，字形外轮廓处理更是被书法家当成个性展现的一个场所，如金农漆书字形外轮廓常显奇特的倒梯形状，傅山《啬庐妙翰》楷书部分则出现大胆消除字形外轮廓的尝试。

至当代，现代书法和字体设计虽然存在如延续消除外轮廓的尝试，甚至出现了前所未有的斜体 [7]，但绝大多数情况下字形外轮廓依然是之前常见的几种形态，并没有真正地远离这些轮廓范畴。

❶ 傅山把"支离"作为一种审美理想，详见白谦慎《傅山的世界：十七世纪中国书法的嬗变》，生活·读书·新知三联书店，2015年，141-152页。

❷ 注意这里仅是为了方便说明字形外轮廓大小而打的格子，并不是后来印刷字体所涉及的"字面"概念。在现代字库字体设计中，有非常严谨的字面大小讲究，详见附录六。

❸ 赵平安《隶变研究》，河北大学出版社，2009年，59页。

❹ 王凤阳《汉字学》，吉林文史出版社，1989年，231页。

❺ 关于笔画化对不同类别字形最终外轮廓选定的"贡献"详见附录四的讨论。

❻ 方块字一方面体现为一种意识，比如中国人书写时，心中总有一个有形或无形的方框，书写时总是努力避免出格；另一方面指方体是主流，但非方体其实依然存在，宋代刻本文字字形就有方、长、扁、圆、细瘦等不同。(张秀民著，韩琦增订《中国印刷史》，浙江古籍出版社，2006年，116页)现代字库字体的字体家族也常包含方体、长体和扁体。笔者曾想更进一步，尝试在同一套字库字体中同时混合方体和长体，详

保父丁簋　合 18970　周甲 50　格伯簋　信陽楚簡　　保
商　代　一　期　先　周　周　中　戰　國　　說文

■图 4-16　"保"字的字形演变
"保"字在字形演变过程中,右部
分有意地添笔形成对称。

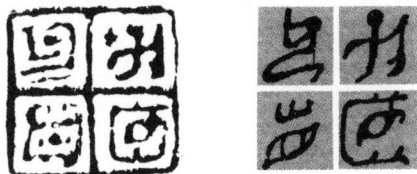

田字格璽　　　　　　　　　刊旬抑直

■图 4-17　田字格玺　李学勤先生认为田字格玺右边的上下两字为阳文,左
边的上下两字为阴文,形成左右对称,体现了篇章层面字形对称思想的应用。

(接上页)见湖北省科学研究计划青年项目"汉字字库字体混合方体与长体的可行性研究",项目编号:Q2013-2304,成果收入李海平专著《汉字字体设计原理》,高等教育出版社,2016年,156-166页。当然,更重要的是,有学者认为这种明显区别于英文等线型文字系统的"平面方块型"应该是汉字具有区别特征的本质属性之一。详见李运富《汉字学新论》,北京师范大学出版社,2012年,14页。

❼2017年11月14日,腾讯发布了有史以来第一套完整支持 GB 2312-80 简体中文编码字符标准的斜体。汉字的视觉倾斜度为 8°,配套拉丁文字的视觉倾斜度为 10°。

❶前文提到打格子主要为行齐,而行的对齐相对容易,即使大小并不特别统一的单字字形,也可以在行款上看起来很整齐。

❷唐兰和王凤阳两位先生都认为是行款影响了汉字方块的形成。行款字序下行影响汉字的"立化",多行书写排列需求影响了汉字的"方

需要补充的是,前文提到西周晚期在采用打格子方式后,大部分字形轮廓依然是"放任自由"❶(图4-15),并没有真正地限定字形外轮廓,不过这种打格子规整的意识和实践却非常重要,它其实是单字字形外轮廓规整的前奏。打格子使每个字形有了范围限定的意识,后来逐步发展为每个字形对自身外轮廓有了约束,最终促使对外轮廓的规整。虽然当时打格子的作用主要体现在篇章行与行之间的对齐上,但其对字形方块形式的奠定及对字形外轮廓的规整化都是非常重要的一步❷。

除此之外,字形外轮廓有时候反映到字形内部各组成部分的形态设置,以内部有意地追求左右对称最为典型,对称与不对称在汉字字形演变中有一条清晰的路线。

我们知道字形不对称是早期文字的主要特征,但是在个别早期文字字形演变过程中出现了追求对称性的萌芽,如保字字形的演变前后,能清晰看到对局部对称的有意追求(图4-16)。至小篆,这种对称性成为字形结构最主要的特点,不过这种情况在隶书诞生后迅速瓦解,不对称的字形结构又"卷土重来"。有意思的是,后期的这种不对称与早期的不对称并不相同,早期是字形轮廓不拘的一种无序,而后期则是有意的艺术美感追求,是一种可控的有序设计,后文构件不同平稳方式及字形重心设置两章节对此将会进一步讨论(图10-22、图11-8、图11-12)。

更让人意想不到的是,这种字形对称追求并不局限于单字内部,曾被推广到篇章。梁朝的神道石柱出现过"反左书",即把一边的题字反着写,以便与另一边产生对称❶,李学勤先生也曾用印玺布局左右文字对称思想创造性地解读了商三玺中田字格玺文字❷(图4-17)。

(二) 字形线条特征

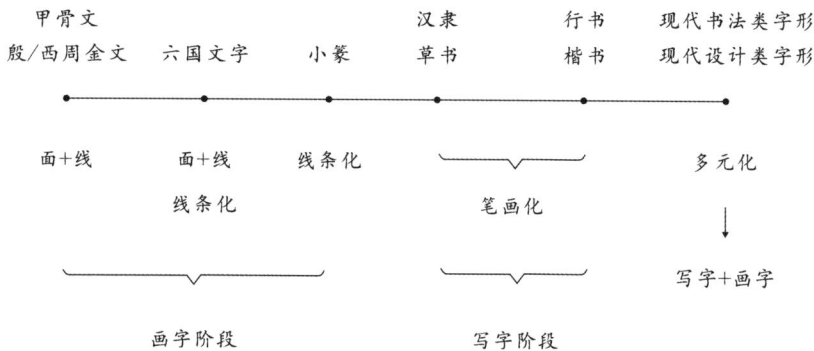

| 甲骨文 | | 六国文字 | 小篆 | 汉隶 草书 | 行书 楷书 | 现代书法类字形 现代设计类字形 |

■图4-18 汉字主线线条特征演变图

字形的线条从"线+面"形式,到线条化、笔画化,并由此定型(图4-18)。

"线+面"中"线"是线条,"面"是一种填涂、填实。

"线条化"指去掉肥线和"面"的方式,把早期的字形逐渐改变成由比较平直线条构成的、象形程度较低的符号,它的进一步发展,便有了精致化和装饰化的趋向。

"笔画化"通常被解释为古文字演变为隶书的过程里,字形写法丧失外在象形意味,改造为用点画撇捺等笔画组成的符号。其实它是线条笔势化的成果,不过某种程度上我们更愿意理解为汉字转向关注书写需求后,先民为了快速化书写而在努力驾驭工具过程中的一种"意

（接上页）化"。见唐兰《中国文字学》,上海古籍出版社,1979年,123页;王凤阳《汉字学》,吉林文史出版社,1989年,743-745页。其实对于方形的最终确定应有多方面的原委,如古代印玺最初以正方形为主体,至秦代出现通官印(正方形)、半通印(长方形)的尊卑制度,正方形、长方形被赋予了尊卑含义。说明先民的文化追求也可能在其中发挥了作用,关于方块化形成的进一步讨论详见附录四。

❶ 见刘涛《字里千秋:古代书法》,生活·读书·新知三联书店,2007年,28页。
❷ 见李学勤《试说传出殷墟的田字格玺》,《中国书法》,2001年第12期,8-9页。

■图4-19 篆文、宋体、楷书笔画对比 笔画化后线条的样式丰富了。左为篆文的三种基本"线条",中为宋体的一些基本笔画,右为楷体中"点"存在的一些样式(出自柳公权楷书)。

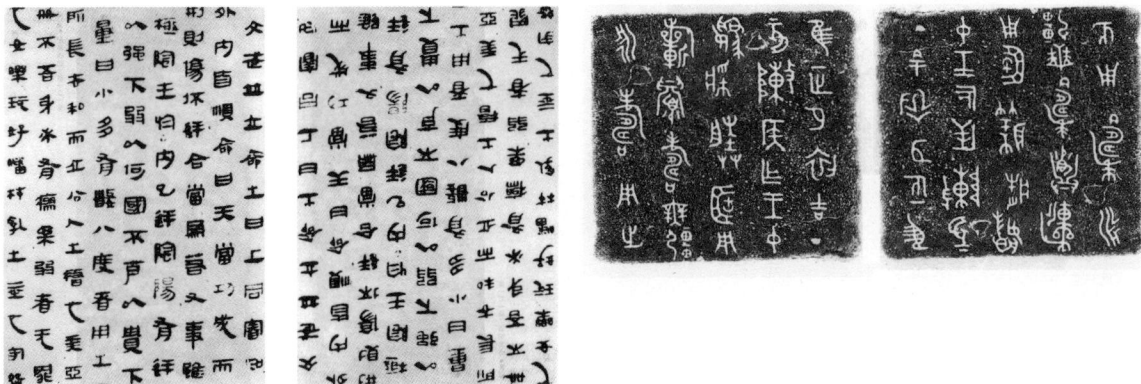

■图4-20　笔画化与线条化行气对比　把左边马王堆《老子》帛书（局部）转动180°，会显得很怪异，但是把右边《陈侯簠器》铭文转动180°却没有多少怪异感。其中一个重要原因是笔画化比线条化更讲究线条的丰富变化，以及字与字之间的衔接关系（行气）❶，超越了静态美，有了动态美。

❶《九势》里提到："势来不可止，势去不可遏。""上皆覆下，下以承上，使其形势递相映带，无使势背。"这种单字形成的"势"，在篇章中形成一股清晰的运行脉络，就是行气。

❷笔画化对于字形识别度的贡献，学者已有相关研究。如万业馨先生认为：隶书以横画和竖画为主的笔画组合方式无疑比小篆宛曲多变的线条组合更合乎易于识别的笔画组织形式。见万业馨《应用汉字学概要》，商务印书馆，2012年，204页。

❸甚至有学者认为书法是在写点画，而非写汉字。

❹笔画化具备了艺术造型的四种基本线条形式，即直线、曲线、间断的线、粗细变化的线（四种艺术造型基本线条形式详见王菊生《造型艺术原理》，黑龙江美术出版社，2000年，8页）。

❺需要注意，笔画化潜力更多体现在自身变化上。此前的线条添加了外物装饰后通常还是线条，但是笔画后的线条，即笔画如果添加了外物往往就变成了非笔画形态了，因此笔画比较容易展开如三过折等自身层面的细致讲究，而不容易展开如添加外物等装饰性讲究。这或

外收获"，详见下篇毛笔一节的讨论。这种"意外收获"实现了字形线条发展的一大飞跃，有两个不容忽视的贡献：

（1）使绝大部分汉字的，尤其是常用字字形的笔画数量控制在一定的范围里，有效地减轻了书写难度，且提高了字形阅读识别度❷。同时字形以笔画方式呈现直接影响了其外轮廓选定，是汉字方块特征得以最终定型的主要因素，详见附录四的讨论。

（2）提供了字形艺术化的方便之门。笔画化打破之前字形线条相对单一的形态，每个笔画都可以施加诸如宽窄、方圆等变化（图4-19），能轻易构成丰富的个性化形体❸，有无穷的挖掘潜力❹，是书写艺术化的关键因素❺。

表面上，汉字字形的线条是从线面形式向线条化，再向笔画化方向演变（关于具体线条改造手法详见中篇线条规整修饰一节），但是本质上是从自然式线条向艺术化线条转化的过程。"线条化"使字形和行款更注重装饰美感，而"笔画化"则使字形和行款有了书法艺术化追求的可能，可以说就是"笔画化"使线条发展真正出现了分野，汉字字形演变的两个美化方向因此形成：

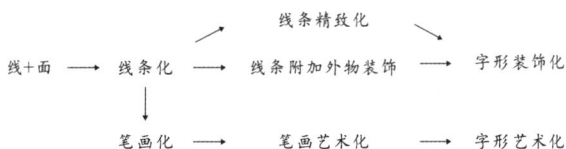

```
                      线条精致化
                  ↗              ↘
线+面 → 线条化 → 线条附加外物装饰 → 字形装饰化
            ↓
          笔画化    →    笔画艺术化    →    字形艺术化
```

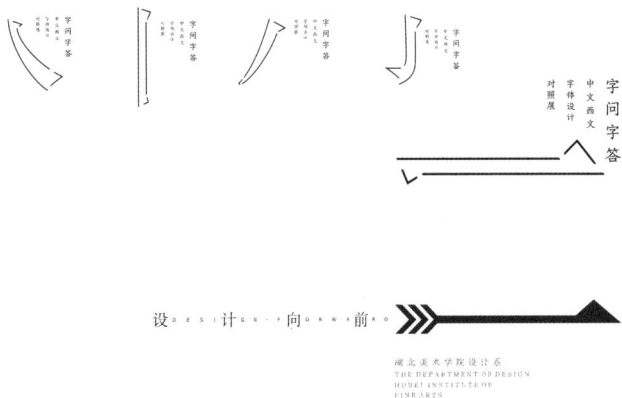

■图 4-21　笔画的文化象征　笔画在当代被认为是代表传统文化的一种元素，被大量应用于各类艺术创作中。上为笔画在公共艺术中的应用（武汉地铁 4 号线宏图大道站出口艺术风亭），中下为笔画在标志中的应用（中为字问字答展览系列标志，下为湖北美术学院设计系设计向前展览标志设计），皆李海平设计。

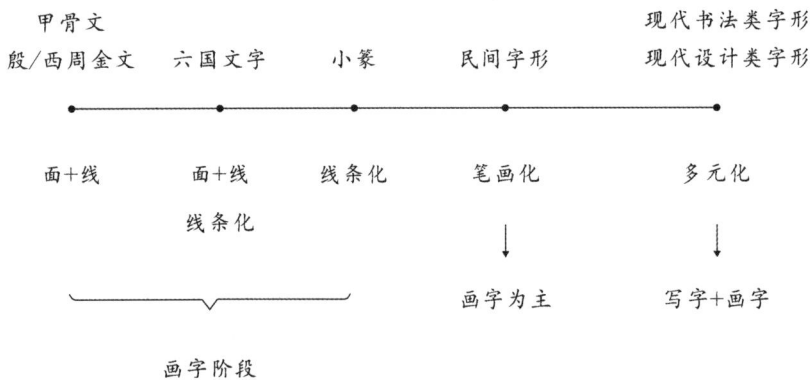

■图 4-22　汉字副线线条特征演变图

■图 4-23　民间文字字形线条的装饰化　明代青花瓷装饰"福字岁寒三友"（左）及"寿字桃树"（右）。

（接65页）许是汉字字形笔画化后选择了丰富笔画自身变化，转而追求内在意趣的一个原因所在，某种程度是种本属"无奈"却又"意外惊喜"的选择。

❶ 值得注意的是，金文中某个字形用圆圈填涂或纯线框是没有字义上的差别的，但是在东巴文中，涂黑与否却是能表达和区别意义的，详见王元鹿《纳西东巴文字黑色字素论》，《华东师范大学学报》（哲学社会科学版），1986年第1期，59-63页。东巴文中一个空心的花瓣是"花"，涂黑后是"毒草"。说明金文是纯粹的把填涂作为一种手法而已。

❷ 王褒《京师突厥寺碑》提道：夫六合之内，存乎方册；四天之下，闻诸象教。见《全后周文》卷七《全上古三代秦汉三国六朝文》，河北教育出版社，1997年，第9册177页，另范晔《后汉书》（中华书局，1987年，第10册，2922页）也有提及。

❸ 笔画化相对早期如"比""从"等字靠字形上手的上折和下肢的弯曲这种特征来区别（见刘钊《古文字构形学》，福建人民出版社，2006年，152页）更为有效和方便得多。

早期甲骨文受工具的限定，不得不以画线为主，但是同时期的铭文，只要遇到不受限制的场合，"线＋面"的方式，甚至纯面的方式就被大量应用。这种有意的面、线结合至战国时期依然可以在一些装饰性铭文中看到❶。

此后，主线上的字形不断挖掘线条的潜力，春秋战国时期线条化成果不断，以小篆的形成达到顶峰。与此同时，以简牍为主要阵地，笔画化的尝试也不曾停歇，在使用工具的基础上，努力驾驭工具，开拓工具的潜能，虽然进展比较缓慢，但至西汉时期汉隶成熟后，就一发不可收拾，草书、行书、楷书、宋体，每类字形都有自己特征鲜明的笔画方式，各自代表着一个阶段笔势化的成果，后人所说的"线条艺术"更多的是指笔画化的成果。

而副线上，则是另一种形式的"线条化"和"笔画化"（图4-22）。如同佛教初入中国被称为"象教"，❷ 民间，尤其是民俗更喜欢图像的力量，经常把字形"改造"成一个图像（图4-23）。它复制了主线上的成果，但是喜欢美化线条，增添了很多主线上意想不到的方法，比如很多民俗字体虽然也实现了"笔画化"，但是它的笔画常采用"画"的方式呈现，图形化文字、描外轮廓或用他物替代是最常用的方式，完全不同于主线的"写字"方式。

对于字形线条，还有三点值得关注：

（1）线条化和笔画化都在努力强化文字间的区别特征，明晰字形之间的细节差异，表现为线条的出头与否、长短对比、相连、相交、平行或断开等，其中笔画化更为直接有效❸。其实汉字字形是既严谨又宽松，有时候如早期字形或书法字形多一笔少一笔，它还是同一个字，而有时候如后期的规范性字形出头或不出头，就是另一个字了，因此这些细节差异不但在字形演变中起重要作用，在规范类字形中更需特别关注。

（2）笔画化是不可能一蹴而就的，比如隶书的笔画化并不完全，基本笔画并不完备。早期的隶书主要书写在竹简上，执简书写姿势的特点及竹简左右狭小空间和天然具备的纹理特点使线条的收笔以直接"划"出更为舒适，不大可能出现很难"写"的勾和楷书式细腻的捺，直到纸的大量应用才摆脱了这种客观约束，出现笔画完备的契机。

（3）不同线条试验方向带来字形结构的很大差异。以楚系简牍为代表的字形改造通常有意或无意地强调横向线条，它导致字形有强烈的

忘	戻	忘	戻
孔子詩論 上博簡	孔子詩論 上博簡	日甲六三背 睡虎地秦簡	日甲六八背 睡虎地秦簡

居延竹簡

宣示表

■图4-24　不同字形的左右拉扯力量　楚系简牍文字左右形成强大的拉扯力量（上左边两字），秦简的则少有这种视觉感觉（上右边两字）。汉代的不少简牍隶书虽然主笔明显，但或许因书写位置的限定等因素，其夸张的波挑技法也造成类似的感受（下左），楷书则完全改变了这种状态（下右），笔画藏头护尾，字形上下左右四个方向的力量平衡。

■图4-25　秦系、楚系竹简文字的主笔画对比　把左边上博简《姑成家父》和右边睡虎地秦简《法律问答》都逆时针转动90°，我们发现各自支撑字形的主笔画发生了有趣的变化。侧倒的楚简字形看起来主笔画更清晰，反而更像是正立的字，而侧倒的秦简字形字被倒立的感觉非常明显。

郳陵君豆二

■图4-26　目前出土最潦草的礼器文字

❶ 汉字字形自身就有横多竖少的特点。

❷ 笪重光《书筏》，载于《历代书法论文选》，上海书画出版社，1979年，560页。

❸ 后来马王堆帛书遇到转折处常断开重新起笔，是种巧合，抑或是这种思想的孑遗？

❹ 李零《简帛古书与学术源流》（修订本），生活·读书·新知三联书店，2008年，175页。

❺《史记·秦本纪》，岳麓书社，2001年，37页。

❻ 六国与秦的这个差异在其他地方也同样显现，如对周礼制度的破坏。东方各国总是不断出现下级僭越上级，致使周礼制度在竭力保持中被持续破坏，而秦则是从根本上直接废弃周礼，见梁云《战国时代的东西差别：考古学的视野》，文物出版社，2008年，262页。此外，对于文字变革试验的材料，楚简多为遣策、典籍，而秦简多与法律有关也可以作为一个旁证。

横向分割感❶（图 4-24）。而"字之立体在竖画"，❷ 这种"横画"的过分强调常常使字形缺乏纵向支撑的主笔画，与秦系获得的字形有明显的不同（图 4-25）。有个很有意思的证明方法，就是把睡虎地秦简《法律问答》和上博简《姑成家父》都逆时针转动 90°，就会发现原有主笔画的秦简没了主笔画，而楚简恰恰相反，出现了支撑的笔画。

对于第三点提及楚系和秦系的这种差异，我们有两个猜想：

其一，与书写时的不同意识有关。在竹简上书写左右约束极大，上下则相对宽松，结合希望竹简上能写更多文字的愿望及持简书写姿势的约束，迫使竹简上书写一般需要放松左右的波动，控制上下的大小。楚系和秦系在面对这种情况时所选择的对待方式并不同。楚系更强化左右横向的自由，弱化竖向线条，书写时线条通常往两边开张，而秦系则在关注左右横向的基础上，平等兼顾了上下的关系，把需要从横向转为竖向书写的线条简单"粗暴"地"折成"一横一纵❸。于是，在改造过程中，楚系虽然也一定程度上解散了篆文结构，可惜字形转折处的轻描淡写，缺乏主笔画的意识很大程度上导致它出现了很奇特的字形。反观秦系的如青川木牍、睡虎地简牍，转折处方折的使用使字形一开始就有主笔画意识，字形四方的力量也相对平衡，即便如龙岗秦简出现了整体倾斜的字形，但是主笔画依然很清晰。

其二，和改造的"狠劲"有关。以楚系为代表的六国文字，虽然最早展露了改造的实践，可惜类似这些国家的变法，虽占据了先机，但模棱两可，不果决也不彻底，他们总是想竭力保持篆文的结构，但又希望实现字形的"速写"，最终两个问题都没能解决好。目前出土最潦草的礼器文字就出现在楚国（图 4-26），可谓随性之极，造成楚系文字字形的难识程度如同李学勤先生所说的——你做梦也梦不见❹。而秦的文字改造，精准果决，没有优柔寡断，与秦孝公"与之分土"❺的变法决心一样，持久、彻底，缓缓推进，步骤分明，成效显著❻。

（三）字形构件方位

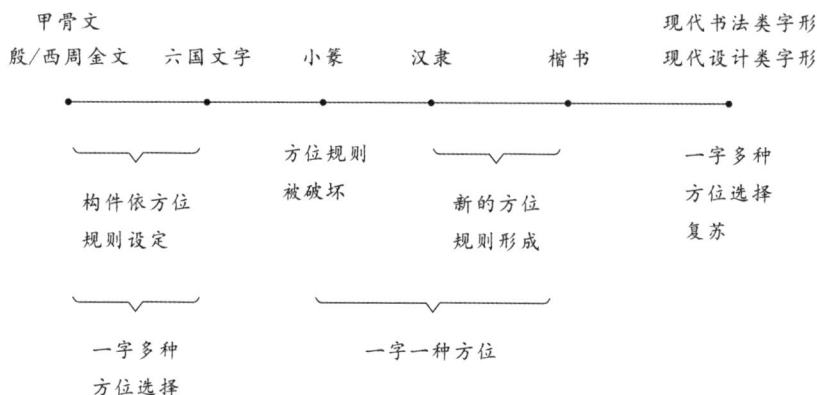

■图4-27　汉字字形构件方位演变图

构件方位指构件的方向与位置，汉字的构件方位演变从一字多种选择到一字一个方位，并基本固定化（图4-27）。

早期有些汉字如"涉"字，双"脚"（止）可一上一下，可一左一右，可全在左侧，也可全在右侧，一字有多种方位选择❶（图4-28）。它看似比较随意，其实遵循了一定的方位规则，如有学者认为字形"各个成分的配合关系与其形体方位，总是和字义联系着的"。❷其中的原委当然不仅于此，详见中篇第三章方位规则对此的详细讨论。

春秋战国时期，随着第一次文字下行，受到书写出现的随意性及强烈的构件类化、同化、异化等现象带来的冲击，这套方位规则被严重破坏了（详见中篇自然演变中的构件方位变化）。到小篆时期又因为规范化带来的字形需求，这套规则被直接废除，通常一字仅留一种方位，详见中篇第四章人为规范中的构件方位规范化对此的讨论。

不过小篆还是存在一些方位不固定的现象，主要体现为偏旁不固定，如"和"字，"口"在左在右的字形都存在。隶书时，通过"隶行"，即移动小篆的偏旁位置来改善这种现象，可惜偏旁位置不固定的情况即便在后来的楷书里也没能真正绝迹，如"峰"字，"山"在左与在上都是可以的。

楷书阶段，出现了新的成果，如《心成颂》《三十六法》都涉及大量构件方位设定的"艺术准则"，构件方位设置艺术化，影响深远。

❶ 文字学家很早就注意到这个现象，也总结了一些规律，如胡小石的"卜辞文字倒顺有别而反正无殊"（胡小石《甲骨文例》，1928年发表，收录于《胡小石论文集（三编）》，上海古籍出版社，1995年，48页），唐兰的"除了少数的例外，凡是左右不平衡的字，几乎没有不可反写的"等（唐兰《古文字学导论》，写于1935年，齐鲁书社1981年重印，167页）。而对其中字形写法可左可右原因的解释，王凤阳先生从应用角度出发的观点颇有意思，他认为是因走向不同的行款带来对字形的作用。（王凤阳《汉字学》，吉林文史出版社，1989年，755页）

❷ 蒋维崧《由隶变问题谈到汉字研究的途径和方法》，《山东大学学报》，1963年第3期，1-20页。

需要注意，虽然小篆后一字一方位的"配备"是常态，不过小篆的外轮廓统一成长方形，而早期隶书主要是扁方形，我们知道长方形更适合上下分布，而扁方形适合左右分布，因此有些文字的构件方位在小篆和隶书中并不相同，如"响""蛾""裙"等字在小篆都是上下结构，而在隶书是左右结构，可能字形承续的原因，后来字形偏方正的楷书基本延续了隶书的构件方位设置。

　　至现代的书法类字形和现代字体设计，一字多种方位的选择又得到了复兴，尤其是一些字体设计中，一些字形会有意地采用一些特殊的方位。当然，这种情况并非常态，大部分字形方位依然是严格遵循一字一方位的规则。

| 佚　699 | 合 10606 | 合 15950 | 合 21124 | 合 21256 | 合 28339 |
| 一　期 | 一　期 | 一　期 | 一　期 | 一　期 | 三　期 |

| 合　1051 | 合 10949 | 合 19286 | 合 20464 | 合 27803 | 合 32951 |
| 一　期 | 一　期 | 一　期 | 一　期 | 三　期 | 四　期 |

■图4-28　"涉"字构件的多种方位选择

（四）不同文字间同一构件形态

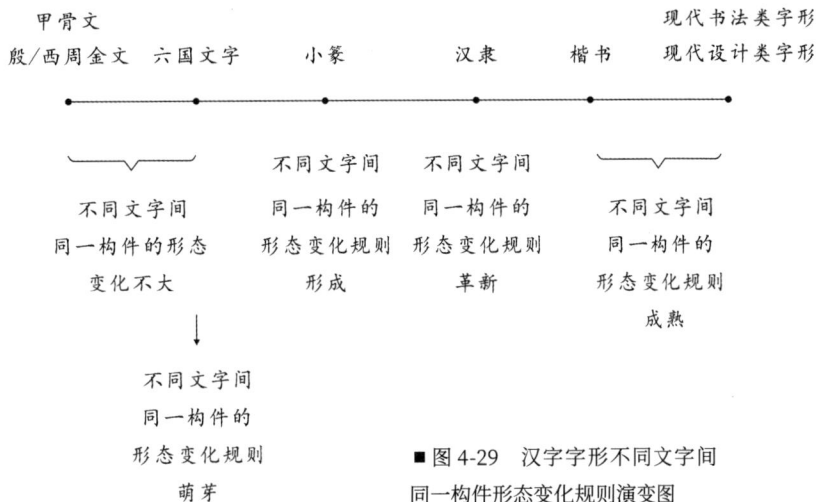

甲骨文
殷/西周金文　六国文字　　　小篆　　　汉隶　　楷书

现代书法类字形
现代设计类字形

不同文字间
同一构件的形态
变化不大

不同文字间
同一构件的
形态变化规则
形成

不同文字间
同一构件的
形态变化规则
革新

不同文字间
同一构件的
形态变化规则
成熟

不同文字间
同一构件的
形态变化规则
萌芽

■图4-29　汉字字形不同文字间同一构件形态变化规则演变图

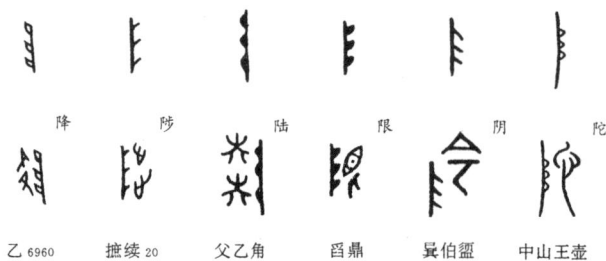

降　陟　　陆　限　阴　陀

乙 6960　　摭续 20　　父乙角　　舀鼎　　曩伯簋　　中山王壶

■图 4-30　"阜"部在各不同文字间形态差异很大

夫
大盂鼎　　大

奔
大盂鼎　　大

■图 4-31　构件形态因字义需求调整
个别构件形态如"夹"字与"奔"字中"大"的差异应与字义有关

汉字的字形构件，还有一个非常重要的"讲究"，就是不同文字之间同一构件形态的变化规则（图 4-29）。

战国以前，字形虽然存在同一构件在不同文字间形态的差异（图 4-30），但是这种差异更多是文字初期的一种自然现象❶。在高明先生总结的 112 例古文字偏旁中，所列举的甲骨文部分同一偏旁在不同字例中写法往往区别很大❷（图 4-31），其实这也与这时期字形大小参差，外轮廓以自然形态为主的状态相契合。

这种情况在战国时期有了比较明显的变化。一方面，一些字形外轮廓出现了大幅度的范围限定。《秦新郪虎符》❸铭文中的几个"又""手"构件都依据字形外轮廓的需求，在不同文字间全都作出了较大幅度的或扁或长的调整。不过这种变化也依然以字形大小的变化为主，并在此后的小篆规范中得到强化。另一方面，隶变带来新的构形需求，同一构件出现了变异现象❹（图 4-32）。以"手"构件为例，在隶变过程中有变为提手旁的，如"提""拾"；有变为两横一竖的，如"举""奉"；有保持手形的，如"掌""拳"。此外，隶变促成了笔画的诞生，促使构件发展不得不开始考虑线条细节❺，并总结成规则。

❶ 字义上的需求是最常见的，如大盂鼎中"夹""奔"两字的同一构件"大"的形态处理，"夹"为表示夹了两个人，是一个正面的"大"；"奔"为表示跑的姿态，是一个舞动手臂奔跑的"大"（图 4-31）。

❷ 高明《中国古文字学通论》，北京大学出版社，1996 年，58-129 页。

❸ 王国维《秦新郪虎符跋》一文中认为新郪虎符是战国时期文物（详见《观堂集林》（外二种），河北教育出版社，2001 年，447 页），当然也有些学者认为是汉淮南王刘安私铸。

❹ 需要注意，这并非隶变的独创，甲骨文就零星存在这种现象，详见刘钊《古文字构形学》，福建人民出版社，2006 年，54-55 页。不过隶变把这种现象加剧和进一步规则化了，其实汉字演变经常是对此前已经存在的某种现象进行进一步发展或强化。

❺ 这里的线条细节不同于甲金文时期。甲金文随体诘诎，考虑的重点是相像，多一笔、少一笔或线条长短

有

秦公鎛
春　秋

張遷碑

父

乙 9054
一　期

元懷墓志

事

合 27070
三　期

西狹頌

受

衛盉
周中

張遷碑

■ 图 4-32　隶变中同一构件的分化　同一构件"手"在甲金文不同字形中差异不明显，但是在隶变时根据新的构形需求而产生了很大的变异。

（接上页）都不太被重视，但是笔画成熟后，笔数是固定的，笔画形态是字形考究的一个重点。

❶ 需要注意这规则是相对于规范性字形而言的，在书法领域和字体设计领域往往会出现个性化的处理，这个规则反而常被视为是用来突破的。

不过即便是成熟的汉隶，因它的笔画也尚未齐备，一些笔画细节差异尚未呈现，因此至楷书时，我们才能看到真正完备的同一构件在不同文字间的变化规则❶：

（1）构件发展为偏旁的，字形中遇到了，直接采用（图 4-33），如走之底、立刀旁、单人旁。

（2）构件没有发展为偏旁的，需根据所处字形位置、局部笔画作细节调整。如同一构件"木"，在"树"字中，"木"右边的"捺"变成"点"；而在"禁"字中，左边的"木"的"捺"变成"点"，右边的"木"的"捺"依然保留原来的形态（图 4-34）。

（3）在以上两点基础上，同一构件在不同文字中因所占位置的多寡而有相应调整。如上文中的森与林字，木的大小根据所"分配"空间的范围都有过微妙的调整。

❶ 王明嘉《字母的诞生》，中国青年出版社，2012年，165页。

汉字这种同一构件在不同文字间形态变化规则的总结非常重要。

首先，它奠定了汉字字形持续演变的根基。如果没有这个变化规则，汉字的外轮廓是不可能实现规整的同时依然保持着字形的理据。此外，这种笔画细节考究也是字形艺术追求如穿插、避让手法的一种体现，使构件之间建立了前所未有的关联，是字形艺术化不可或缺的组成部分。

其次，它也是汉字字形最重要的特点之一。古埃及象形文字、楔形文字和东巴文都没能总结出这样的规则，事实上它们的字形发展问题重重。古埃及的圣书体一直都没能实现字形的简约，而简化的僧侣体又基本失去了字形的理据；楔形文字则因为过分的样式化，造成字形样式单调，字形没有足够的差异变化（图10-19），违反人类意向认知的生理和心理需求❶；东巴文也没能突破图画的特点，一直徘徊于象形文字阶段。唯有汉字的字形不但整体发展有章可循，细节也能找到最合适的解决办法，并形成了规则。

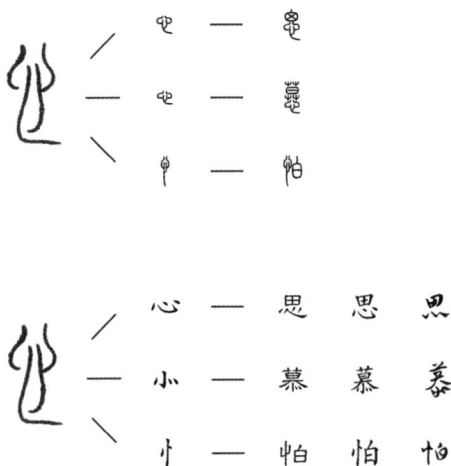

■ 图4-33 偏旁构件的变化 "心"在隶变中的变异，及作为偏旁在篆文、隶书、楷书、草书等不同字形中根据不同位置的变化调整。

珠 890　　合 28803　　後下 3.2
二　期　　三　期　　五　期

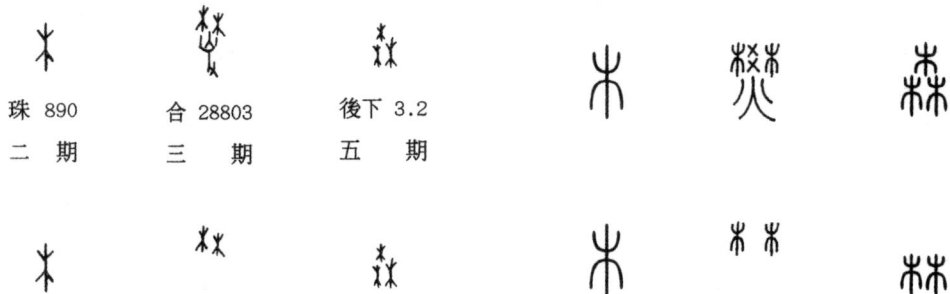

■图4-34　篆书、隶书、楷书同一构件变化对比　"木"在甲骨文字形中看不出刻意调整的痕迹,在小篆中除了大小,笔画细节也基本没有变化,但是在楷书中无论是大小还是细节都作了调整,比如"焚""森"同是并列的两个"木",因位置在上部和下部而进行了笔画的细微调整。

一　字形选用制度

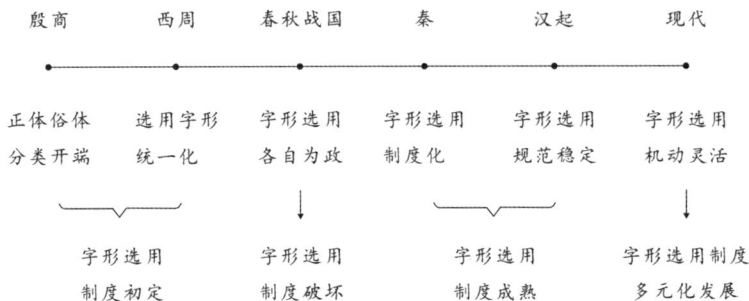

殷商	西周	春秋战国	秦	汉起	现代
正体俗体分类开端	选用字形统一化	字形选用各自为政	字形选用制度化	字形选用规范稳定	字形选用机动灵活
字形选用制度初定	字形选用制度破坏		字形选用制度成熟		字形选用制度多元化发展

■图5-1　汉字字形选用制度演变图

字形选用制度指在不同场合、不同身份及不同内容差别下字形选用的制度。汉字的字形选用很早就形成了规则化意识,并逐渐走向制度化,取得了丰硕的成果(图5-1)。

需要注意,古代视字形规范和书体规范为同一件事,因此在很长一段时间里,字形的选用直接包含着相应书体的选用,同样的,书体的选用通常也意味着字形的选用。

商代时汉字就有了正体(金文)和俗体(甲骨文)[1]的分类,实际上是有了标准字形和辅助字形的差异,已经具备了字形选用的规则。西周时,官方文书等选用了统一的字形,外史"掌达书名于四方",[2]也是有比较严谨字形选用规则的时期。

但是从春秋末起,这种字形选用规则开始遭到破坏。春秋晚期晋国(或以为战国初年)的盟誓记录,即"侯马盟书"书手恣意发挥,往往一字多形,形态多变,这种异形当道的情况实际已经开始无视标准字形了。到了战国时期,这种情况更为严重,各国字形各异,俗体流行,东方各国通行的文字,与西周晚期和春秋时代的传统正体相比,面目全非[3],正如王国维先生形容的:"上不合殷周古文,下不合小篆。"[4]

至秦时,政府以法律的形式规定了字形的选用规则,首次制度化。但是需要注意的是,秦时并非只统一选用小篆,我们知道秦书八体,秦规定

[1] 裘锡圭《文字学概要》(修订本),商务印书馆,2013年,48页。
[2] 见《周礼·春官·外史》,郑玄注:古曰名,今曰字。使四方知书之文字,得能读之。详见《十三经注疏》整理委员会整理《十三经注疏》,北京大学出版社,1999年,712页。
[3] 裘锡圭《文字学概要》(修订本),商务印书馆,2013年,58页。
[4] 王国维《观堂集林》,河北教育出版社,2001年,183页。

❶见张家山二四七号汉墓竹简整理小组《张家山汉墓竹简》,文物出版社,2001年,其中《二年律令·史律》,详细为:又以八体试之,郡移其八体课大史,大史诵课,取最一人以为县令史。

❷转引自陆锡兴《汉字传播史》,语文出版社,2002年,35页。

❸班固《汉书》,中华书局,2007年,477页。

❹见孙贯文《龙门造像题记简介》"别字"一节,载于龙门石窟研究所编《龙门石窟研究论文选》,上海人民美术出版社,1993年,109-142页。

❺周国林分史主编《魏书·世祖拓跋焘上》,汉语大词典出版社,2004年,52页。

❻这是古代将字形规范和书体规范看成同一个事的一种反映。

❼袁晖、管锡华、岳方遂《汉语标点符号流变史》,湖北教育出版社,2002年,5-6页。

了它们的等级及其使用规范,标准字形及其辅助字形都形成制度,比如官方铭石书、兵符、货节等用小篆;兵器、幡信等用虫书。

秦以后,字形的选用制度深入人心,成为字形应用的重要内容,历代官方、士大夫或是通过行政手段,或是通过著书等方式为字形选用制度的执行,尤其是标准字形的地位保障作出不懈努力。汉代以字取吏,以字课吏,法令相当严厉。张家山西汉初年墓葬汉律简文即有"以八体试之……取最宜人以为县令史"❶的制度,东汉《汉官仪》也记载:"丞相辟召,刺史、二千石察举,有非其人,书疏不端正,有司奏罪名,并正举者。"❷对于汉代这些制度的执行情况,很多学者常借用《汉书》里石建的事来说明,即武帝时郎中令石建有奏事上,报下之后读了发现"马"字形和规范的不同,大为惊恐:"书马者与尾而五,今乃四,不足一,获谴死矣。"❸惊恐当然表示法令执行的严格。汉代除了法令,与字形制度相关的事件中值得一提的还有《说文解字》的问世和《熹平石经》的刊刻,对文字规范起了重要的推动作用。

南北朝,俗字泛滥,尤其是北朝,"北朝俗体文字,远比想象的复杂,浏览这些文字资料,随处可见,不计其数"❹。对此,南朝有《字林》《字苑》《玉篇》等问世,北朝则出于行政命令,北魏始光二年颁布一千多个新字,"今制定文字,世所用者,颁下远近,永为楷书"❺。

唐代,字形选用制度迎来了一个黄金期。一方面,国子监下设书学,弘文馆、崇文馆要求"楷书字样,皆得正样",促成了"官楷"的诞生❻;另一方面,《字样》《干禄字书》《五经文字》等陆续问世,正字活动取得重大成就。以《字样》为例,它是颜师古在勘校五经的同时,将异形字、误字专门录出撰写而成的,希望矫正当时流行的各种讹谬形体。《字样》一书不但确定范式,成为文字规范的准绳,还自此兴起了"字样"学。此外,唐时雕版开始兴起,书籍的普及化也起了一定的字形规范作用。

至宋代,值得关注的是出现了第一个由官家制定的,在校书中使用的标点符号系统,规定了用于校勘的一些符号。如用雌黄点涂去错字,用雌黄圈删去衍文,用乙字号勾出倒字,用朱点点发多音字等❼,完善了字形选用制度的相关细节。

正是历代这些锲而不舍的付出,从宏观上看,汉至清,虽然不时受到俗体滥用的冲击,但整体上标准字形的应用是比较乐观的。

步入当代,1965年政府正式认定《简化字总表》,同时为统一用于印刷的简化字形,还刊发了《印刷通用汉字字形表》(1964年出版),不过由于字形应用范围和形式的进一步扩展,以及字库字体开发的繁荣,实际应用中字形的可选度很高,选用也比较灵活。

二 行款样式

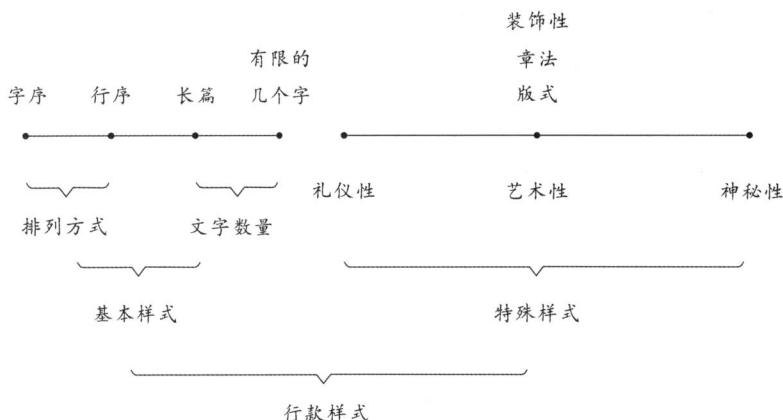

■图5-2 汉字行款的样式

行款指文字的书写顺序和排列形式,是字形应用时形成篇章的主要考察内容。

行款的样式可以分为基本样式和特殊样式(图5-2)。

基本样式代表行款的基本形态。包括字序❶和行序,比如我们传统中的自上而下(字序)和自右而左(行序)。除此之外,基本样式从文字数量入手,存在长篇的及有限几个字的两种类型。长篇的容易理解,有限几个字的通常指固定搭配的一些文字,不轻易变动,比如玺印上的文字、瓦当上的文字、当代的品牌文字等,通常以长篇为考察的对象。

特殊样式指在基本样式基础上某种"特殊"功能的强化,种类比较多,有礼仪性行款、艺术性行款、神秘性行款等。

礼仪性行款指呈现一定礼仪规则或制度的行款,它通常也彰显了地位,如书写位置上,古代诏书上皇帝的署名通常在左侧的最高位。

❶注意字序在现代汉字学中还有另一个内涵,指把汉字组织为一套有规则的系列,如工具书、图书、档案的编制、计算机字库的存储等,有音序法、形序法、义序法三大类。

❶ 对于行款基本样式的形成详见附录七。

❷ 董作宾称卜辞这两种行款为"特例",而一般记事文行序只有"下行而左"的"常例"。详见董作宾《殷代文例分"常例""特例"二种说》,载于《董作宾先生全集》,艺文印书馆,1977年,75-88页。

❸ 如殷墟花园庄东地甲骨卜辞的行款整理者归纳有17种,其中有单列横行、折行、三面框形等并不多见的行款样式,详见刘源《试论殷墟花园庄东地卜辞的行款》,《故宫博物院院刊》,2005年第1期,112-116页,159-160页。

❹ 比如《殷契卜辞》胛骨残片,上面刻有"家谱",行间用了栏线,参看陈梦家《殷虚卜辞综述》,中华书局,1988年,499页。

❺ 朱彦民《甲骨文书法探微》,北京大学出版社,2015年,204页。

❻ 有个别铭文,如齐大宰归父盘行序是自左而右,不过极为稀少。

❼ Tung Tso-pin, *An Interpretation of the Ancient Chinese Civilization* (Taipei, 1952), pp. 24-25.

❽ 殷代金文横行和直行兼顾的极少,目前所见仅有河北易州出土的《大祖诸祖戈》《祖诸父戈》《大兄诸兄戈》,属于特例。

❾ 王宇信、杨升南、聂玉海《甲骨文精萃选读》,语文出版社,1989年,5页。

❿ 李零《中国方术考》(修订本),东方出版社,2001年,7页。

⓫ 出自《诗经·小雅·楚茨》(载于《四书五经》,中华书局,2009年,179页),指每一项习俗和仪式都遵守,每一个微笑和言谈都恰到好处。

⓬ 何琳仪《战国文字通论(订补)》,江苏教育出版社,2003年,255页。需要注意,早期还有出现非起行款作用的标识,如甲骨文存在把误写的字上面画圈的现象,详见陈槃《汉晋遗简偶述·误字涂灭或旁著三点》,载于其《汉晋遗简识小七种》,台北"中央研究院"历史语言研究所专刊

艺术性行款指呈现一定艺术化追求的行款,它根据领域的不同有各自的称呼,有装饰性行款(装饰文字领域)、章法(书法领域)和版式(设计领域),其中最复杂的是章法。

神秘性行款指有意营造一种神秘氛围的行款,它一般与宗教活动相关,如符咒的行款。

汉字的行款演变有两个特点:

(1) 从单一化走向多样化。

(2) 从感性(如行款艺术化)走向理性(如眼动等科学手段的介入)(图5-3)。

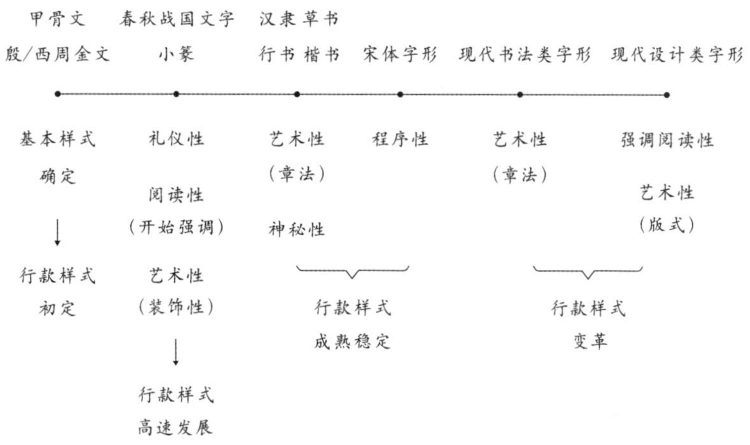

■ 图 5-3　汉字行款发展图

甲骨文行款的样式基本确定❶,字序自上而下,行序为了追求对称之美,有"下行而左"和"下行而右"两种不同形式❷,只有极少数的例外❸。同时契刻者有时在行间划出栏线❹,或是在骨板上划上一条直线或曲线的"界划"❺,方便区别各辞位,也便于阅读。金文的行款则是高度一致❻,统一使用字序自上而下,行序自右而左的行款❼。早期它的横行、直行布局尚由于字形大小或字距行距的设定等原因而经常混淆不清,但是自西周中期起得到了极大改善,横行、直行布局通常一目了然❽。这时期,行款的一些特殊追求也被重视,比如甲骨文卜辞的形式程式化❾,内容位置相对固定,祝、宗掌祭祀神祖,有相应的仪文祭典❿,"礼仪卒度,笑语卒获"⓫,行款礼仪受到认真对待。西周时期《永盂铭》首次出现了有助于阅读舒畅和准确性的竖折形态标点符号(钩识符号)⓬。此外,铭文有时候为

■图5-4 两个并行案例 尾行字数过多的《史墙盘》铭文(左)及字数不够的《遂公盨》铭文(右)所采用的并行方式。

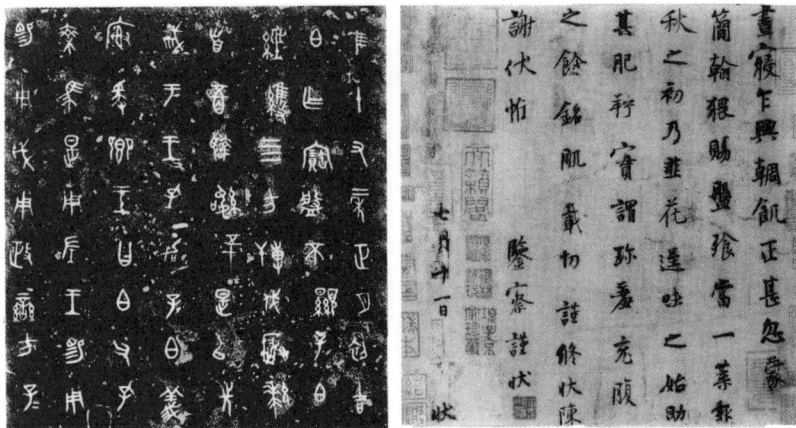

■图5-5 行款设置的"巧合" 西周《虢季子白盘》(左)与五代《韭花帖》行款形式上的"巧合"。字距行距都很大,松散舒朗。

了凑齐方形版面以求整齐美观,尾行常用合文、析文或并行❶。《史墙盘》铭文最后一行挤了20个字,而其他各行皆是15字,并行意图鲜明,《遂公盨》铭文则是针对字数不够的并行方式,可惜出现计算错误,留下了最后一行前几字字距宽大,最后两字挤在一起的失算"证据"(图5-4)。而更让人惊奇的是,宣王时期《虢季子白盘》出现了类似五代《韭花帖》章法的行款❷,是种有一定艺术化意识的行款(图5-5)。

步入春秋战国,至汉初,行款进入了高速多元发展的阶段。行款整齐追求上,战国帛书有朱栏和墨栏❸,云梦睡虎地秦简也常有规整的栏线,细看《吏道》,简上有锋刃画出的横线,前所未见地分上下五栏书写❹。当然不规整的行款依然存在,秦诏版文字就常不顾纵横整齐,随机布字,行

❶尾行为与其他行字数相同,多一两字合文,少一两字拆字,如果缺字太多就并入倒数第二行。

❷其实甲骨刻辞也存在极个别与《韭花帖》行款"巧合"的,如《合集》24471版。不过《虢季子白盘》的篇幅和完整度让我们更愿意相信它这种行款设置的"有意性"。

❸商承祚《战国楚帛书述略》,《文物》,1964年第9期,8-22页,60-63页。又李零先生在美国塞克勒美术馆所见的子弹库帛书"群",有些残片也看到朱栏,见李零《中国方术

（接上页）考》，东方出版社，2001年，
181页。
❹李学勤《简帛佚籍与学术史》，江西
教育出版社，2001年，2-3页，115页。

❶陈垣《史讳举例》记秦的避讳有
两例，还有一例是秦始皇名政，兼避
正字，所以称正月为端月，是避嫌名
的开始。详见陈垣《史讳举例》，上
海书店出版社，1997年，55页。此
外，也有学者认为齐桓公时就避白
字，早于秦代，详见罗福颐《青铜器
铭文中之避讳》，载于《古文字研究
（第十一辑）》，中华书局，1985年，
156页。其实关于避讳的起源问题众
说纷纭，始于夏、商和周的观点都
有，这里不介入详细讨论。
❷李学勤《简帛佚籍与学术史》，江
西教育出版社，2001年，6页。
❸《日书》简上有《艮山图》《人字图》
等插图，见李学勤《简帛佚籍与学术
史》，江西教育出版社，2001年，2页。
❹骈宇骞、段书安《二十世纪出土简
帛综述》，文物出版社，2006年，89-
127页。

款不拘。行款艺术性上，越国《姑冯勾鑃》的字距极为松散，字距甚至大于单字大小，非常特殊，而齐国《国差𦉢》铭文不仅呈特殊的扇形分布，文字也一圈圈往外扩散，字距随之略微增大，形成有趣的运动感（图5-6）。行款礼仪上，《说文解字》辠字条指出："秦以辠似皇字，改为罪。"段注："此志改字之始也。"❶开始了避讳讲究。此外，标点已经被广泛应用，春秋末的侯马盟书、战国早期的随县擂鼓墩竹简等已出现用小横线作为文句的标点，战国中晚期之间长沙子弹库的那件完整帛书以黑色长方符号置于文末，表示一章的终结❷。其他辅助阅读的如插图在云梦睡虎地《日书》上出现❸，书题（书名）、目录等也在这时期开始被广泛应用：书题在睡虎地《语书》《效律》《封诊式》《日书》乙种中出现；目录在马王堆汉墓帛书《五十二病方》《养生方》中出现；篇题（篇名）在睡虎地《封诊式》《秦律十八种》中出现；章题（节名）在马王堆汉墓帛书《五十二病方》《养生方》《足臂十一脉灸经》《阴阳十一脉灸经》甲乙本中出现；类似页码功能的简册编码也在威武简中大量应用❹，可以说是多方位的发展。

此后，书法觉醒使章法艺术成为行款最重要的追求，并在历代被不断优化、完善。章法有大章法（关注全局）、小章法（关注局部完善）之分，也有内章法（关乎节奏情感）、外章法（关乎空间意境）之分。章法还从其他学科汲取养分，视觉次序源自中国画；节奏韵律源自音乐；布局取势源自

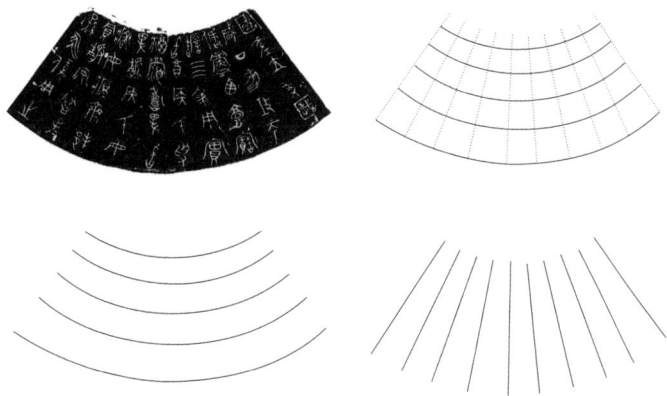

■图5-6 《国差𦉢》的艺术性行款 齐国《国差𦉢》铭文排列成扇形形状，有一圈圈往外逐步扩大的视觉感受。

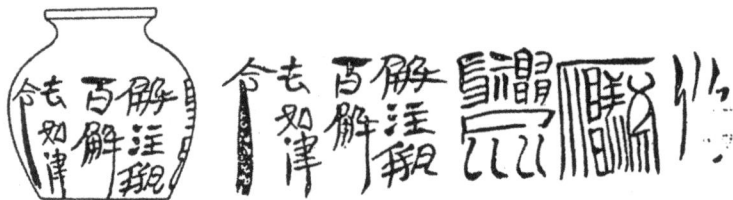

■图 5-7　符咒行款　上为书有驱邪神符及文字的东汉陶罐；中左一、二为灵符，中右为护符。其他国家也有类似的符，下左为日本江户时代的咒符，右为伊斯兰教护符，字形与版式都独具风格。

兵家形势论；组织承转源自文献的篇章结构❶。当然，这期间还有两个特殊行款样式值得关注，一个是出现了神秘性行款，以宗教为主要阵地，是一种不多见的行款样式（图 5-7）；另一个是雕版印刷的诞生带来行款高度程式化的倾向❷（图 5-8），出现了程式性行款。不过这种行款常受追求"艺术性"的章法所牵绊，发展并不顺利，甚至"牵连"了活字印刷术的命运，详见附录五的讨论。

步入现代，行款基本样式和标点系统出现了大变革。1909 年刘世恩《音韵记号》用横写排印出版，出现了横排的尝试❸，此后以 1955 年元旦《人民日报》为开端，延续数千年的"竖写左行"正式变更为"横写右行"。标点系统上，1896 年王炳耀在《拼音字谱》中继承传统和引进西方的基础上创造了第一个新式标点符号系统，1904 年严复《英文汉诂》率先使用了西式标点符号，1920 年 2 月北洋政府教育部发布第 53 号训令，向全国颁布了第一套国家法定的新式标点符号系统，1951 年 9 月中央人民政府出

❶汪永江《书法章法形式原理》自序，中国社会科学出版社，2012 年，2 页。

❷这种程式化指行款的字序行序等基本样式不会变动，但内部的细节并非一成不变，如晚明为配合新的阅读习惯，页面出现了上、下两层，或上、中、下三层，所载的内容也不相同。见郑振铎《西谛书话》上册，生活·读书·新知三联书店，1983 年，146-147 页。

❸也有认为是 1904 年严复的《英文汉诂》最早实行横排。

❶袁晖、管锡华、岳方遂《汉语标点符号流变史》,湖北教育出版社,2002年,9-16页。

❷注意蒙文字序与汉字相同,是自上而下,但行序与中文并不相同,通常是自左而右的。关于蒙文的行款特向在内蒙古工作的张金香老师求证过,特此感谢。

版总署制定公布了《标点符号用法》❶,汉字行款正式步入了使用新式标点符号的时代。

至当代,行款又迎来了新一轮变革,一方面现代书法纯形式的章法追求得到强化,另一方面现代字体设计带来了一种追求设计美感的崭新行款样式,并有了自己的学名:版式设计,出现了不少专论。此外,行款的阅读性得到了前所未有的重视,科学的手段被引入到行款阅读性的考察中,如眼动与阅读关系的研究,行款步入了一个新的发展阶段。

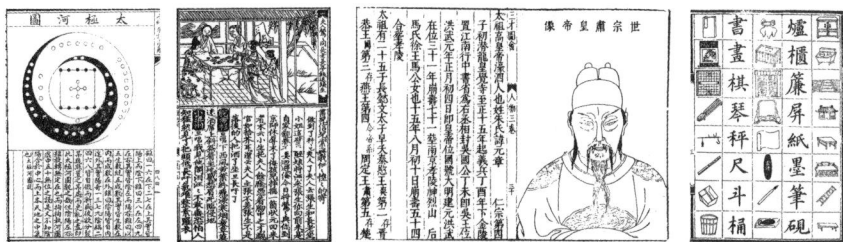

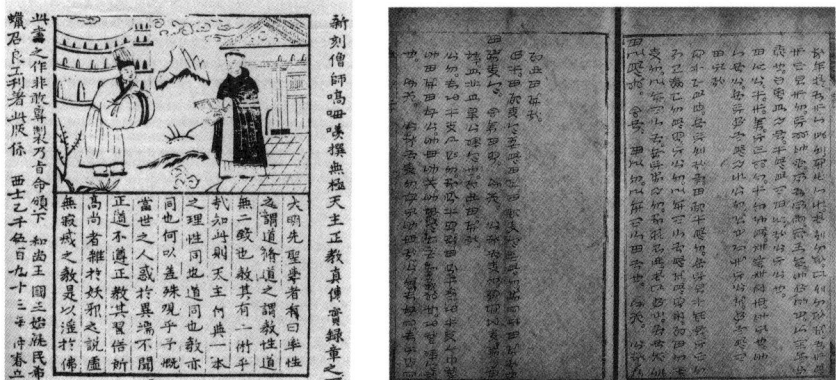

■图5-8 程式化行款 古代印刷品的版式程式化,虽然存在少量的特殊版式(上右),但是自上而下的字序、上图下文或左文右图等基本范式,即便是少数民族的蒙文(下)❷、彝文(中右),或是传至国外的如菲律宾印本(中左)都没有发生根本性变化。

中篇

汉字
字形设计
的
基本内容

一 一脉相承

绪论中提到早期文字中蕴含了一套蕴藏着"六书"的更"明细"的取形技法,即:取形源头——观察视角——取形手法——取形思维——成形范式——定形技巧。

它涵盖了字形获得、字义表达及记音的相关技法,也包含了如构件方位规则、"多"的表示法等取形成形细节。

不过汉字步入发展期,有了两个新的问题:

(1) 字形如何继续演变,依据是什么?

(2) 后来的新字形如何获得?

发展期字形的获得、字义的表达及记音依然是初期技法的延续和完善,字形设计技法没有本质上的变动,它是糅合在字形演变中的一种自我完善,详见绪论的讨论。因此这时期的关注点更多是第一个问题,它可以列出如下:

字形如何继续演变:自然演变、人为规范。

字形继续演变的依据:快捷书写需求、区别字义字形需求、装饰化艺术化需求、规范化需求、新造字需求。

二 并存与革新

字形设计技法存在两个典型特点:技法并存和技法革新。

"技法并存"在汉字诞生阶段体现为设计技法的百花齐放。目前国内发现的如巴蜀文字❶(图6-1)、东巴文等各种非汉字类的文字,广义上说都是中国大地上某个字形设计技法尝试的成果。

"技法并存"也体现在内部多种技法同时并存和相互影响,比如战国时期的鸟虫书和古隶,两者都出现了线条和字形的变动,但所用技法并不相同。总体来说,从大的层面上讲,成形技法与定形技巧总是共存,再次成形过程中初期的成形技法也在使用;从狭的层面上讲,每个再次成形的依据实际上就蕴含着一种相应的技法。技法的相互影响通常可以从字形

❶巴蜀文字有两类,一类是印章上似汉字而又非汉字的,一类是类似汉字象形系统的铜器上各种符号,见四川省博物馆《四川船棺葬发掘报告》,文物出版社,1960年,59页、89页。

的相互借鉴中得到反映,如《说文解字》收录的小篆,目前确知不是隶变前原样的有数百个❶,它们应是受到隶变的影响而出现了"变样"。

❶赵平安《隶变研究》,河北大学出版社,2009年,32页。

"技法并存"还有一个隐性的表现,就是同一技法下因习俗、观念或用途的不同而造成字形的差异。前者如大家熟知的战国时期"马"字字形的六国差异,后者如河北平山战国中山王墓出土的不同器物,其上的铭文因用途不同出现同一文字采用了不同写法的现象(图6-2)。

"技法革新"通常理解为技法的不断发展,比如快捷书写需求带来新的线条和结构相关技法的更新,当代数字技术带来科学手段的导入等,它

■图 6-1　巴蜀文字

合 5723　公貿鼎　望山M1简　畺彙 3828　貨系 1708　信陽楚簡　曾侯墓簡
一 期　　周中　　戰國　　　戰國　　　戰國　　　戰國　　　戰國

陶三 399　雍王戈　高馬里戈　石鼓車工
戰國　　　戰國　　　戰國　　　戰國

■图 6-2　同一文字在技法并存下的字形差异　上为"马"字在商代甲骨文及战国时期各国的金文、简牍文等中的字形差异,下为战国中山王墓出土的不同器物上的铭文,同一文字的字形差异不小。

之　中　夫　右　至　死　百　告　武　者　为　其　所

❶ 王晖《从商代甲骨文和金文看前
汉字时代"文字画"的遗迹》,《中
国史研究》,2011年第2期,5-20页。

是汉字与时俱进的一种反映,是推动字形向前发展的动力之一,也是技法
演变的基本状态。

除此之外,"技法革新"还隐藏着另外两层含义:

第一,技法竞争的"残酷"。汉字字形演变过程中,总是有些技法消亡,
有些得到继续开发和发扬,我们现在所见的汉字字形设计技法实际上是
当时各种技法"厮杀"之后的胜利者。

第二,一个时期内技法是相对稳定的。体现在字形上,就是一个时期
总是存在某种技法下相对稳定的字形,目前所谓的隶书、楷书等五大类字
形,其实是五个不同时期主要字形设计技法的见证。

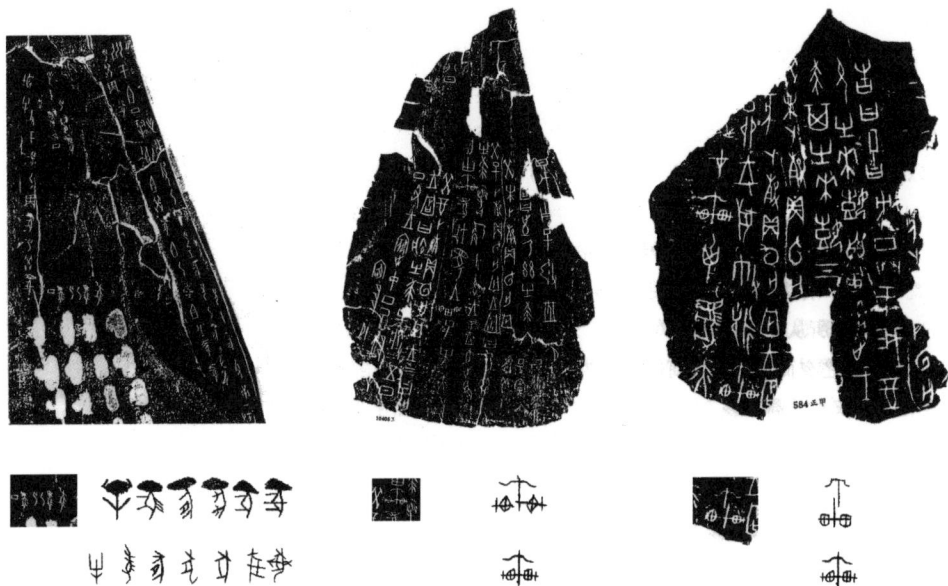

■ 图6-3 卜辞字形中原生态文字画技法的并存 不少学者认为卜辞字形
中并存了一些原生态文字画技法。如左图把动物头部直接挖掉或削刮掉,
表动物被砍头祭祀。中、右图把车轴或车辕断开表车出了事故。它们都可以
认为是一种"文字画"的形式❶,使这几个字形保留了原生态的一些文字特征。
左图上为《小屯南地甲骨》附3局部拓片,下为一些被砍去头部的"牛"
"象""豚""犬""豕""麂"字形与原字形的对比;中图和右图上分别为《合集》
10405正、584正拓片,下分别为断轴和断辕"车"字字形与原字形的对比。

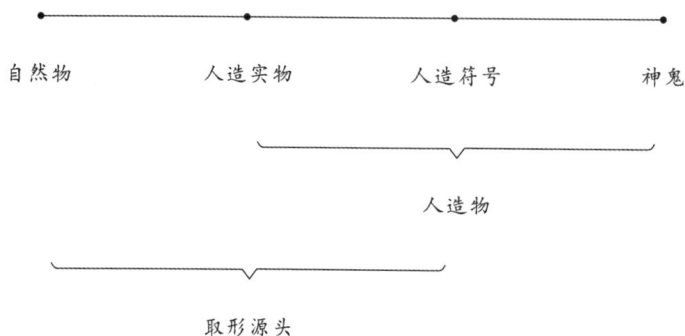

■图7-1　汉字字形取形源头

　　汉字的形声义都是逐字约定的,因此理论上每个字形都有明确的取形源头。对于取形源头,《说文解字叙》这样描述:"仰则观象于天,俯则观法于地,视鸟兽之文与地之宜,近取诸身,远取诸物。""天""地""鸟兽""诸身""诸物",许慎告诉我们,天地万物都可以成为取形的源头。天地万物,除了自然物就是人造物(图7-1)。

一　自然物

　　自然物当然不仅仅是肉眼能看到的东西,它大至浩瀚宇宙,中至山河湖海、花虫草木,小至细菌细胞,理论上说,只要非人造的都可以认为是自然物。

　　人类加工过的"自然物"是最易混淆的,它使我们要厘清一些字形的真正源头有一定的难度。虎、马、鸟等字,通常认为它们就是对自然物象的直接描摹,事实上这些字形往往是史前岩画、彩陶画的一种再摹写,属于再次创作了。

　　"牛"字(图7-2),《说文解字》的解释是:"大牲也。……象角、头三、封、尾之形。"在甲骨文中,它就是个牛头,为什么不用全身

| 牛鼎 | 乙3328 | 後上 5.8 | 粹39 |
| 商代 | 一期 | 二期 | 四期 |

■图7-2　"牛"字字形

❶ 当然也有不随事物发展的情况，如当代的镜子早已经不是金属铜镜了，但还是用金字旁；又如牺牲现在更多指人，早已经和古代的祭祀无关，但依然从牛。

❷《玉篇》《集韵》《字汇》等字书都记载有"她"字，主要作为"姐"的异形存在。民国时期由于刘半农先生的提倡，北京大学学生康白情的首次实践而被用于记录女性第三人称。详见黄兴涛《"她"字的文化史：女性新代词的发明与认同研究》，北京师范大学出版社，2015年，18-57页。

呢？《说文解字》里的"大牲"指牺牲品中的大者，可见当时这个字取形的时候描摹的对象并非田野中的牛，应是作为牺牲的牛，因此它只有牛头，直面着观者。通过对这个源头的分析，我们明确了牛字字形的造字本义（汉字字形有三种不同的"义"，详见附录九）。

■ 图7-3 "监"与"鑑"字的字形

■ 图7-4 "天"字字形

二　人造物

人造物指人类加工、创造出来的事物，它可能是具体的实物、抽象的符号，也可能是如神鬼等虚无缥缈的事物。

具体的实物是发展的。"炮"字形的演变就是个很有趣的例子，目前我们看到的是火字旁，在之前，这个字是石字旁，因为当时的炮应该就是投石机。"监"也属这种情况，本来是以水盆里的水照面，后来有了金属制的镜子，就增加了"金"旁❶（图7-3）。当然，观念的变更有时候也有同样的反映，比如"她"字是20世纪10年代后期受西洋人称代词性别和女性解放思潮的影响而出现的，专门用于指称女性❷。

符号是人造物中常被忽略的一项。其实在造字之前，先民们不但已经熟练掌握了符号的创作技法，而且积累了大量的符号，它们都是字形设计重要的资源。"天"字，在人的头上加一个圆圈，或一横，用于表形，或表位置，简单明了（图7-4）。这就是符号的力量。

当然，符号也是向前发展的。文字自身作为一种符号，也一直在自身演进，在后来的字形演变中，这些早期已经完成的字形成为最重要的取形源头，其实就是被作为一种符号在运用。清末时期近代化学家徐寿在翻译西方的化学著作时，造了不少新字来对应其中的化学元素，"钙"字的取形就是选用已有的字形"金""丐"，即从金，丐声。

❶ 陈梦家《商代的神话与巫术》，《燕京学报》，1936 年第 20 期，488-579页。

| 前 4.18.6 | 合 6474 | 合 21092 | 合 34146 | 雲夢爲吏 |
| 一 期 | 一 期 | 一 期 | 四 期 | 戰 國 |

■图 7-5 "鬼"字字形

神鬼等虚无缥缈的事物是人类生活和人类智慧的另一个重要体现。把虚无缥缈的事物作为取形的源头当然会带来不少挑战，比如"鬼"字，《说文解字》的解释是："鬼，人所归为鬼。从人，象鬼头。"陈梦家先生认为："卜辞鬼……象头上魌魌然盛大，即方相氏之蒙魌头。"❶《说文解字》和陈先生都留给我们一个难题：什么是鬼头？什么是方相氏之蒙魌头？事实上是无法描述清楚的（图7-5），因为"鬼"本就是人创作出来的，而且没有给予很具体的形象。也可能正是这样，促使先民们开发了一套对这类对象的字形设计方式，即虚实应用（详见后文），使汉字的取形技法进一步完善。

多种视角　　　典型特征　　　虚实应用　　　简约思维

怎么观察　　　　　　　　　　　　　　　　　怎么"画"

"画"哪部分

初期成形（一）：取形手法

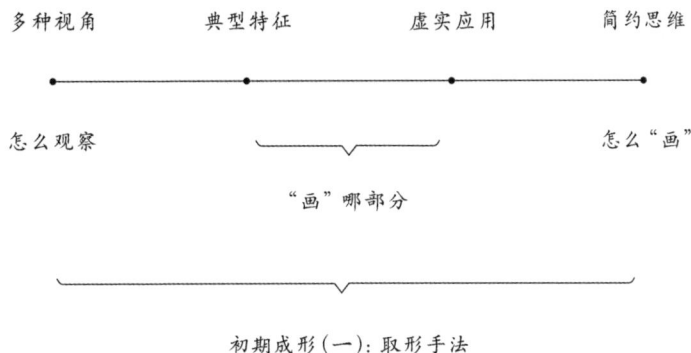

■图8-1　汉字字形设计取形手法

　　在取形时，先民们遇到可以直接描摹的物象或场景，运用原始绘画积累的造型能力和造型手法描摹成字，表达意思；而遇到如颜色、方位等难以直接描摹的物象或场景，或是如神鬼、声音等没有具体形象可以直接描摹的状况，就用结绳、刻符八卦等积累的象征法、符号法，采用"借用"或"替代"等方法造字传达信息（图8-1）。这个过程是初期字形设计技法储备付诸实际运用，并逐步完善的过程，它们可以描述如下：

物象和场景的观察　——————————"多种视角"

可以直接描摹成字的物象或场景 —————— "典型特征"

难以直接描摹成字的物象或场景 —————— "虚实应用"
或无具体形象可直接描摹成字的

取形思维 —————— "简约思维"

　　必须注意，这里的"简约思维"仅是取形思维中比较典型的一种，对取形影响至深，因此重点讨论。

　　汉字的字形设计在最初的发展阶段，这些取形手法相互配合使用，完成了初期成形。

多种视角

视角合成
凝固视角　　　　　　　　　透视应用

平视　　　仰视　　　侧视　　透物视　　　远　　　近

视角　　　　　　　　　　透视

初期成形（一）：取形手法

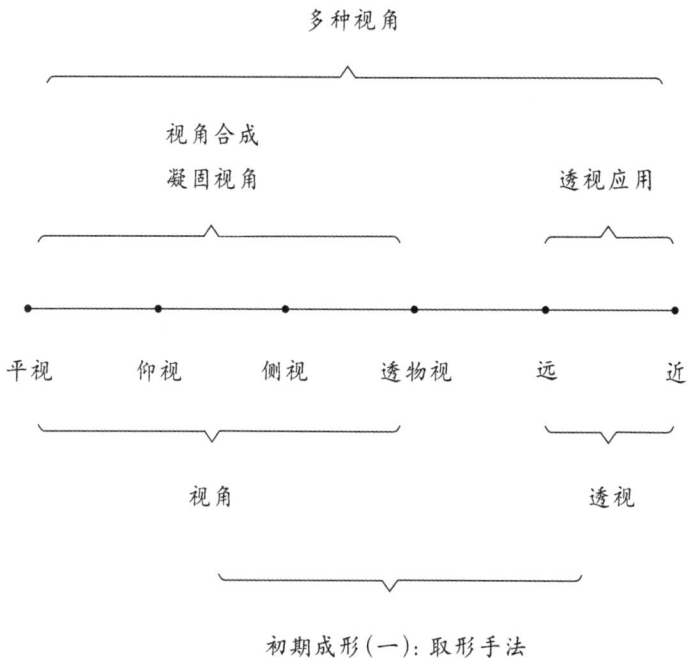

■图8-2　汉字字形取形手法之多种视角

　　《说文解字叙》这样描述古汉字取形的观察法："仰则观象于天，俯则观法于地，观鸟兽之文与地之宜。"提到了"仰""俯"和"观"，其中的"观"从视角方面可以理解为平视，正好是常规的三种视角。

　　但是详细分析甲金文字形，我们发现先民们取形时涉及的视角并不局限于许慎描述的内容，不但扩展了常规的视角类型，还开发了视角合成、凝固视角两种灵活的具体视角应用方式，形成一套汉字独特的取形视角方式（图8-2）。

（一）基本视角

　　视角通常有三种：平视、仰视、俯视。汉字在此基础上还有一个创造性的视角，就如同 X 光能"看见"孕妇肚子里的孩子，为了和通常所称呼的"透视"区别开来，就姑且称它为"透物视"（图8-3）。

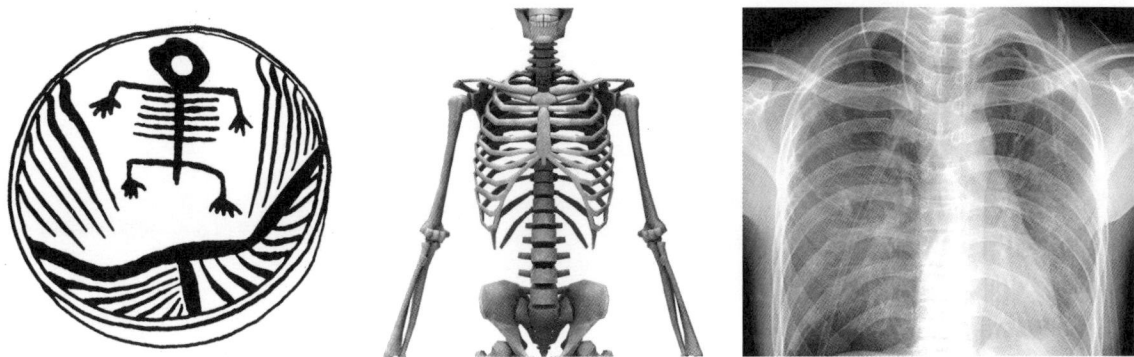

■图 8-3 半坡纹样里的 X 光式图像 左图展现了类似"透物视"的早期技法,前文已有提及。对比现代的人体骨架(中图)、X 光胸透图(右图),我们发现它并非采用写实描摹,更多是一种意象。不少专家认为它是与萨满巫师有关的艺术传统❶,不过它展现的这种取形意识对汉字却是很有意义的。

对于常规三个视角,甲金文里有大量的实例。

平视是我们最熟悉的视角,如"门"字,甲骨文字形就是正面的两扇大门,"户"是正面的一扇大门。平视常被用于人的五官和动物的取形,如"目""口""眉"和"鸟""鸡""马""象"等字 (图8-4)。

仰视,许慎说"仰则观象于天",取形对象多数与日月雷电等有关。"雨"字,仰看它从天而降,构成雨幕,非常形象。"雷"字,闪电"申"加上暴雨和巨响,场景很强。值得一提的是,有些文字取形时构件位置的变化,也折射了古人的一些心理变化。金文里有几个"夙"字的取形,"月"被捧在手上,或下移靠在怀里,似乎能感受到古人在不同时期对"月"的观念变化 (图8-5)。

俯视,许慎说"俯则观法于地",取形对象多数与地理有关。《周礼·地官·大司徒》写道:"以天下土地之图,周知九州之地域广轮之数,辨其山林、川泽、丘陵、坟衍、原隰之名物。"❷它记载了古人俯看地理的

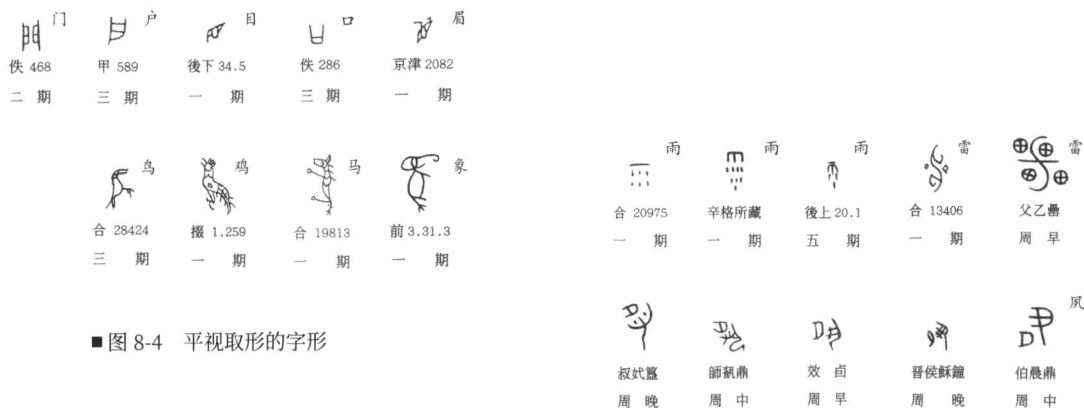

■图 8-4 平视取形的字形

■图 8-5 仰视取形的字形 下面为"夙"字,能发现字形中"月"位置的不同。

❶ 张光直《考古学专题六讲》,文物出版社,1986年,5-6页。
❷《十三经注疏》整理委员会整理《十三经注疏》,北京大学出版社,1999年,241页。

具体内容。“田”字形为大地平面状，“谷”字形为涧水从山坡两侧向下淌状，“回”字形为流水的漩涡状。除此之外，古人还细致地区分了“川”和“水”字形的微妙差别（图8-6）。

透物视，是汉字特有的一种视角，它的有趣之处在于敢于把本看不到的物象“看见”，这种手法已经超越了常规的取形思维方式，体现了先民们取形时的艺术性思维。“孕”字，甲骨文是一个大肚子的妇女，在圆隆的腹部里“看到”了肚子里的“胎儿”。与这个字异曲同工的是“豢”字，在猪的肚子里能看到小猪仔。“齲”字也很有趣，古人认为它是牙齿里有蠹虫，甲骨文字形在牙齿里画了一条，甚至两条虫。当然，也有些字没有“看到”的那么明显，但实际上也是这种视角，“出”字的地穴，用一条曲线表示，里面的脚（止）实际上也是不可能从这样的角度被“看到”的（图8-7）。

这里需要补充的是，由于“透物视”至少需要内外两种事物，因此这个视角的取形一般是直接成字，不同于其他三种常规视角或是直接成字，或是作为一个字的某组成部分。

田
谷
回
川
水
菁 1.1
前 4.3.5
回父丁爵
前 4.13.3
乙 8697
一 期
一 期
商 代
一 期
三 期

■图 8-6　俯视取形的字形

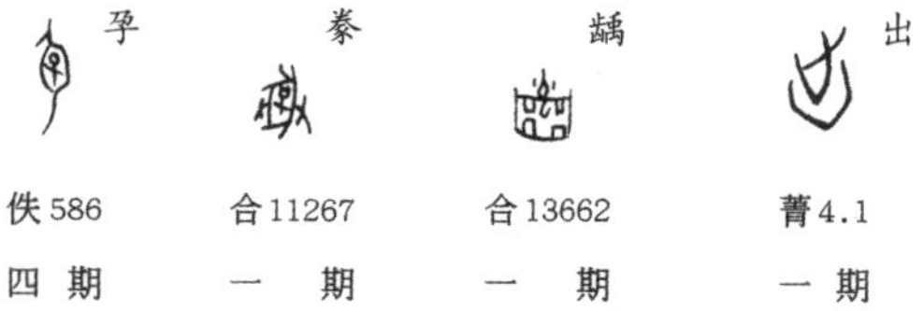

孕
豢
齲
出
佚 586
合 11267
合 13662
菁 4.1
四 期
一 期
一 期
一 期

■图 8-7　透物视取形的字形

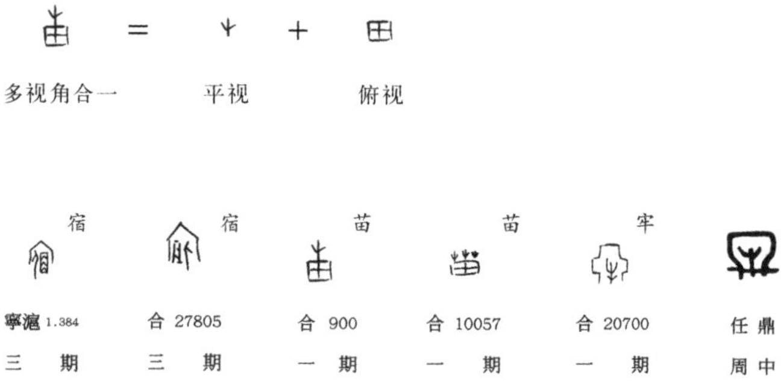

=
+
多视角合一
平视
俯视
宿
宿
苗
苗
牢
寧滬 1.384
合 27805
合 900
合 10057
合 20700
任鼎
三 期
三 期
一 期
一 期
一 期
周中

■图 8-8　视角合成取形

雷
合13406
包山 085
一 期
戰 國

■图 8-10　“雷”字甲骨文一期的字形和战国时期字形的差异

(二) 视角合成

　　这四种视角是观察物象的四种方式, 但是在真正成形的时候, 仅用一个视角获得的形象局限性很大, 因此实际取形时往往会融合两种不同的视角来获得一个字形, 即视角合成。前文已经论述过这种技法储备, 它往往是违反常规透视的, 充分展现了先民们在字形设计时的艺术才华, 成为汉字字形取形的一大特色。

　　让人惊奇的是, 这种视角应用方式得到的字形并不让人觉得突兀。"宿"字中房子和人的取形是平视, 而席子是俯视;"苗"字上面的嫩芽是平视, 田是俯视;"牢"字的围栏是俯视, 牛是平视 (图8-8)。最神奇的是"郭"(墉)字, 中间城邑是俯视, 四周的护城塔楼是平视, 神奇之处就是四个塔楼是一个楼一个方向的平视。有趣的是, 在一些古代的建筑平面图和绘画中也能看到类似手法的应用 (图8-9), 并非汉字的专享。

　　需要强调的是, 视角合成主要指初期的取形, 在字形的演变中有些字形出现了变异, 并不能代表原形的状态, 比如"雷"字, 包山楚简有个字形上为"雨", 中为两个"田", 下为"土", 按照前文基本视角的思路, 它是"雨"仰视, 合成"田"俯视, 再合成"土"平视, 有了三个视角的合成 (图8-10)。

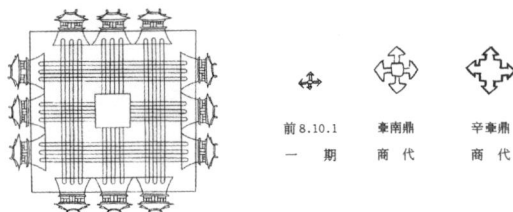

前 8.10.1　　鲁南鼎　　辛象鼎

一 期　　　商 代　　　商 代

■图8-9　视角合成的广泛应用　在绘画作品、古代地图和古代建筑图纸中能发现与字形相类似的视角方式, 左上为《孔子讲学图》局部, 桌子和坐席是俯视, 而人是平视, 融合在一个画面里;左下为明代绢本南京县府地图之《淮安府图》局部, 整体(山平视, 河、湖俯视)和局部(建筑本身就是融合了平视和俯视)都融合了不同视角;右图左为宋代《新定三礼图》中的王城图, 它与左下图里出现的建筑图不尽相同, 与右图右边的"郭"字视角同出一辙。

（三）凝固视角

在取形时还会遇到一种情况，就是有些对象会一直处于动态中。我们知道取形时一般只能选取其中的一个状态，因此对于处于动态中的对象通常会选择凝固某个视角，也是初期技法储备的一种应用。比如"卫"字，中间是城邑，四面警哨巡逻在不停走动，甲骨文凝固了四面警哨巡逻的俯视视角，获得了字形。"育"字凝固了小孩出生时头朝下的平视视角，获得了字形（图8-11）。

卫　　育　　弹

子衛爵　　毓且丁卣　　合 18477
商　代　　商　代　　一　期

■图 8-11　凝固视角取形

需要注意，视角凝固存在因对动态物象捕捉时期的不同而带来字形的微妙差异，如"象"字有象鼻前端向上或向下的字形，"凤"字有尾巴向下垂向后飘的字形；也存在先民印象真实的情况，比如"卫"字四个脚对等式的排列更多是一种印象中的"真实"，而非现实生活中的真实，毕竟这种四人刚好走在中间的现象并非常态，它与古代绘画艺术中如奔马马蹄方向的处理手段异曲同工（图8-12）。

■图 8-12　印象中的真实　古代的奔马通常以肚子碰地奔跑，马蹄同时在前后，这在现实中是不存在的，但它又是我们印象中"真实"的奔马，并不觉得这种奔跑是假的。上为昭陵六骏图局部，北京故宫博物院藏；下为狩猎纹夹撷绢，新疆维吾尔自治区博物馆藏。

■ 图 8-13 动态凝固 在后世我们能看到大量应用了动态凝固手法的艺术作品，与汉字取形异曲同工。上为二人盘舞鎏金铜饰，下为二虎噬猪铜扣饰，两者瞬间动态的捕捉和处理可谓精妙绝伦。

凝固视角实现了动态瞬间的凝固，因此获得的字形字义经常具有动词的特性，如"受"字，《说文解字》解释为"相付"，即同时存在"付与"与"接受"两层含义；"卫"字，从字形上看就有保卫的字义在其中；"弹"字，有动作的字义在里面，这也成为汉字字义的一个特色。

（四）透视应用

❶《说文解字叙》中"近取诸身，远取诸物"的"近"和"远"并非讲取形的透视问题。

汉字对"近"和"远"的透视问题甚少考虑❶。其中最重要的原因是汉字拥有了上面提及的"透物视"基本视角和"视角合成"视角应用，它们实际上超越了对象的远近问题和可不可见问题。

当然，甲骨文中我们还是能看到个别字用了常规的透视原理。比如"齐"字，甲金文中无论是三颗刚冒出地面的胚芽或是已经长出直茎的胚芽，它们的排列方式都是常规的远近透视方式❶，"森"字三个木的排列也是如此（图8-14）。

也有些文字学家认为甲骨文上下结构往往表示前后关系❷。如"为"字，手在上，象在下，指人在前牵象；"姜"字，羊在前，人在后，表示牧羊的意思；"光"字，火在人前，表示"光明"的含义。

由此可见，汉字的包容性非常好，正透视、反透视都可以成为取形的方式。

二 典型特征

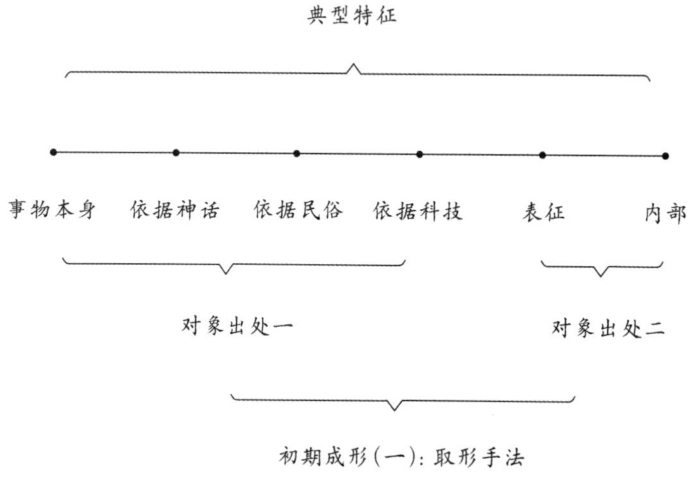

■ 图8-15 汉字字形设计取形手法的典型特征

取形时，面对的对象可能是一个客观物象，也可能是一个场景，不过无论是现有场景或是有意"设计"的场景，它的根基都是客观物象。比如"莫"字，选用日落草丛的现有场景，其中"日""草"都是客观物象；"争"字，先民设计了一个双手争绳子的场景，其中的双手、绳子也都是客观物象，因此取形中典型特征的讨论以客观物象为主，场景为辅。

❶ 梁东汉先生认为根据汉字结构内部平衡律，一个字如果由三个相同部分组成，它必须采用品字形的重叠式。见其《汉字的结构及其流变》，上海教育出版社，1959年，76-77页。但是我们发现汉字这个内部规律应是后来形成的规则，至少在甲骨文时期梁氏书中所举的如三鹿、三鱼、三羊等组成的字并非品字形，更多是并列状或倒品字形，因此我们更愿意认为"齐"字的字形获得是一种常规透视的应用。

❷ 陆忠发《汉字学的新方向》，浙江大学出版社，2009年，103页。与此类似，有人认为甲骨文"见"字，字形上部分眼睛是近看，下部分身子是远看，巧妙地包容了"远近"图形，不过这种情况归为强调"典型特征"的取形手法更为合理。

齐
前 2.25.3
一　期

森
后下 3.2
五　期

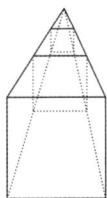

森
英 1288
一　期

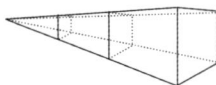

■ 图 8-14　"齐""森"两字的
常规透视应用

面
花東 113
一　期

頁
合 22215
一　期

身
合 17978
一　期

聞
合 2422
一　期

母
菁 4.1
一　期

母
師旂鼎
周 中

齿
合 591
一　期

耳
后下 15.10
一　期

口
甲 293
三　期

■ 图 8-16　典型特征的应用

❶ 必须注意,即便是约定俗成了非
常具体的取形部位,一方面依然存
在描写时侧重点不同的情况,如
"母"字强调胸部或强调发型特征
的不同字形;另一方面它也依然需
要后天应用过程中的反复强化才能
得以成为明确的硬性规定。此外,
由于每个取形都需要经过约定俗
成,因此我们即便能总结出它们字
形、字义等方面的规律,也仅能起辅
助作用,要真正掌握它们依然需要
逐字学习掌握,这是汉字难学的一
个主要缘由。

❷ 这种区别性质除了客观因素,也同
样有人为约定的因素,比如"牛""羊"
两个字形中两角向上的为"牛",向下
的为"羊",但现实其实也有两角向上
的羊,因此任何字形典型特征的约定
都是客观因素与人为约定的结合。

对于取形物象,可以直接描摹成字的,《说文解字》里建议"画成其物,
随体诘诎"。可惜这种说法太笼统,我们依然难以明确取物象的哪部分特
征"画成其物"。

事实上,在这类文字的具体取形中,先民们采用的方法是"一对
一"约定了它所取物象的典型特征❶。正因为如此,这些取形部位往往
必须具有区别的性质❷,通常在取形时会被有意地夸张强化。如"面"
字,一张脸的外轮廓加一只眼睛,先民似乎早已经有了"眼睛就是心灵
的窗户"这样的认识,省略脸上其他器官,强化了眼睛;"母"字则有意
夸张了胸部,身子部分被简化,有些金文甚至把身子部分省略到一条
很短的曲线。另外,这些被选定的典型特征也经常成为字形的最主要
组成部分,如"頁""身""聞"三字,头部、腹部、耳部才是信息传达的真
正部位,身体仅是一种界定而已。当然,有时候这些界定都可以省略,如
"齿""耳""口"等字(图8-16)。

对于典型特征, 有两点常被忽略:

（1）汉字的典型特征往往是经过过滤的"提炼物", 比如甲骨文"水"的字形, 中间主流, 四边支流或水滴, 其实是水的特征及属性的概括和描绘, 并非现实中水的直接写实, 有现实向意象转化的痕迹, 前文提及先民印象中的"真实"也属于这种情况。周有光先生认为楔形文化和古埃及圣书体都有"六书"❶, 但是我们不难发现面对同一个取形对象除了如日等个别字形, 两种文字大部分字形其实差异很大。可见取形中的典型特征并非简单的直接描摹, "画成其物, 随体诘诎"往往代表着不同先民对该事物的认识程度, 蕴含着他们对事物的认识方式和提炼手法❷（图8-17）。

（2）典型特征的识读除了需要关注具体取形部位的约定等取形手法, 更需要结合成形方式, 否则容易出现如同西方文艺复兴时想当然的仅

❶ 详见周有光《世界文字发展史》"三大古典文字中的'六书'"一章的讨论, 上海教育出版社, 1997年, 147-156页。

❷ 汉字这种物象过滤提炼的造型手法与传统中国画的大同小异, 可以作为书画同源的一个很好的例证, 关于中国画初期造型手法见张桐瑀《中国画五讲》第一讲"从图案到图画"的讨论, 广西美术出版社, 2014年, 1-50页。

	日	月	星	山	人	鸟
汉早期文字	大汶口陶符	早期金文	早期金文	大汶口陶符	族徽文字	族徽文字
纳西东巴文						
水文						
苏美尔文字						
玛雅文字						
埃及圣书体						
印第安文字						

■图8-17 取形差异 七种不同的早期文字在面对同一个取形对象的时候, 同是象形手法所得的字形却差异很大。

The Start of a Long Journey
千里之行
The 5th Exhibition of Outstanding Works by Graduates from Key Art Institutions of Higher Education in China
中国重点美术院校
第五届暨二零一四届
毕业生优秀作品

首届"东+西"国际设计周
The First "East + West" International Design Week

侨亚美苑
Qiaoya-Blest-Garden

■图8-18 象征手法的应用 图形（图像）象征意义用来解读文字很容易产生误解, 不过在现代设计中它却"如鱼得水"。左为借用九大行星来象征九大美院, 同样璀璨星空; 中为借用重叠的方框来象征设计周项目的丰富, 虚线形态的多样也用来象征展览形式和作品的多样; 右"亚"字中部嵌入了一个说话框, 象征小区居民良好的沟通氛围, 同时四个字体的大中宫设置也象征了整个小区的大户型特点, 皆李海平设计。

❶ 古埃及文字的真正解读是靠罗塞塔石碑,以商博良的贡献最大。

❷ 见陈怀恩《图像学:视觉艺术的意义与解释》,河北美术出版社,2011年,80-89页。

❸ Gombrich, Ernst: *Aims and limits of Iconology*, in *Symbolic Images, Studies in the Art of the Renaissance*, London, 1973, pp.1-22.

❹ 注意这是尚未应用"多的表示法"规则的字形,后文简约思维一章将有详细论述。

仅通过古埃及文字的外形,借助图像象征意义来解读文字的现象❶。它虽然误打误撞地开创了一种崭新而影响深远的象征传达模式,甚至出版了《象形文字集》,影响了包括丢勒、布鲁诺、莱布尼茨等人❷,但这种文字识读方式正如贡布里希先生形容的那样,其实是"创发出一套象形文字的伪科学"❸。

典型特征的提取,根据对象出处的不同,可以简单分为四类:依据事物本身的典型特征,依据传说里描述的典型特征,依据民俗中强化的典型特征,以及依据科技认识里的典型特征(图8-15),下面我们就从一些具体字例中初步探讨先民们的典型特征取形手法应用。

(一) 依据事物本身的典型特征

事物本身的典型特征是指该事物区别于其他同类型事物最典型的特征,这个用于区别同类事物的典型特征往往就是"随体诘诎"的对象,根据所取范围的大小,可以把它们分成以下几种:

第一,整体形象的区别。它通常存在于外形就有很大差异的事物中,比如"日"和"星",甲骨文"日"取圆形,"星"取五个小圆圈❹。

这类整体形象还有一些外形区别并不明显,但是先民们有意地进行了强化,比如"子"字与"大"字。"子"是指尚不能独立活动的幼儿;"大"是指顶天立地的成年人。先民们抓住了幼儿和成人的最大特征:金文"子"字强调头大,手发达,脚简化;而"大"字强调手大脚大,头简化(图8-19),非常有趣。

第二,局部的差异。这在动物取形的时候表现得非常明显,有些动物靠局部的特征就能有所区分,比如"牛"和"羊"两字仅通过头上两个角的向上与朝下就得以区分。《说文解字叙》提到"见鸟兽蹄迒之迹",蹄也是

日	月	星	子	大
小臣艅尊	菁 5.1	前 7.26.3	令簋	散盘
商 代	一 期	一 期	周早	周晚

■ 图 8-19　整体形象的差别

特征区别的一个重要方向。"马"属于奇蹄目马科，早期甲骨文用一个圆圈，表示马着地的半圆形；"犬"的蹄则肉掌带利爪，甲骨文是歧趾的形状，区别很明显（图8-20）。对于蹄形，甲骨文还为我们留下了更让人惊叹的精细观察。刘兴均先生对许慎所提的"鸟鹿足相似，从匕"展开考察，发现这是观察动态时的一种取形，鹿奔跑起来，前蹄弯曲，正好构成"匕"字形。同样的，鸟飞时脚的形状也正好是"匕"字形❶（图8-21），古人不仅观察细微，还把鸟善飞、鹿善走的特征也表现无疑。

第三，小细节的差异。"麋"和"鹿"长得很像，"麋"俗称"四不像"，甲骨文并没有突出它宽大分叉的角，而是突出眼睛上的眉毛，先民发现"麋"和"鹿"的差异就是眉毛上的那一道黑线。由于小细节的差异往往不明显，因此在取形时通常会有意地夸张和突出这些小细节的部分，"犬"和"龙"的甲骨文字形就是强化了腹下三根毛得以区分❷（图8-22）。

❶ 刘兴均《汉字的构造及其文化意蕴》，人民出版社，2014年，132-133页。

❷ 刘兴均《汉字的构造及其文化意蕴》，人民出版社，2014年，138-139页。

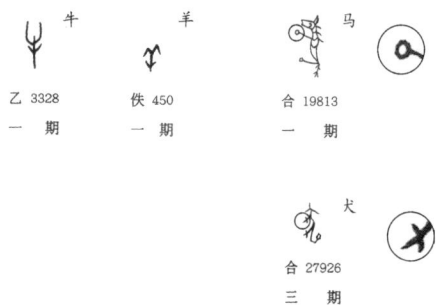

■图 8-20　局部的差异

■图 8-21　"鹿"与"鸟"足部相似，都是"匕"字形

■图 8-22　小细节的差异　"麋"眼睛比"鹿"多一根眉毛，"龙"腹下比"犬"多三根毛。

（二）依据传说里描述的典型特征

❶叶舒宪《中国神话哲学》，中国社会科学出版社，1992年，302页。

❷于省吾《甲骨文字释林》，商务印书馆，2010年，3页。

❸袁珂《山海经全译》，贵州人民出版社，1991年，225页。

❹袁珂《山海经全译》，贵州人民出版社，1991年，270页。

❺据罗琨先生考证，王亥确有其人，他并非玄鸟化生的第一位男性祖先，但名号却被冠以玄鸟的标志，强调他是父系氏族制度的代表人物。详见罗琨《甲骨文解谜》，长江文艺出版社，2002年，171-179页。

文字的诞生离不开神话传说的滋养，"文字的产生，即文明史的开端，正逢神话思维向哲学抽象思维过渡之际，所以，在汉字的字形结构中保存下了大量的神话思维的表象及编码规则"❶。汉字取形手法依据神话传说主要表现为两种方式，一种是直接从传说中描述的物象特征取形，一种是根据传说描述借代取形。

第一种方式如"凤"字。传说中"凤"为百鸟之王，集合了众多的形象于一身，我们看《说文解字》中的描述："神鸟也。天老曰：凤之象也，鸿前麐后，蛇颈鱼尾，鹳颡鸳思，龙文虎背，燕颔鸡喙，五色备举。""凤"的字形中恰好能感受到这些"典型特征"。当然，它的取形依然需要注意同类事物间的特征差异，"凤"字头顶的华冠成丛聚形态，与"萑"顶上的脚状毛角，以及"鸡"顶上的分叉形花冠都有明显区别（图8-23）。

再如"虹"字、"亥"字。甲骨文"虹"字，于省吾先生认为是象形所得❷，《甲骨文合集》10405版反面完整记载了它的场景："出虹自北，饮于河。"《山海经·海外东经》记载了它的形象："虹虹在其北，各有两首。"❸民间也有相关传说——天上出现虹，是龙在吸水。有趣的是纳西文"虹"字也是一动物两端有口在吸水的形象，意为火舌饮水。"亥"字，《山海经·大荒东经》同样有记载："有困民国，勾姓而食。有人曰王亥，两手操鸟，方食其头。"❹甲骨文"亥"字字形就是一只鸟形状，应与传说密切关联❺（图8-24）。

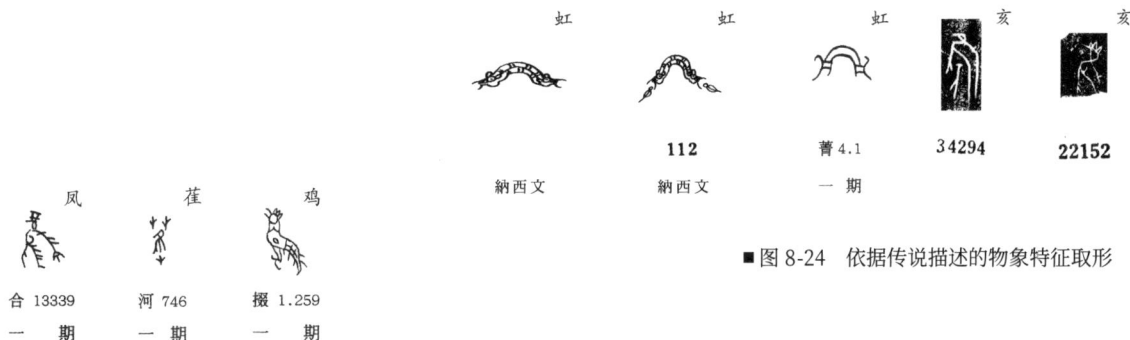

虹	虹	虹	亥	亥
	112	菁 4.1	34294	**22152**
纳西文	纳西文	一 期		

■图8-24 依据传说描述的物象特征取形

凤	萑	鸡
合 13339	河 746	据 1.259
一 期	一 期	一 期

■图8-23 三个字有意地区分了顶上的形态

第二种方式如"麦"字,《说文解字》记载"受瑞麦来麰""天所来也麰",有上天赐予瑞麦的传说❶,甲骨文根据这个传说借用负着麦形植物往下走的场景来取形 (图8-25)。

麦

戬 10.8　　合 24404　　前 4.40.7
三　期　　二　期　　一　期

■图 8-25　依传说描述的场景取形

(三) 依据民俗中强化的典型特征

中国民俗文化为汉字取形提供了广阔的素材,汉字取形与民俗有密切关联的文字非常多,如"葬""棺""薪"等字与古代葬俗文化;"祖""社""祭""舞"等字与礼俗文化;"娥""好""文"等字与古代审美习俗;"后""姓""媵"字与古代婚姻习俗;等等。

由于古代民俗种类丰富多样,仪式大多复杂烦琐,使文字的取形存在一定的争议。出自古代祭祀习俗的"且"字就有多种解读,有认为是男性祖先崇拜,有认为是祖先牌位的直接描摹,也有认为是祭祖日杀牲宰畜平分肉食的场景,是祭祖敬神日的重要仪式 (图8-26)。这几种解读生动地展现了或直接取形,或借代取形,或场景还原的三种民俗文化典型特征取形方式。

直接取形和场景还原经常可以合并为一种方式,它与依据传说的描述取形略有不同。民俗更多展示在某种实际场景中,经常是一种真实场景的还原式取形,比如"尞"字,《说文解字》提到:"尞,柴祭天也。"甲骨文"尞"字字形就是柴木被烧、烟灰飞扬的状态,有些字形还会在木下面添上火,都是民俗活动的场景复原;再如"弃"字,许慎虽然认为是"捐弃",但从甲骨文"弃"字的字形,我们不难发现,它应该是一个古老民俗——"试子风俗"场景的直接还原:婴儿出生后被置于类似箕的东西中,放到某一个地方,通过某些偶然的事件来推测婴儿是否值得养育。晋代张华《博物志》卷二"异俗"中记载了类似的民俗:"荆州极西南界至蜀,诸民曰獠子,妇人妊娠七月而产。临水生儿,便置水中。浮则取养之,沉便弃之。"❷(图8-27)

❶ 目前国内考古也证明了早期的麦类作物可能是公元前 3000 年前后随东西方之间文化交流的加强,先从中亚一带传入中国西北的新疆和甘肃、青海等地,并在约公元前 2 千纪前半叶传入中原内地。见李水城《中国境内考古所见早期麦类作物》,原载黄盛璋主编《亚洲文明》第四集,三秦出版社,2008 年,后载科技部社会发展科技司、国家文物局博物馆与社会文物司编《中华文明探源工程文集环境卷 (1)》,科学出版社,2009 年,190-213 页。
❷ 张华《博物志全译》,贵州人民出版社,1992 年,54 页。

■图 8-26 不同时期的"且"字字形

■图 8-27 依民俗取形

❶ 李玲璞、臧克和《古汉字与中国文化源》,贵州人民出版社,1997年,260页。

❷ 转引自林成滔《字里乾坤》,中国档案出版社,1998年,260页。

❸ 李玲璞、臧克和《古汉字与中国文化源》,贵州人民出版社,1997年,224页。

借代手法经常涉及古代民族的一些民族习俗、民族崇拜或神灵文化,因此它的取形往往很难直接看出它的民俗特征。比如"婚"字借"昏"字来展现民俗信息。"昏"字本义为太阳落下地平线,日落天黑娶亲在我们现在看来非常奇怪,但当时应是一种风尚,有学者认为是更古时期"抢婚"习俗的遗留❶(图8-27)。

"吊"字对"弓"字的借用更为复杂。唐颜师古在注释《急就篇》时谈到了"吊"字:"'吊',问终者也。于字,人持弓为吊,上古葬者,衣之以薪,无有棺椁,常苦禽兽为害,故吊问者持弓会之,以助弹射。"❷《说文解字》也提到:"从人持弓,回驱禽。""人持弓为吊""从人持弓",都与"弓"有关联,那么"吊"字为什么要借"弓"的形态呢?首先,弓是古代天葬时最典型的工具。古代人口稀少,野兽在一两个人的驱赶下是无法退去的,这时主人的亲朋好友都会在丧葬期间赶来相助,一起手持弓箭,驱赶野兽,是古代天葬中最典型的一个场景。其次,"弓"在古代有神奇的地位。"王"字曾经有过一个异形字,即把三个"弓"平行放置(魏《比丘道宝记》),"灵"字也同样有个含有弓的异形字,雨下面三个弓(《广韵》古文)❸,三弓成王、三弓组灵正是古人"弓"神奇地位的体现。可见,"吊"字对"弓"字的借用既体现了表面的天葬习俗,又把先民的崇拜文化融合其中(图8-27)。

（四）依据科技认识里的典型特征

中国汉字记录着古代科技的发展。来自交通方面的有"舟""船""驷"；来自生活用品方面的有"床""豆""光"；来自农业方面的有"耒""糸"；来自建筑方面的有"余""向"等，可以说大量的人造物都蕴含着古代科技的因素。

与传说、民俗典型特征的提取不一样，首先，传说和民俗往往描述的是比较明确的一件事；其次，传说和民俗更多表现在精神层面，因此从传说和民俗中取形后获得的往往就一个汉字，难以多字化。而科技则不同，比如一种金属的开发使用，可以拓展到一系列的生活用品，因此依据科技取形往往能开拓一系列的文字❶。以"糸"为例，它取形自古代的蚕丝技术，由它开发出了一系列的"丝科技"成果的文字，如"线""绳""绢"；以及一些与"丝科技"技术相关的文字，如"缕""绘""缠""绞"等。

科技还有更新发展的特点。先民在取形时有时候会根据样式更新，对字形作出与时俱进的一些微妙的调整。我们现在能看到大量早期"车"字的不同字形，有一部分应该是随着车的发展，提取自不同时期的典型特

❶需要注意，在实际取形中各种取形技法往往是相互配合的，这里的取形就配合了以虚代虚中的形声方式。

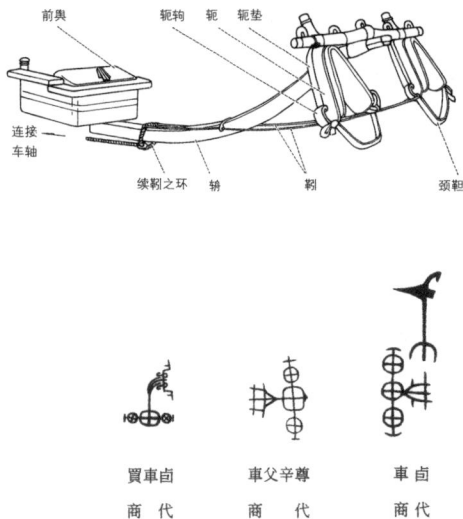

■图8-28 文字里的系驾法 下面几个"车"字形车辕旁的两条斜线连到舆前，展示了上图中古代马车的轭靳式系驾法。

■图8-29 依科学认知取形

❶ 孙机《中国古代物质文化》，中华书局，2014年，181页。

❷ 李济《安阳》，河北教育出版社，2000年，120-123页。

征造成的。其中有几个字形车辕旁两条斜线连到舆前，展示了衡量古车性能最关键的系驾法——轭靷法[1]，体现了古代先进的马车科学，这些字形还曾反过来成为复原小屯著名 M_{20} 车马藏坑的重要证据[2]（图8-28）。

依科技认识取形除了表面特征的简单观察，还有个别汉字的取形触及了物象的内在构造。比如金文"心"字是一个包形器官基础上增加动脉和静脉的入口管道形象，并在包形器官的内部增加一点表示血液的指示符号，整个字形像人体内包形的泵血器官，完美地表现出一套维持血液流动的循环系统。它与现代的心脏解剖图比较，非常写实，古人医学水平让人惊叹。同样让人惊叹的是"儿"（兒）字，《说文解字》解释："儿，孺子也。从儿，象小儿头囟未合。""头囟未合"实际是不可见的一种生理结构，甲骨文的"儿"通过顶上缺口的字形生动地表现出这种结构。当然，有些学者认为这个字形并非表现"头囟未合"的结构，而是一个刚长门牙的小孩，特指长牙换齿阶段的人，即幼孩。金文将甲骨文中的门齿写成臼齿形状，进一步明确"儿"的"长牙换齿"年龄特征，这种解读也无可厚非，如果上部理解为门牙的话，那么高昂的头也颇似小孩在地上爬行时，仰头盯着大人的状态，取形也非常细微生动（图8-29）。

三　虚实应用

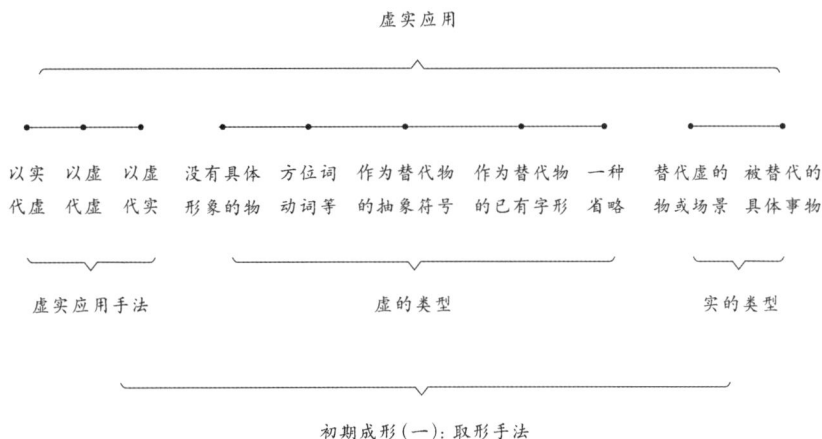

■ 图8-30　汉字字形设计取形手法的虚实应用

❶ 万业馨《应用汉字学概要》,商务印书馆,2012年,13页。

"词类对造字方法是有选择的。"❶换句话说,词类别的不同会决定字形的设计方法。虚词、形容词就很难直接用典型特征的方法造出来,出现"法不敷用"的情况。

其实对于先民来说,可能没有或还没形成那么复杂的词类区分,我们不妨把它理解成一些具体化的现象,即前文提到的取形时遇到如颜色、方位等难以直接描摹的物象或场景,或是如神鬼、语气、声音等没有具体形象可以直接描摹的状况。这种现象的解决办法,在取形源头一节中关于"鬼"字的讨论时已经略有提及,即"虚实应用"手法(图8-30)。"虚实应用"手法最不容忽视的是前文已提及过的面对单纯采用物象或场景图示法构形的局限,所出现的"以虚代虚"方式,即借用已有的字形直接替代或部分替代语音造字的方法。诞生了以形声方式为代表的构造法,完成了一次极为重要的造字观念更新,构形也因此由局限性很大的场景图示法向高度灵活的罗列式组合法转变。

"虚实应用"的"虚"除了刚刚提到取形时遇到的两种情况,也包含另外两类:一,作为替代物的抽象符号;二,作为替代物的已有字形。不过它有时候也被理解成具体取形中的一种省略,需要分清其中的差异,比如"涉""降""春"等与手脚有关的字通常不需要出现身形,而有些字如"射""弹"更是把手脚都直接省略了(图8-31)。

"虚实应用"的"实"通常也有两种情况:

(1)指替代虚的客观物象或场景,如用来表"右"字的手,表示"光"的光照人场景。

(2)指被替代的具体事物,如"亦"字被两个小线段替代的腋下。

"虚""实"类型的繁多,使"虚实应用"的真正应用比较复杂,下面我们以具体字例考察它的三种具体手法:以实代虚、以虚代虚和以虚代实。

	涉		降		春		射		弹
	合 21256		合 13737		伯春盉		英 2421		撷 2.234
	一 期		一 期		周 中		一 期		一 期

■图8-31 虚有时候就是一种省略

（一）以实代虚

❶注意："缶"虽有珍贵东西的含义，但通常认为它是起声符作用。

"以实代虚"指以某客观物象或场景替代某种"虚"。它往往有个前提，就是需要对被替代的"虚"有比较清晰的描述。比如前文提到的"凤"字，"凤"是个虚物，但是传说对它的每个部分都描述得细致明了，因此可以很轻松地用一些具体的实物替代。当然，如果没有"凤"如此细致的描述，生活中约定俗成的一些东西也是可以作为替代物的。比如"宝"字，殷商时代虽然没有清晰地指定"宝"为何物，但是当时生活中以"贝""玉石""缶"为珍视的东西，甲金文"宝"字存在房屋里藏有"贝"，藏有成串"玉石"，或藏有"缶"❶等多个字形；"家"字，对于为什么选用猪在屋里为家，历来都是个很有意思的话题，其实原因或许没有那么复杂。相对牛羊，猪很能生，一窝可达十几头，先民是驯养了猪之后才真正解决了食肉的问题，猪的易得，使它在先民们的祭祀里，地位远远不及牛羊，也使家家有猪成为最基本的"配备"，这可能就是甲骨文"家"字以屋中有猪为家的真正原因吧（图8-32）。

如果这个替代的"虚"既没有得到明确的描述，生活中也没有能找到约定俗成的替代物，那么"以实代虚"就往往很困难。前文提到过的"鬼"字，我们现在不知道当时对"鬼"是如何描述的，也不知道当时什么事物

宝
寶簋	禽簋	效父簋	旂鼎	合 17512
商代	周早	周早	周早	一　期

家	逆	受	明	光
合 13588	目父癸爵	受父乙觯	乙 6664	合 22043
一　期	周早	商代	一　期	一　期

■图8-32　以实代虚

约定俗成可以替代"鬼"的形象，以至于我们现在对"鬼"的取形存在一定的争议。

"以实代虚"用来替代的实物，可以是具体的实物，"左""右"两个字是一只手，"逆"字是一个头朝下的人，"夕"是一个半月。也可以是具体实物组成的场景，"受"字是两只手加一条舟，"明"通常就是日加月，"光"是人加火等（图8-32）。

（二）以虚代虚

"以虚代虚"有两种方式，一是以抽象符号替代某种"虚"；二是以已有的字形替代某种"虚"。

第一种方式比较常见，也比较容易实现，因为相对于具体实物，符号的象征意义具有一定的灵活性，可以根据不同的场合，表示不同的意义，而这正是具体实物所欠缺的。

不过，"以虚代虚"中符号的象征意义同样是需要约定俗成的，严格来说每一个字中"以虚代虚"里作为替代物的符号意义都必须是社会达成共识的，这样才不会造成字义混乱，影响信息传达。前文提到甲金文"天"字人头顶上的符号，有的用一个圆圈表示头顶上的空间，即天空；有的将表示空间的四边形改成两横，即"上"，表示大地上方的太空；也有的将两横改成一横，表示太初、混沌状态，也是"太空"的含义。圆圈、两横、一横，都是抽象符号，如果没有约定俗成的含义，这几个符号会引起误读，"天"字的字义也无法正确传达。

"以虚代虚"对符号的象征意义虽然要求严格，但是替代的范围却很灵活。可以广至整个字形，比如"上""下"两字整个字形都是"虚"的符号；也可以是字形的一部分，比如"正"字，它是"征"的初文，字形上部的圆圈是"虚"的符号，下部的"止"是实物；当然也可以小至一个简单的笔画，比如"至"字下面一横、"末"字顶上一横（图8-33）。

"以虚代虚"某种程度上开拓了符号应用的新领域，开发了很多新的符号，并赋予了大量已有符号新的含义，最终也促使了汉字进一步向符号化发展。

第二种"以虚代虚"主要表现在语音的替代上。从广义上讲,所有新造的字形都是为了替代语音这个"虚"物的,这是文字的共性,除此之外,汉字还存在前文提及的借用已有的字形替代语音的情况,它有以下几种具体方式:

(1)用已有的字形替代某个语音,形成声旁,构成文字字形的一部分,即我们通常说的形声;

(2)用已有的字形替代某个与已有字形类似发音的语音,形成新的字义,即假借;

(3)用已有的字形替代某个与已有字形不同发音的语音,形成相似的字义,即转注;

(4)用已有或略改造的字形替代某个与已有字形不同发音的语音,形成新的字义,即增形。

需要补充两点:

首先,理论上现有的任何字形都是可以作为"虚物"替代语音的;

其次,随着时间的变迁,有些替代现象会发生一些变化:

(1)替代时的发音后来出现了变异❶;

(2)用来替代的字形简化了,或是被省略了;

(3)极少数文字出现了再用一个新的字形更换原替代字形的现象。

上	下	正	至	木
後下 8.7	前 4.6.8	後上 16.11	乙 7795	蔡侯申鐘
一 期	一 期	一 期	一 期	春 秋

■ 图 8-33 以虚代虚

(三)以虚代实

"以虚代实"即以抽象符号替代某种具体实物。比如"朱"字,《说文解字》解释为树心红色的树,即赤心木。"木"已有相应的字形,但是"红色的木心"用什么表示呢? 甲骨文在木中间加一圆点,用一点替代红木心,这就是"以虚代实"的手法。

"以虚代实"的手法除了被应用在字形设计之初,它更多的使用是在再次成形的时候。再次成形时经常把一些原来取自实物的字形用某个符号替代,现代简化字的这种情况也存在,"车"字典型的轮子被简单笔画替代了,"夹"字原来两旁的两个人被点横取代了。值得注意的是,这种替代同样必须有明晰的共识,否则会引起传达信息的混乱。比如"易"字,甲骨文是非常明了的,指一个有抓柄的器皿,但是到了金文时期有些字形就看不出里面符号的指代了(图8-34)。

■图 8-34 符号指代发生变化 "易"字在甲骨文和金文字形中存在不少差异。

当然,如果从更广的层面讲,汉字的发展过程其实就是"以虚代实"的过程,不断符号化的过程。

四 简约思维

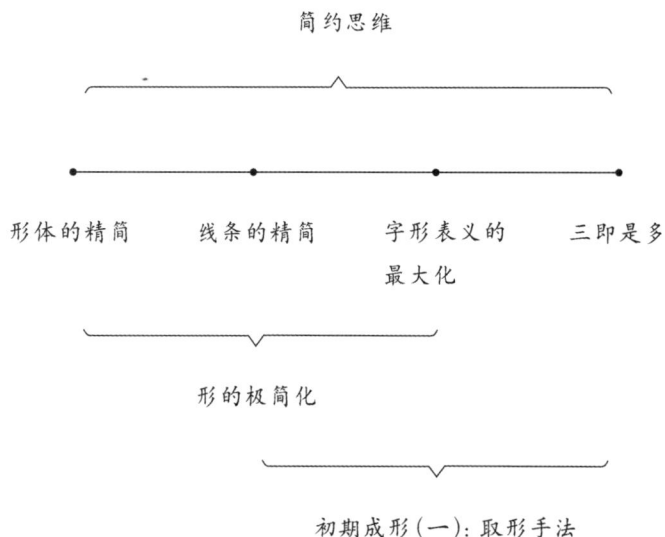

■图 8-35 汉字字形设计取形手法之简约思维

明确了取形部位之后,《说文解字》提到"画成其物,随体诘诎",就是依造对象画出来就可以了,但是"画一幅画"与"画一个字"是否相同呢?

在实际取形和成形中,先民们"竭尽所能"地选择最精简的字形,"形的极简化"思维始终贯穿字形设计中,对"多"的表达也形成独特的文化态度,真正实现了"图画"与"文字"的差异化(图8-35)。

(一) 形的极简化

"形的极简化"思维在汉字字形设计中由内至外都有所体现,对汉字特性的形成起了至关重要的作用。

先看外在层面,体现为字形和线条的取舍,在甲金文中就表现得"淋漓尽致"。对比商时期同一对象的图画和汉字字形,早期汉字的这种"努力"让人肃然起敬,不知多少人感叹甲骨文"牛""木""羊"等字展现出来的高度物象概括能力,在其中我们能清晰地看到它的两个倾向:

(1) 尽量用最精简的字形,比如"人",同时期几乎不可能找到比甲金文更简洁的形态了。

(2) 尽量用已有的字形。已有字形是之前"努力"的成果,省力又保证"质量",这也是我们能从甲骨文中归纳出一些基本构件的原因所在。当然这种方式刚开始可能只是一种意识,还没有形成规则,详见合形一节的讨论。

早期的汉字字形因为这种不懈的"努力"而与图画逐渐分离,进而形成了属于汉字的取形思维、造型手法和字形特点。

在此之后,"形的极简化"思维继续发酵,字形取舍的突破性更强,更为"大胆",如"马"字,原来用两条线概括它的腹背,已是极为简洁,后来干脆合并成了一条线,实现了新的超越,"犬""虎"等字也是如此(图8-36)。可惜这种象形模式下的极简思维依然束缚于取形物象的形态,能做出的字形简化"动作"不多,其实还是旧有造字观念的一种延续,革命性的简化突破很有限,小篆可以说是它的最终成果。小篆被认为是古文字,且即便有了官方的介入也很快失去标准字形的地位,与它的字形依然束缚于取形物象形态有极大的关系。

马

合 5712　　合 32993
一　期　　　四　期

犬　　　　　　　　　虎

鐵 76.3　　屯 2293　　　前 4.44.5　　合 37362
一　期　　四　期　　　一　期　　五　期

■图 8-36　马、犬、虎三个字形的腹部简化

不过，改变已经悄悄地在进行。这种束缚于取形物象形态的造字观念显然已经不能满足文字发展的需求，因快捷书写而简化的意向显现，在没有动摇造字法本质前提下重构早期字形的尝试开始孕育，古隶和初期草书诞生，完全脱离了取形物象形态的束缚。这是一次真正的取形思维解放，意味着一种崭新造字观念的形成，汉字字形也因此完成了一次蜕变。之后这种情况愈演愈烈，到了极端简化的草书诞生之后才略有收敛。

至现代，这种"极简"思维又再次驱动，现代简化字应运而生。这些现象表明，"形的极简化"思维在汉字字形演变中一直扮演着重要的角色，推动汉字字形的向前发展。

在内在层面上，"形的极简化"思维主要有两个方面的体现：

（1）最精简字形设计技法，即造字法的追求；

（2）从单字到用字❶"竭尽所能"以最"经济"字形表最广字义的尝试。

第一点其实是精简化思维在造字法自我完善中的推动作用。大的层面如合形基本范式的成熟并成为最主要范式、以虚代虚中形声方式对假借式的取代并定为一尊，使取形成形越来越精简有效；小的层面如构件类化意识的出现和成熟、偏旁意识的出现和系统化。这些发展改变不但成就了汉字字形最适合的造字手法，更使汉字彻底摆脱图画的影响，与图画特点的表现方式拉开距离，建立独立的符号体系。

第二点我们以单字的表义能力为例。汉字是目前通用文字中文字表义功能上"最顶级"的存在，有一个有力的证明：表达同样的内容，即便是使用现代白话文，与目前世界上其他通用的文字对比，用字数最少的肯定是汉字。以俄文与汉字为例，据全苏印刷科学研究所统计，用大小相同的汉字和俄文字母，排印长篇小说《战争与和平》，汉字本仅是俄文本的20%，如果读俄文本需用1000个小时的话，那么读汉字本只需200小时❷。汉字这种高度浓缩字义的能力❸，完美体现了最"经济"字形表最广字义的简化思维。

不仅如此，甲骨文还出现过方国名、人名和地名三位一体的现象❹，也进行了一个形、义兼备的极简尝试，即合文（图8-37）。它们都是极简思维的产物，对比一下古埃及象形文字，我们就能知道这种思维的益处。古

❶ 用字层面请见后文合形一节的相关讨论。

❷ 见王世贤《古今文字学通论》，中国社会科学出版社，2016年，28页。

❸ 这种高度浓缩字义的能力并非汉字的专享。有学者根据文字记录语言单位的精确程度，把文字分为语段文字、表词文字、音节文字和音素文字（王元鹿《普通文字学概论》，贵州人民出版社，1996年，46页）。其中语段文字用一个字形记录语言中的一段话语，是非常极端的文字，"坡芽歌书"上发现了这个功能，它标记最大的语言单位是句子（详见赵丽明《"坡芽歌书"是什么文字？》，《中华读书报》，2009年2月18日，第14版）。东巴文也能找到"以字代句"的例子，如东巴经书《人类迁徙记》有四段这样的经文，出现用39个字代表28句话，180个音节（详见方国瑜编撰、和志武参订《纳西象形文字谱》，云南人民出版社，1981年，493、513页）。表词文字则在古埃及文字出现过，古埃及"第一、第二王朝时期的铭文是经过调整了的，基本上是表词文字"（[俄]B.A.伊斯特林著，左少兴译《文字的产生和发展》，北京大学出版社，1987年，111页）。不过这些文字都属于早期的字，它们或是如坡芽歌书仅是文字萌芽阶段的一种辅助性帮助记忆、记录民歌的原始手段，方式比较原始；或是如古埃及文字早已经灭亡，不适合发展已被取代。

❹ 赵平安《从失字的释读谈到商代的佚候》，原载《中国社会科学院历史研究所学刊》第一辑，中国社会科学文献出版社，2001年，后收录在《新出简帛与古文字古文献研究》，商务印书馆，2009年，56页。

小父	小母	小王	小主	小牢	小甲	小乙
明藏 632	合19983	鐵 90.2	寧滬 1.153	乙 4518	林 1.11.9	甲 379

三百	三千	三万	三祖丁	三祖庚
佚 543	乙 6581	粹1171	佚 206	前 1.19.3

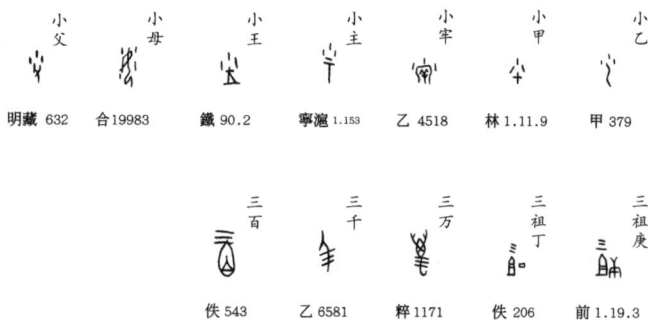

■图8-37 形、义兼备的极简尝试——合文

埃及文字用图形文字记音,不论形符音符、视音符及附加符多少而定,每字长短不一,因此只要长音节的人名就常常需要一串的图形文字才能表达,造成简单的意思往往需要极为冗长的句子,引起许多麻烦,最后被语言吞没,失去了继续发展的机会。

(二) 多的表示法

汉字取形时还会遇到如"马的鬃毛要画多少根"这样的问题[1],对于这类问题,最早期的汉字没有相对明确的答案,如早期"星"字用了五个小圈表示众多星星。但是在后来的字形中我们发现了先民们的解决办法:三根,并成为汉字字形的一个主要特点,很少有例外。

为什么是三根呢?这引出了另一个问题,就是"多"怎么表达?解决了这个问题,"鬃毛只需三根"就很好理解了。刘兴均先生认为"三表示多"始于伏羲氏创制八卦,即有了易的数理之后[2]。易经纯阳卦,即乾卦卦象是三条直线,但是说阳爻都用"九"而不是"三",这是因为阳可以兼阴之数,阳爻的"九"是由表面的三画加其隐藏阴的六画(阳爻都用"九"代表,阴爻都用"六"代表,图8-38)得到的,也就是说乾卦的三画可以兼容坤卦的六画,"三"有兼容并包的含义[3]。《周易》中出现最多的数字就是"三",共有20处,22次。其实在古代的文献中,"三"的兼容并包思想、"三即是多"的观念随处可见。《国语》有"兽三为群"[4],三只兽就可以叫群,这里的"三"明显是虚指,即很多的意思。《左传·定公十三年》有"三折肱知为良医"[5],"三折肱"指屡次折断手臂,伤者自己也成为良医了。不过,

[1] 关于"马的鬃毛要画多少根"的问题来自戴吾三先生的论文《马鬃有多少根?——古代简约思维谈》,论文非常生动地讨论了这个问题。详见戴吾三《马鬃有多少根?——古代简约思维谈》,《装饰》,2008年第8期,75页。这里的讨论吸取了该论文的养分。

[2] 刘兴均《汉字的构造及其文化意蕴》,人民出版社,2014年,107页。

[3] 易经的这些知识点请教了好友关洪,特此感谢。

[4] 徐元浩撰,王树民、沈长云点校《国语集解》,中华书局,2002年,10页。

[5] 《四书五经》,中华书局,2009年,891页。

阳位	████████████████	上九		阴位	████████ ████████	上六
阳位	████████████████	九五		阳位	████████████████	九五
阳位	████████████████	九四		阳位	████████████████	九四
阳位	████████████████	九三		阳位	████████████████	九三
阳位	████████████████	九二		阴位	████████ ████████	六二
阳位	████████████████	初九		阴位	████████ ████████	初六

■图 8-38 阳爻用九，阴爻用六　左为乾卦，右为咸卦，遇到阳位就用九，阴位就用六。

大家最熟悉的"三即是多"当是《道德经》里的"一生二，二生三，三生万物"，"三"成了万物变化的临界点了。从这些资料我们不难发现"三即是多"是古代人的一种共识，甲骨文中用三表示多应是这种共识的反映："首"，头发三根；"马"，马鬃三根、马尾三根；"止"，脚趾三根；等等（图8-39、图8-41）。

于是，另一种表示量多的取形也就好办了。三木为森，三星为晶，三石为磊。《说文解字注》在对"晶"字的注解时也说道："言物之盛，皆三其文。"至今，"三思而行""三顾茅庐""三江五湖"等与"三即是多"有关的成语也是数不胜数。

中国传统中多当然还有其他的表示方法，但是字形上"三即是多"是操作性最强、最适宜的，因此成了字形中一个重要的数量表示规则。

"三即是多"这种如此明晰化、规范化的方式在汉字上的应用意义重大，一方面实现了文字与图画的真正区别❶，另一方面也体现了汉字比其他文字更胜一筹的字形设计思维。在文字的初期字形设计中，应该都会遇到同类问题，但是唯有汉字运用这种设计思维，并形成了规范化。我们考察了埃及文字和被认为是"活化石"的东巴文❷（图8-40），都发现它们对"鬃毛要画多少根"这样的问题并没有真正深入地思考和找到解决办法，这可能也是古埃及文字最终被取代，而东巴文仅是地方性文字的一个原因吧。

❶ 这是构造法上和造型方式上的双重差异。绘画作品虽然也有如"竖划三寸，当千仞之高"这样的技法（宗炳《画山水序》），但是我们发现，绘画艺术中对马鬃这种难以数清事物的表达方式非常模糊，没有形成汉字如此明晰的规范方式。事实上，绘画艺术也反对这种"程式化"方式。

❷ 纳西族"三"的地位也很高，也有"三"表示"多"的做法，如东巴文"星"，字形是三个圆圈，"石"字形是三个半圆堆成山状，详见王元鹿《纳西东巴文计数习俗中所见的原始思维》，《中国民族古文字研究》（第3辑，天津古籍出版社，1991年，198-205页），可惜并没有真正地总结成为字形规则。

马	首	止
休盤	前 6.7.1	合 20221
周中	一　期	一　期

■图 8-39　三表示多的几个字形

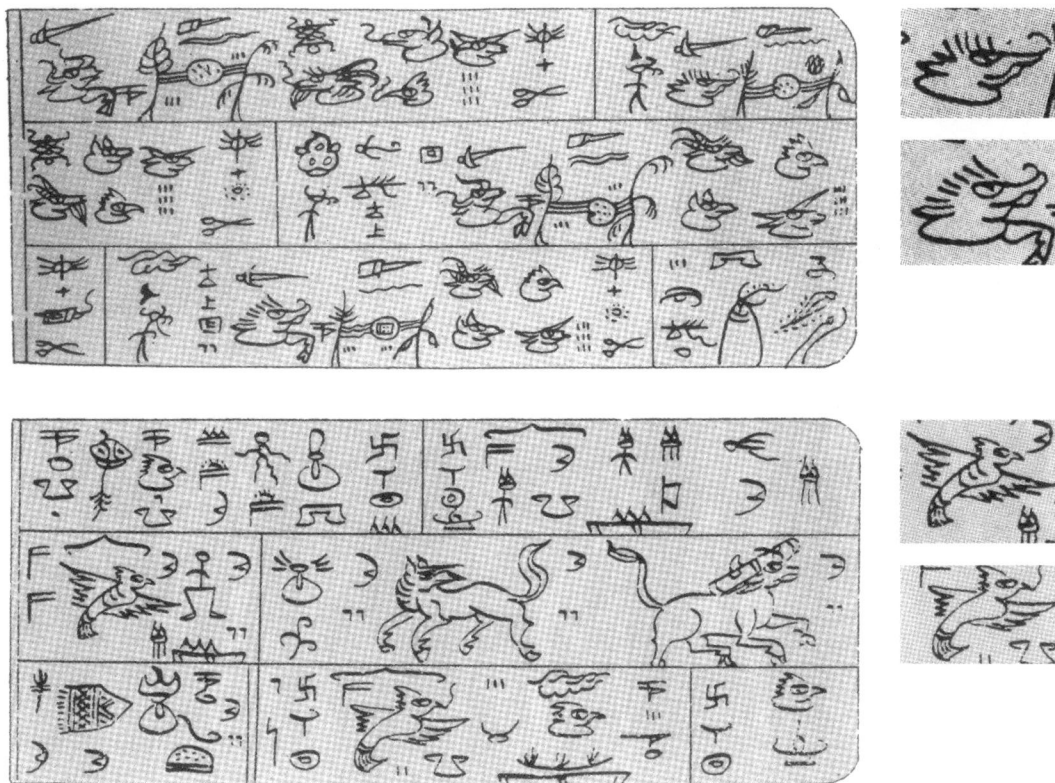

■图8-40　东巴文多的表示法　此处截取东巴经《大风祭》中两幅有马形象的及两幅飞翔动物的，不难发现马鬃和羽毛的数量都是随意画上的，并没有形成规则。

■图8-41　艺术作品中的"三即是多"应用　在个别传统绘画、雕塑或饰品中也能看到"三即是多"的应用，如昭陵六骏的马鬃数量都是三（拍自陕西碑林的复制品），滇国时期孔雀杖头铜饰孔雀尾巴数量也是三。

独形　　　　　合形　　　　　方位规则

构件方位安排

成形基本范式

初期成形：
成形方式

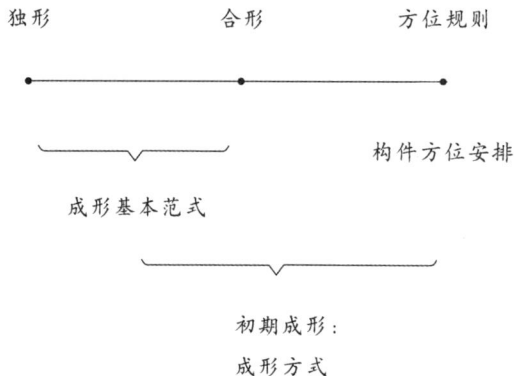

■图9-1　汉字字形设计初期成形方式

取形手法后,初期的成形依然有两点值得关注:成形基本范式和构件方位规则(图9-1)。

汉字成形的基本范式目前依然生机勃勃,而殷、西周时期的构件方位规则被基本破坏了,不过它是汉字初期成形时构件方位设置的主要依据,不容忽视。

一　成形基本范式

独形、合形是汉字成形的基本范式。初期成形时这两种方式通用,但是在后来的字形演变中,合形方式越来越显示它的重要性,很快成为汉字最主要的成形方式,汉字的字形能够被拆解,各部分能够被解读都是源自字形的这个成形方式。

（一）独形

独形,指某个文字单独就是一个完整的字形构件,不可再分割。

独形所能获得的字形有限,傅永和先生曾作过分析统计,发现1979年版《辞海》和国家标准《信息交换用汉字编码字符集·基本集》(GB 2312-80) 所收的全部16339个单字中,独形字仅有359个,占2.197%[1]。

❶ 姚淦铭《汉字心理学》,广西教育出版社,2001年,189页。

❶ [德]雷德侯著，张总等译《万物：中国艺术中的模件化和规模化生产》，生活·读书·新知三联书店，2012年，13-33页。
❷ 姚孝遂《文字形体的分化及其不可逆性》，载于张永山《胡厚宣先生纪念文集》，科学出版社，1998年，160页。

不过这个统计数据毕竟是当代的汉字，并不能代表最初的文字状态，在字形发展过程中，有些独形字可能消亡了或是演变为构件，成为某个合形字形的其中一部分。但是，无论如何，独形汉字的数量确实不多，汉字字形数量的真正剧增是合形成形方式所带来的。

（二）合形

合形，指合两个或两个以上的字形构件成字。根据合形时机的不同，合形可以分为新造字时的首次合形和旧有字形再次成形时的再次合形。首次合形是一种新造字，而再次合形更多是一种字形改造，不过它们除了合形的依据略有差异，其他方面没有本质不同。

汉字的合形法可以借用雷德侯先生《万物》中"模件化"概念来理解，是一种借助既定单元类型再生、变化和转化的强大系统❶。它的优势很明显，甲骨文就是由149个类似"模件"的基本字形组合成3763个独立字形❷。这种手法在原始的单体纹样到多方连续图案的规律中也可以看到，即先对物象最有生命力、最有特点部分的提炼，形成单体纹样，然后进行自由组合（图9-2），可见合形法也是造字初期原始技法储备的一种应用（图9-3）。

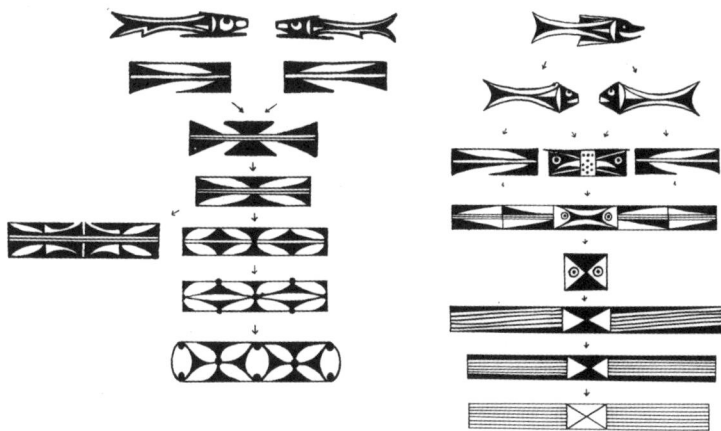

■ 图9-2 鱼形纹样的提取、组合过程 早期鱼形纹样体现出来的物象提取、组合的过程，汉字的合形方式可以认为是这种手法的一种继承。

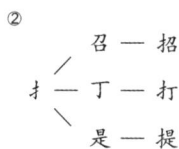

■ 图9-3 合形方式的灵活性

■ 图9-4 "鬲"字的演变

■ 图9-5 甲金文和小篆合形依据不同的三个字形

　　汉字合形的这种"模件化"方式应用经历了从无意应用、有意整合，到成为一种字形设计原则的过程。早期构件成为偏旁时，一些字形如支与又、木与禾、刀和刃、斗和升等的通用现象[1]就是一种有意的整合，字形本身也出现向某个构件发展靠拢的现象，如"鬲"字下部本象三足，之后中间一足变化，最后成为"羊"的字形（图9-4）。

　　可惜雷氏虽然提及了"模件化"形式，却仅停留于这种手法表面上的简单描述，没能进入更深层次的讨论，下面就模件的类型、合形的构件来源、合形构件如何布局、合形的依据等方面对这个系统作进一步讨论。

　　雷氏所提的"模件"概念很模糊，其实它类似我们通常所说的"构件"，存在多种类型，有基础构件、直接构件、过渡构件、成字构件等之分[2]。其中需要强调的是如"刀""口"是构件，它们合起来的"召"也是构件。

　　合形的构件主要来自取形阶段获得的字形。有些可以直接成为构件，如"女""木"；有些在演变过程中发生变化，经过拆解或整改，变成全新类型的构件，如"刀"有时候被整改成利刀旁，"手"有时候被整改成提手旁。当然特殊情况下一些没有具体意义的笔画也可能被作为某个构件[3]。其实这也意味着构件并非一成不变，不能把某一个在某类字形中表现出来的构件作为其他类字形的判断标准。

[1] 这种通用现象刘钊先生总结了31组，见其《古文字构形学》，福建人民出版社，2006年，335-336页。高明先生总结了32组，见其《中国古文字学通论》，北京大学出版社，1996年，129-159页。王慎行先生总结了22组，见其《古文字与殷周文明》，陕西人民教育出版社，1992年，1-66页。而最先注意到这种通用现象的是唐兰先生，其著作《古文字学导论》提到："凡义相近的字，在偏旁里可以通转。"见其《古文字学导论》，齐鲁书社，1981年重印，231页。

[2] 详见王宁《汉字构形学导论》术语表，商务印书馆，2015年，281页。

[3] 这类构件王宁先生称为"非字构件"，指只能依附于其他构件来体现构意，不能独立用来记录语言。（详见王宁《汉字构形学导论》，商务印书馆，2015年，101页）

❶11种图式是大的类型, 王宁先生又在此基础上补充了另外6种, 见王宁《汉字构形学导论》, 商务印书馆, 2015年, 148-149页。苏培成先生认为11种图式还可以继续细分多种类型, 他统计了6075个通用字, 得到了250多种形式 (图式), 详见苏培成《现代汉字学纲要》, 北京大学出版社, 1994年, 5页。

❷不容忽视前文多次提及的"造字法观念更新"在其中所发挥的重要作用, 它是面对各种新需求, 字形改造最根本的"底气"所在。

❸这其实是汉字字形演变的必然过程, 赵平安先生称汉字的结构方法包括造字法和改造法, 详见赵平安《隶变研究》, 河北大学出版社, 2009年, 38页。其中"改造"一词的应用很有见地, 事实上, 书中"改造"一词的应用即是受到赵平安先生的启发。

❹这些"不可思议"合形依据的出现可以认为是前文提及的"构形由场景式图式法向罗列式组合法转变"的大幅度应用, 实际是一场字形多方面的大改造。

合形构件的布局通常会提到《说文解字》小篆和现代楷书的11种平面图式❶, 其实这是再次成形时小篆和楷书的构件布局方式, 与初期成形的并不尽相同, 详见后文关于字形构件方位和构件方位规则的讨论。

合形成形的依据相对复杂, 是汉字合形法的灵魂所在。属于新造字的首次合形主要依据如典型特征、虚实应用等初期成形手法, 而属于字形改造的再次合形一般是在不变更字形构造本质的基础上❷, 主要依据如快捷书写、美化等再次成形时的新需求 (详见后文字形改造一节的讨论), 这使汉字的合形有两个明显的特点:

(1) 一个字形最初用某种依据合形成形, 后来可能会采用另一种依据再次合形成形❸。金文的"解"字, 双手在牛角旁, 表示先把牛角解下, 是当时解牛场景的一种提取概括, 而小篆"解"字, 角、刀、手罗列放置, 合形的依据不再是当时的解牛场景, 而仅仅是小篆字形规范的需求❹。再如"衣"字, 甲金文的字形遵循古人上衣下裳的概念, "衣"通常在上或把其他构件融合在内, 但是小篆时的字形根据偏旁系统需要常变成衣字旁, 放在左边 (图9-5)。

(2) 同一阶段, 往往存在不同的合形成形依据, 战国时期简牍的字形依据速写需求, 而鸟虫书则依据美化追求。

一个汉字字形只是某个阶段合形成形依据的静态体现, 字形合形成形的依据分散在字形演变的过程中, 也反映在字形设计各项技法中。

除此之外, 合形尚有几点需要注意:

(1) 构件意义。早期文字的构件意义很容易出现混淆, 比如"口"形, 在甲骨文"征""众"等字中它表示"城", 在"天"字中表示"头"或天空, 在"喜"字中表示放鼓的容器, 独形时却是"丁"。

(2) 字形理据。一个字形演变中合形依据的变更是字形理据变动的主要原因, 对字形造字本义的追溯往往需要回归到最初的合形依据。

(3) 合形的扩展应用。从广义上讲, 除了单字的合形法, 汉字还有另外几个具有合形性的, 即词、成语、诗句、句子、篇章, 它们也可以认为是"形的极简化"思维的另一种表现方式。而英文字母从广义上讲, 却仅有三种: 词、句子、篇章。汉字单字可以有意义, 词可以、成语可以、诗句可以……几千年来, 汉字充分发挥了这种优势, 以描述一个场景为例, 汉字可以选择一字、一词、一成语、一个诗句，或一个篇章来表达，而英文则往往需要一个长长的句子。此外，在当代新事物层出不穷的年代，汉字凭借三四千个常用字[●]也能应付自如，如交互、脉冲，用原有的文字合形组词就能解决问题，无虞匮乏，而英文常常需要造一个全新的词。

● 虽然历代字典类书籍收字动辄几万，但其实汉字的常用字一直保持在三四千个左右。字典收录大多是字形演变过程中出现的，现已不用的异形字。陈明远先生统计，掌握了3800个汉字就能阅读一般书刊内容的99.9%左右；而据中国人民大学语言文字研究所统计，仅用4990个汉字就构成了《现代汉语词典》中的几乎所有的词。见陈明远《数理统计在汉语研究中的应用》，载《中国语文》，1981年第6期，466页。

二　构件方位规则

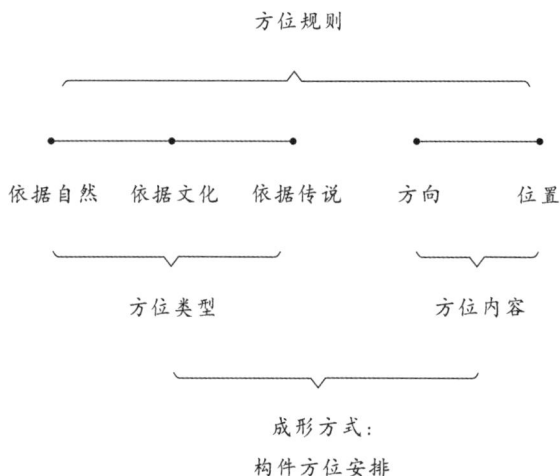

方位规则

依据自然　依据文化　依据传说　方向　位置

方位类型　　　　　　　方位内容

成形方式：
构件方位安排

■图9-6　汉字字形设计初期成形构件方位安排

殷西周时期，甲金文字形的构件方位设定有一套严谨的规则（图9-6），只是随着春秋战国时期文字的下行和后来小篆的规范，这套方位规则大多被破坏了。

这套方位规则涉及两个层面，一是文字自身字义的客观状态，如"目"，在"眉"字中表脸部特征，位置在眉毛下部；在"相"字中表多方位观察，位置上下左右都可以。二是先民长期形成的约定，如"直""省"等含有眼睛内部发出含义的文字，构件"目"约定俗成在底部，而"民""蔑"等含有外部事物指向眼睛的文字，构件"目"约定俗成在上部（图9-7）。

文字自身客观状态的考察相对容易，但是时间的久远和汉字演变的过程性使关于先民约定的考察难度较大，不过我们发现文化和传说往往就是先民一种长期的共识，因此对于方位规则的讨论，我们大略可以从三种类型入手：依据自然的方位、依据文化的方位和依据传说的方位。

❶ 需要说明的是, 不依据这个规则的个别情况也是存在的, 如《甲骨文合集》18920反面出现"鹿"整个倒置书写, 13645正面出现把"齿"的牙齿写到口外面去了, 都无法用这个规则解释。对于规则的归纳如同"六书"的总结一样, 不可能是"一网打尽"式的, 这在绪论中已有说明。

❷ 万业馨先生注意到了这种联动关系, 称为"关系位", 详见万业馨《"关系位"略说》, 载于《古文字研究（第二十二辑）》, 中华书局, 2000年, 311-315页。不过万先生提出的"关系位"倾向偏旁位置的关系, 这里的联动不局限于偏旁, 而是整个字形的各个组成部分。

自然的方位指物象自身所处的客观状态, 比如草从地上生长, 山拔地而起, 船在水里各方向都可以前进等。

这种物象本身的客观状态正是甲金文构件方位设计的依据❶。比如, "山"字是立在地面上的状态, 方向不可更改。"生"字, 甲骨文在草叶（屮）下面加一横表示地面的指示符号, 新芽破土而出, 方向是朝上的, 不可变动。"出"字, 有学者解释为脚（止）从地穴里走出来, 从地穴走出来方向也是向上的, 也不可变动（图9-8）。

那么哪类字可以变动呢? 看前文提到过的"受"字, 甲骨文是两只手加一条船。我们知道船在水里, 人是可以根据需要往任意方向划动的, "受"字的构件方向也正是遵循这个客观事实, 中间"舟"的方位可以变动, 两只手的方位也相应调整。再如"彘"字, 甲骨文"彘"像一羽箭射穿一头野猪。狩猎的时候, 从哪个方向射中一头野猪都是有可能的, 所以我们发现"彘"字中猪和箭的方向可以变动, 只要保证射中这个事实即可。

可以变动还有一类更灵活。"受"字、"彘"字虽然构件可以变动, 但是这种变动必须是联动的❷, "受"字手必须向着船, "彘"字箭必须对着猪。甲金文中有少量字可以变动, 但无须这种联动, 比如"句"字, 甲骨文字形

			眉
合 673	佚 484	小臣谜簋	九年卫鼎
一 期	三 期	周 早	周 中

			相
前 7.37.1	乙 4057	上博民之	相侯簋
一 期	三 期	戰 國	周 中

		直	省
佚 57	恒簋	粹 1045	臣卿簋
一 期	周 中	一 期	周 早

	民		蔑
乙 455	王孙钟	甲 883	保卣
一 期	春 秋	一 期	周 早

山	草	出
合 6477	乙 7289	花东 337
一 期	一 期	一 期

■ 图 9-7 "目"在不同字形中的方位规则　　■ 图 9-8 依据自然状态设定构件方位的字形

"丩"(即"纠",连结)加一个"口"(说话)而成,金文时这两构件的方位非常灵活,"丩"可在上、在左、在右,甚至可以把"口"包含在里面,这是因为"连接"是一个动词,"口"是名称,只有具备"连接口"这个意思即可,无所谓具体方位(图9-9),这种情况的还有"男""初"等字。

❶ 见刘志基《殷商文字方向不定与同辞重见字镜像式异写》,《中国文字研究(第二十三辑)》,上海书店出版社,2016年,1-15页。

据此,我们可以初步得出这样的结论:依据具体实物而成形的汉字,它的构件方位通常就是实物自身或实际应用中方位的反映,客观情况下它可以变动,所造字构件方位也可以变动,反之亦然。

当然,这里的可变动和不可变动也是有具体要求的。"可变动"指的是客观情况下它确实无所谓方位的,上文提到"目"平放组成的"见"字,身体部分是可以左右方向变动的,属于"可变动"范围,但是上面的"目"是不能随意变动的,因为客观情况下,看的时候"目"是不会变成竖的。同样道理,"光"字表示身体的部分可以左右变动,但顶上的火总是朝上的(图9-10),"射"字理论上所有方向都可以,但以左右变动为多,极个别把箭往天上,因为往天上射箭的情况较少。

对于可变动和不可变动还有一点值得一提,就是可变动构件也是相对的,并不意味着它在所有的字形中都可以变动的。比如"目"属可变动构件,自身可纵放平放,但是在"省"字中它只可平放,不可变动,这是需要注意的(图9-10)。

对于这类具备多种方位选择字形在实际中的应用,刘志基先生提出的"镜像式避复异写"❶很有启发。即受甲骨文常见"对贞"辞例对称性的影响,对一个版面出现的同一个字,有意地把方位写成不同,避免重复。刘氏的文章提供了一个看待这类字形产生动机的很好证据,可惜忽略了一个很重要的前提,就是这些字形首先必须具备可以多方位选择

				受
後上18.3	合6771	合20530	受父乙卣	衛盉
一 期	一 期	一 期	商 代	周 中

			盂
合9338	合19772	前4.51.3	合11258
一 期	一 期	一 期	一 期

				句
句父癸盉	瑂比盨	其次句鑃	句且癸觶	太后厨官
商 代	周 晚	春 秋	商 代	鼎 戰國

■ 图9-9 构件方位可以变动的字形

光	光	省	省	省
前5.32.8	合22174	粹1045	佚247	周甲113
一 期	一 期	一 期	三 期	先 周

■ 图9-10 部分可变动及不可变动的字形

的条件，否则就变成只要有了这个动机，就可以把每个重见字都随便变动方位来避免重复。

（二） 依据文化的方位

❶ 出自严一萍《释文》，转引自《古文字诂林（八）》，上海教育出版社，2003年，70页。

❷ 现今可知，7000多年前中国已有炊蒸的烧食法。具体就是用一块布防止谷粒掉到盛水的容器，让水蒸气透过布的空隙将上面的食物蒸熟，详见许进雄《中国古代社会：文字与人类学的透视》，中国人民大学出版社，2008年，32页。"蒸"字应是这种烧食法的直接反映。

依据文化的方位是指有些字形的整体方位或内部构件的方位依照一定的文化因素而定，这类文字常能体现出浓厚的古代文化。

生活习俗相关文化是其中的一个大项。先看古代审美文化，甲骨文"文"字是文身的象形❶，我们能看到古代文身文化及其文身方位的设定（图9-11），生动地展现了先民胸前纹饰的各类符号，体现了古代的审美观。

"家"字，把猪关在家里；"宝"字，家里藏有贝壳（财富）；"富"字，家里有酒。在这些字形中，猪、贝壳、酒的方位安排可以视为古代财富观的直接反映。此外，"年"字把"禾"顶在头上，"蒸"字"米"在"豆"（盛具、炊具）上❷（图9-12），则是古代生活细节在文字构件方位上的反映。

生活习俗中的一些礼制观念也有一定体现，如左卑右尊观念。秦汉以前的人认为，居右为尊，而左为卑。"卑"字，徐锴说："右重而左卑，故在甲下。"段玉裁注："古者尊右而卑左。"受这种文化的影响，奠基于秦汉以前的汉字也常以右侧为尊、左侧为卑，我们惊奇地发现，与"奔""走""起"

乙 6820	京津 2837	甲 3940	能匋尊	啓尊	商卣	友簋
一 期	一 期	五 期	周早	周早	周早	周中

■ 图9-11 甲骨文和金文不同字形的"文"

家戈父庚	寶簋	富奠劍	佚 679	大盂鼎
卣 商代	商代	戰國	一 期	周早

■ 图9-12 依据生活文化设定构件方位的字形

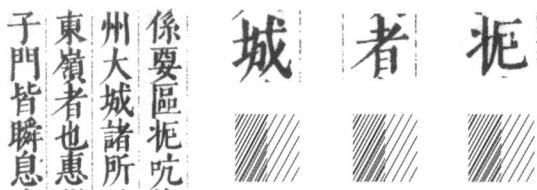

■图9-13　"抑左扬右"观念的应用　传统版刻字体经常能见到"抑左扬右"式的字形，如上《海防纂要》（明万历四十一年）左紧右松的版刻字体。当代字体设计结合视觉原理把"抑左扬右"的思想做得"更细致"，如品牌字体"台湾啤酒"，"台"字下部的"口"形，相对上部的"厶"部，虽然两边都超出了一点，但左边有意小于右边；"酒"字，右部"酉"中的两个"口"状内白，大小并不一样，左边的宽度有意小于右边，许翰文设计。

坠	降	陟	陵
趚簋	大保簋	摄续 20	陵叔鼎
周晚	周早	四期	周中

■图9-14　依据宗教文化设定构件方位的字形

尼	奔	走	起
上博仲弓	大盂鼎	伯中父簋	叠录 2.2
战国	周早	周晚	战国

■图9-15　尼字的方位容易造成争议，奔、走、起等字方向都是从左边向右边的

麦	昔	昔
戬 10.8	菁 6.1	甲 2913
三期	一期	一期

■图9-16　依据传说设定构件方位的字形

这些走路方向有关的字都是从左边向右边的❶（图9-15），它们是否就是受这种左卑右尊观念的影响呢？

　　不过左卑右尊观念的影响主要体现在形声字中。同一个构件，在左右结构的汉字中，位于左侧时常常需要变形，而位于右侧时则不需要变形，比如"邑"在"都""鄙"两字左侧，发生了变形，而在"浥""挹"两字右侧，无须变形。历史中存在的"右文说"，认为"凡字其类在左，其义在右"，与左卑右尊文化也不无关系。至雕版字体时，诞生了明显左密右疏、"抑左扬右"的字形（图9-13），也可能有这种观念的遗存❷。

　　让人意想不到的是，左卑右尊的观念在秦汉以后发生了逆袭，变成了左尊右卑。不过左尊右卑的观念主要被书法中的章法礼仪所采用❸，基本

❶ 表不吉利事情的如"夭"字，早期字形几乎是从右往左，是否也是一种"巧合"呢？

❷ 其他如人类视觉生理特点等方面当然也是重要原因。

❸ 左右关系的讲究也成为书法家展现个性的一种方式，比如姚孟起《字学忆参》提到的："苏书左伸右缩，米书左缩右伸，皆自出新意。"

❶ 汪永江《书法章法形式原理》,中国社会科学出版社,2012年,11页。

❷ [日]白川静著,郑威译《汉字百话》,中信出版社,2014年,39页。

❸ 张光直《中国青铜时代(二集)》,生活·读书·新知三联书店,1990年,48页。

❹《四书五经》,中华书局,2009年,187页。

❺ 于省吾《甲骨文字释林》,商务印书馆,2010年,303-308页。

❻ 出自林义光《文源》卷六,载于《古文字诂林(七)》,上海教育出版社,2002年,676页。

❼ 出自叶玉森《说契》,载于《古文字诂林(六)》,上海教育出版社,2003年,432页。

没有在字形构件方位设置上反映,比如南宋赐岳飞的《起复诏》中,"皇帝"署在左侧最高位,且加重笔墨,盖上专用印"书诏之宝"❶。

古代宗教文化在构件方位上也有所反映。"坠"字,白川静先生认为是古代"地"字,指神明通过"阜"这个神梯❷从天上降临人间所站立之处。无独有偶,张光直先生也认为"降"字的其中一种用法是指降神之降,即在人神沟通的意义上,神在巫师的邀请或召唤之下,自上界以山为梯而走降下来❸。其实对"陟降"的解读在《竹书纪年》就有所体现。《竹书纪年》把帝王之死统称为"陟",意谓升天,"陟"字双脚自下而上,方向正与"降"字相反。"陟降"两字在很多古代典籍里因此也成为升天的代名词了,如《诗·大雅·文王》"文王陟降,在帝左右"❹。与之相对应的,甲骨文的"陵"字正是一个人通过"神梯"向上爬(图9-14),"陵"字从本义的大土山,延伸为高大的坟丘,也可以视为这种古代宗教文化的反映。

不可避免地,依据文化的方位设定有时候读解上存在着争议,如对于"尼"字,于省吾先生在《甲骨文字释林》中认为象一个人坐或骑在另一个人的背上,是反映阶级社会人压迫人、人践踏人的残酷具体事例❺,而林义光先生在《文源》中则认为"尼"字"象二人相昵形,实昵之本字"❻。两位学者对"尼"字上、下方位的阐释差异巨大(图9-15)。

(三) 依据传说的方位

甲金文时代,有个别汉字的方位设计非常有趣,是受传说的影响(图9-16)。

"来"字,《说文解字》说道:"来,周所受瑞麦來麰。一来二缝,象芒束之形。天所来也,故为行来之来。""来"是"麦"的本字,甲骨文象叶子对生的麦子,顶部的一撇象麦穗,有些金文加了"止",强调自上而下来的方向 ——"天所来也",依据正是上天赐予瑞麦的传说。

"昔"字,甲骨文是"日"(太阳)和"川"("巛"的横写)的组合,但是奇怪的是有时候"日"在"川"上,有时候"日"在"川"下。有学者认为"昔"与洪水传说有关系,"古人不忘洪水之灾,故制昔字取谊于洪水之日。"❼这很好地解释了"昔"字两部分构件位置的设计原委。

快捷书写　区别字形　装饰化　规范化　新造字　　自然　　人为
需求　　　或字义　　艺术化　需求　　需求　　　演变　　规范
　　　　　需求　　　需求

　　　　　　　字形改造的　　　　　　　改造类型
　　　　　　　原委和动力

　　　　　　　　　　再次成形：
　　　　　　　　　　字形改造

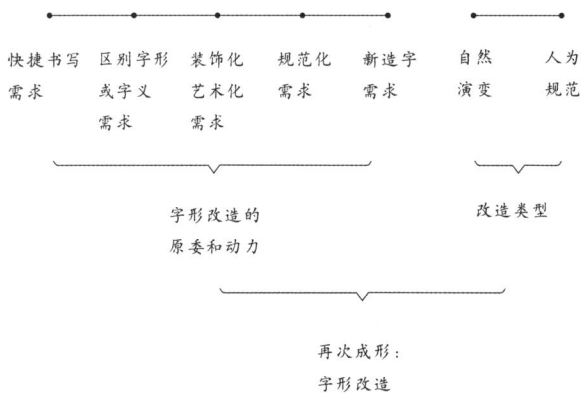

■图10-1　汉字字形再次成形的原委、动力和方式

　　汉字是发展的，当一个字形投入使用的时候，它就步入了发展期，各种需要面对的情况接踵而至，字形及其设计技法都不得不相应地"与时俱进"。有些字形被废弃，但大部分字形会出现字形变更，获得再次成形的机会，这是新字继续涌现的阶段❶，也是旧字再次成形的阶段❷，是汉字自我优化，保持生命力的一种体现（图10-1）。

　　情况的复杂多变使新造字和旧字再次成形的依据也丰富多样：

快捷书写需求　——————　简化的字形、异形

区别字形或字义需求　——————　繁化或简化的字形

装饰化、艺术化需求　——————　装饰字形、书法类字形

规范化需求　——————　规范化字形

新造字需求　——————　新字

　　再次成形可能出现如"侯马盟书"中"腹"字98个形体相异❸的情况，也可能出现如同小篆的规范，余者全废，暂时只剩一个字形的现象。再次成形不断诞生新字形，也不断废弃旧字形，我们勾画的字形演变路线，其实只是社会主角字形的演变路线。

　　汉字的字形改造一方面体现在字形表面上，如篆文字形到隶书表面字形的变化；一方面体现在书写或造字观念上，前者如书写服务于字形到字形服务于书写的转变，后者如前文提到的束缚于取形物象的解放。不

❶这时期新造字的字形规则与同时期的简化、美化等是同步的，它的字形不可能是早期甲骨文的字形特点，因此它既是一种新字意义上的新字形，也是一种区别之前字形特点的新字形。

❷旧字的再次成形往往会出现字形结构的再解释，并常因依据需求的多样化造成解释的自由化，甚至随意化，它是字形理据传承变异的一个主要因素。

❸详见《侯马盟书》中的字表，山西省文物工作委员会《侯马盟书》，文物出版社，1976年，339-340页。

❶前文已多次提及,字形改造可以认为是在不变动字形构造本质下,面对各种新需求而更新造字观念的一种实际应用。

过字形改造中虽然新字形不断,但它们都是建立在原有字形基础上的,有章可循,脉络清晰,没有出现过颠覆性的改变❶。

字形改造有字形自身演变规律的带动,也有人为因素的介入,表现为自然演变与人为规范。自然演变是漫长的、缓慢的,即以连续的渐变为主,但是这种看似缓慢的演变中,汉字的字形却发生了很大的变化。而人为介入字形改造时,经常是选择性地延续了某种自然变更方向,人为地加快它的进程,所以人为规范看似是跳跃式的,实则通常仅是在自然演变中某一方向上的快进,有时反而人为地延缓了自然演变的速度。

当然,自然演变和人为规范是不可能截然分开的,这里所谓的人为规范主要是体现在官方层面的规范,自然演变主要体现在非官方层面。

一 自然演变

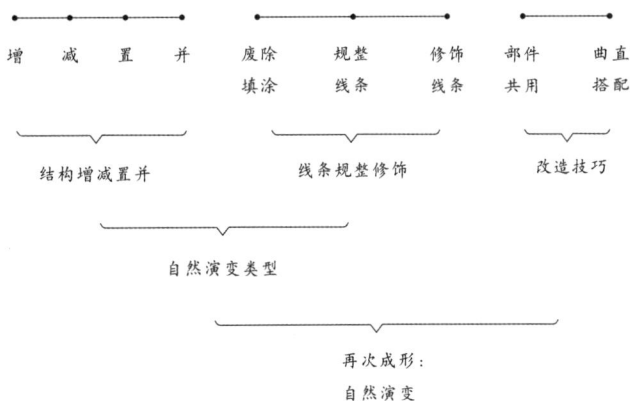

■图 10-2 汉字字形自然演变

字形的自然演变通常可以从结构和线条两方面考察 (图10-2)。

(一) 结构增减置并

结构增减置并是最通用的结构改造方式,早期还经常采用构件方位变革的方式,在结构改造过程中部件共用手法得到强化。

字形演变的每个阶段都有增减置并的影子。增,即增加字形线条或构件;简,即简化或省略字形线条或构件;置,即置换,用线条或构件置换字形的某一个部分，甚至整个字形；并，即合并，演变过程出现过几个文字合流归并为一字的现象●，也有单字线条或构件的整合现象，这里的讨论以后一种为主。

先说增，最多使用的情况有三类，区别字形、区别字义，以及新造字。区别字形的增在甲骨文中就有体现，"十"字后来的字形与"七"字非常容易混淆，"七"字就在竖线的末尾增加了个弯曲，以便区别。区别字义的增同样在甲骨文中即有，"言"和"音"原来是同一个字形的，后来为了区别，东周的时候在字形内部添加了一个点，区分了"言"和"音"的字形，增形成新字（图10-3）。新造字的增是一种常用手法，有线条增加和构件增加两种方式，前者如甲骨文"小"字下面增加一点，金文有时会改为增加一撇，就是"少"字。后者如"猫"是"苗"增加构件而得来的，"螳"是"堂"增加构件而得来的，"蟋"是"悉"增加构件而得来的。

简、置、并有时候会单独使用，如早期的结构简化●，有三种方式：其一，删除重复的部分，如"渔"的多条鱼到后来只剩一条，"卫"的四个止被删除了左右两个，"秦"字下面的双禾省掉了一个（图10-4）。其二，去除部分字形。它与第一种"简"法的差异是没有把字形某个构件整个省掉，而是还保留了一部分，如"车"字是明显取了原来字形的其中一部分而得。其三，整体性简化，如"文"字逐步简化到只剩框架，我们前文多次提到的"马"字，腹背省为一条线。不过简化应用最"狠"的是草书，如"口"构件，皇象的《急就章》至少有八种写法，都是速写简化而成的（图10-5）。

● 关于汉字合流和归并的讨论详见王世贤《古今文字学通论》，中国社会科学出版社，2016年，155-178页。
● 学者们还从不同类别、不同时期入手考察早期文字的各种简化手法，取得累累硕果，比如黄文杰先生考察秦汉简帛文字，总结了秦汉简帛文字同形删减34例，同形偏旁、部件删减47例，同形笔画删减1例，见其《秦至汉初简帛文字研究》，商务印书馆，2008年，61-75页。

言　　音

伯矩鼎　　殷簋
周早　　周中

■图10-3　"言""音"仅差一点

秦　　　　　　为

郘子匜　　　　　前5.30.4
春秋　　說文　　一期　　說文

■图10-4　"秦""为"两字甲骨文和小篆字形对比

❶ 张海艳《从重字符号替代到汉字重复构件符号替代》,《中国文字研究》,2015年第2期,131-138页。
❷ 高明《高明论著选集》,科学出版社,2001年,38页。
❸ 裘锡圭《文字学概要》(修订本),商务印书馆,2013年,90页。

置换,常见的是构件的替换,比如"庙"字,金文有时候用"苗"替代"朝";"城"字,春秋以后,用"土"置换复杂的"郭"形部件,同时变革构件方位,把"土"放在字形最下方,实现了字形的简化(图10-6);"盈"字,甲骨文两个"人"加"益",表示两人进入浴缸后,缸内的水满出,而有的甲骨文以"止"置换"人",强调人站在装满水的浴缸里。有些字形的重复构件会被一些简单符号替代,比如"单"字及相关字形"禅""弹"等字,常用"厶"替代上面的两个"口"形❶。不过,置换在隶变中应用最广,有些义近的形旁、音近的声旁甚至可以互换,"语"字《语义钟》从言,《周氏古玺》则从音❷。此外,一些不同偏旁也经常置换混同成某一个偏旁,如"奕""樊""奠"等字下部分字形在篆文中差异很大,但隶变统一置换成"大"❸。

合并,从结果看就是一种简化,比如"自""贝"等字的演变过程基本就是一路线条简化合并的过程。不过合并更强调整合,也就是类化,比如草书中把四点底合并成一横,并成为规则,辐射到所有的字形中。

简、置、并更多时候是配合使用,比如"莫"字在隶变中上面双草头简化成草字头,下面双草置换成"大",简、置两种手法并用;"得""尉"两字在草书字形中只需两笔,则是简、置、并三种手法并用(图10-7)。当然,这

■图10-5 《急就章》中"口"构件的几种写法

■图10-6 演变过程中构件置换

■图10-7 《急就章》草书中的简、置、并配合使用

三种手法的应用必须遵循一定的法度，即长期字形演变中的约定俗成，并非"恣意妄为"，前文提及的《草书诀》就是后人对草化规律的一种总结。可惜即便如此，一些偏差还是存在的，如偏旁混同、字义混淆往往不可避免。小篆"为"字的减省置换，许慎就出现了解读偏差，以为是母猴（图10-4），当代大众对简化字"爱"无心的调侃也是这个原因造成的。

"构件方位变革"，即构件方向或位置的调整。字形演变过程中不少字形的构件方位经历了多次调整，在一些重要的字形变更阶段尤其明显，可惜第一次文字下行、各国自主演变等原因，早期的有些构件方位演变很难看出它们调整的原委，如"基"字，甲骨文是上"土"下"其"，春秋战国时期发展为下"土"上"其"，但马王堆帛书又出现了左"土"右"其"的字形，目前对这种变化的原因尚不明确。可喜的是，对于早期大部分字形的构件方位变革原委，我们还是大概能归纳出两类情况❶：

一类是不同群体或不同时期对同一文字字形的不同理解，前者如"浴"字，甲金文字形有的是人站立在水盆里，像一个人站在洗澡盆里洗澡，有的将"人"方向变动，成"倒人"，躺下泡澡了，非常灵活地根据各自的理解设计构件方向；后者如"益"字，甲骨文是一个盛器加竖立的"水"，字形像水从盛器的开口处溢出，而战国时有些字形把"水"的方位横置，估计是为了强调水横溢（图10-8）。

还有一类是字形的需求，早期主要表现为自右而左和从上而下的行款需要带来的构件变革。（晚期的表现为人为规范带来的字形需求，详见人为规范）这种行款方式要求字形不能太宽❷，对一些太宽的字形进行了方位调整❸：

（1）自身字形扁长的，整字方向直接转动90°，被竖立起来，比如原来依据自然方位规则的"象""虎""马"等字，都变成了很奇怪的吊立；"疫""疒""疡"等涉及床形部分的也都是竖立的（图10-9）；此外，有些字的部分构件如"戾"字中"大"形实在太扁长了，也被竖立起来，被统一成直立状❹（图10-10）。

（2）有些扁长又复杂的字形先简化后被竖立起来，比如拥有多种字形的"车"字在金文里被简化统一成竖立的"车"字，甲骨文偶有横写的"东"，后来也全部统一为直立。

❶ 对构件方位变革现象文字学家已有注意，比如战国时期的这种现象，何琳仪先生称为"方位互作"，并总结了七类例证：正反互作，正倒互作，正侧互作，左右互作，上下互作，内外互作，四周互作，详见何琳仪《战国文字通论（订补）》，江苏教育出版社，2003年，226-229页。黄文杰先生关注的是古隶，称为"偏旁位移现象"，也总结了六类：上下移位，左右移位，左右变上下，上下变左右，填补空隙，反写，详见《秦至汉初简帛文字研究》，商务印书馆，2008年，76-80页。

❷ 除了行款，也有学者从不同角度探讨其原委，如游顺钊先生从竹简书写的字形适应性入手，认为是竹简面积更适宜书写瘦长的字形造成的，见其《古汉字书写纵向成因——六书以外的一个探讨》，载于《中国语文》，1992年第5期，371-374页；贾书晟、张鸿宾先生认为与甲骨纹理有关，顺纹理契刻容易，逆纹理困难，见其《汉字书法通解·甲骨文》，文物出版社，2005年，31页。

❸ 梁东汉先生《汉字的结构及其流变》一书中就"行款对于结构的影响"一节对字形太宽的现象已有相关讨论，这里总结的三点是在梁先生基础上的补充，见梁东汉《汉字的结构及其流变》，上海教育出版社，1959年，69-70页。

❹ "戾"字表倾斜，从日和倾斜的大，如果把"大"扶正字义是会出现偏差的，后来干脆以从日仄声另造"戾"字，这也说明了字形变革往往会带来原初理据的相应变动。

❶ 林沄《古文字研究简论》,吉林大学出版社,1986年,95页。
❷ 汤余惠《略论战国文字形体研究中的几个问题》,《古文字研究（第十五辑）》,中华书局,1986年,22页。
❸ 何琳仪《战国文字通论（订补）》,江苏教育出版社,2003年,209页。
❹ 张静《郭店楚简文字研究》,安徽大学2002年博士论文,40页。

（3）左右占太多面积的字形,尤其一些左右或左中右结构的字,构件常被简化或省略,调整或变动了布局,变成了上下或上中下结构,如"春""茜""箕""典""盛""校""郭"等字（图10-11）。

当然,构件方位真正的大变革发端于以虚代虚中形声方式的诞生,它使构件布局得到了初步解放,由局限性很大的场景式图示法变为高度灵活的罗列式组合法。此后,随着形声方式的大幅度应用,这种灵活的构件布局方式被扩展到大部分字形中,构件布局获得真正的大解放,配合再次成形的契机,很多字形因此出现了一次构件方位大改造,并形成一套以偏旁系统为主导的新构件方位规则,详见构件方位规范一节的讨论。

"部件共用"其实就是简、并手法,很多古文字学家也注意到了,因此这里也特意提及。它的名称非常繁多,比如林沄先生称它为"并划性简化",即把原来分开的两个偏旁中的某些线条重合起来❶。除此之外,它也被称为"偏旁合书"❷"借用笔画"❸或"单字借笔"❹。

■ 图 10-8 "浴""益"的构件方位调整

■ 图 10-9 涉及床形的部分都是竖立的

■ 图 10-10 "昃"字构件曾有多种方位

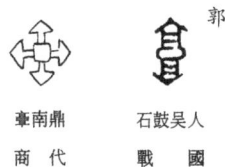

■ 图 10-11 构件方位的调整

■图 10-12　部件共用手法的广泛应用　部件共用是常见的艺术手法，不止在字形中，在如剪纸、石雕、现代设计等方面也都被广泛应用。上左"唯吾知足"四个字共用了钱孔的"口"，上中"云间"共用了部分圆圈，上右数字"5"与卷纸部分形态融合（李海平设计）；中左为拉丁字母"fi"连字时的共用设置，中中为陕北民间剪纸鸡牛合体，中右为山西代县鱼纹石刻门墩三鱼共用一头；下左为玉米和子弹的躯体共用（李海平设计），下中为手和牛的部分形态融合（戴嫚设计），下右为字母"S"与铅笔部分形态融合（李海平设计）。

　　"部件共用"有两种情况，一种是线条共用，一种是部件共用。它们的应用都需有一定的前提，即线条共用的线条需能合并，部件共用的需有比较类似的部件❶。在结构改造过程中有些构件的处理就是"部件共用"的应用，比如"疒"字，简化过程中，"床"和"人"部件共用了。

　　"部件共用"在后来小篆的规范中被广泛应用，比如"枭"字"木"与"鸟"横画的共用。

❶ 除了文字间的线条借用，古文字还存在如栏线借用的情况，见萧毅《古文字中的栏线借用》，载中国文字学会《中国文字学报》编辑部编《中国文字学报（第四辑）》，商务印书馆，2012 年，141-145 页。

（二）线条[1]规整修饰

❶ 其实初期的字形不纯是线条,还有面的形式,但是即使后来出现笔画化,书法还是被称为"线条"的艺术,因此这里以"线条"称之。

线条规整修饰是线条的改造,不过由于早期的字形不仅是由线条组成的,它还涉及了填涂方式,因此它的改造手法其实有三种:一,废除填涂手法;二,规整线条;三,修饰线条。在线条改造的过程中曲直搭配的方式得到了强化。

"废除填涂手法"指废除用面或肥线的方式形成字形,也可以认为是线条化的过程,主要应用在文字的早期。

"废除填涂手法"通常有两种方式:

一种是把填涂形成的面或肥线直接改为细的线条。比如"羊"字在早期铭文里线条肥厚,绘画感很强,后来都直接变为细线;"戈"是局部填涂,后也直接被线条替代(图10-13)。

第二种是把填涂而成的字形轮廓化,它通常也有三种方法(图10-14):

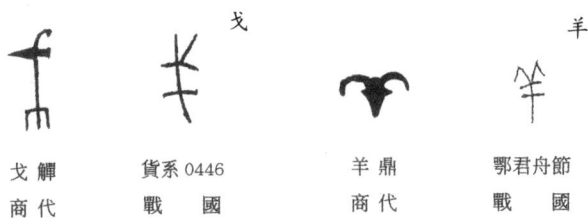

| 戈觯 | 货系 0446 | 羊鼎 | 鄂君舟節 |
| 商 代 | 戰 國 | 商 代 | 戰 國 |

■ 图 10-13 "戈""羊"两字填涂手法废弃

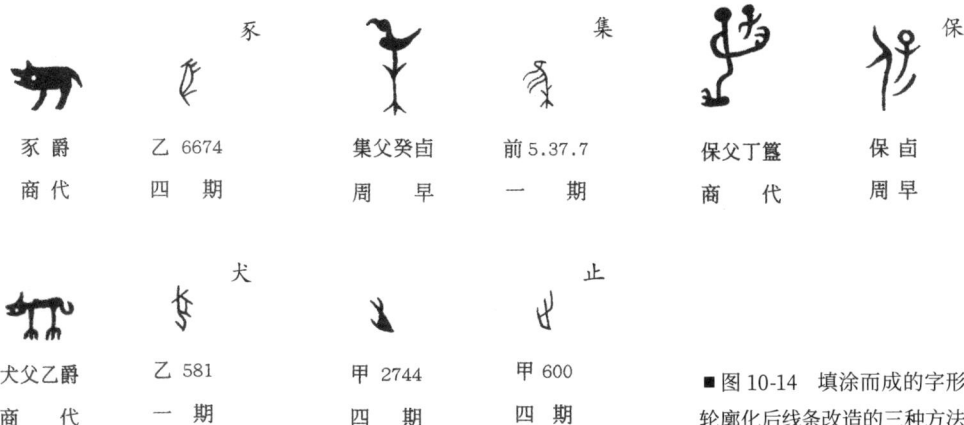

| 豕爵 | 乙 6674 | 集父癸卣 | 前 5.37.7 | 保父丁簋 | 保卣 |
| 商 代 | 四 期 | 周 早 | 一 期 | 商 代 | 周 早 |

| 犬父乙爵 | 乙 581 | 甲 2744 | 甲 600 |
| 商 代 | 一 期 | 四 期 | 四 期 |

■ 图 10-14 填涂而成的字形轮廓化后线条改造的三种方法

（1）减省后轮廓化。比如"豕"字，个别铭文是一头写实的猪，还画出了眼睛。纯线条的字形减省了头部、脚部的细节，仅用几个线条画出外轮廓；"犬"字也是如此，为此我们发现甲骨文中纯线条字形的"豕"字和"犬"字最大差别是尾巴部分，"犬"翘起的长尾，"豕"低垂的断尾，很生动。

（2）轮廓化后，再适当地添加具有区别特征的线条。比如纯线条的"集"字除了画出鸟的外轮廓，在内部还根据"多的表示法"添加了三根线条表示羽毛；"止"字也是画出了脚的外轮廓，然后把脚趾交叉画成三个，同样根据"多的表示法"原则。

（3）第三种方式很灵活，字形需要根据实际情况考虑直接线条替代，还是轮廓化。"保"字是个典型的例子，它的字形里有一个大人、一个小孩，早期字形中大人、小孩的头部都直接填涂，呈面状，差异不大，但是纯线条的字形里根据大人头小身大，小孩头大身小的典型特征，将大人的头部改为一条线，而将小孩轮廓化为一个圆圈，有意地进行了区别。

需要一提的是，殷商时期甲骨文、金文是同一字形作为俗体和正体并存，它们只是因为书手、雕工手法和材质不同而有分别[1]，这时期纯用线条的甲骨文字形实际上是一种万不得已的被动"废除填涂手法"[2]。上面所举的字形中有不少即是这种情况，不过正因为它的率先"行动"而对后来线条演变产生了直接的影响。

"规整线条"指把无序的线条变得有序，包含对线条的整理和归纳，也有两种情况：

（1）通俗地说，线条的整理即把线条变得比较整齐，也就是把有些比较曲折的线条拉直拉平，把一些不相连的线条连成一笔。单独使用废除填涂手法，字形已经基本实现了线条化，但是这种线条依然变化太复杂，比如甲骨文"贝"字是水生甲壳动物外形的直接描摹，字形外轮廓有四个小线段，有的甲骨文还在里面绘制两条横线以强化甲

❶ 张光远《商代金文为正体字甲骨文为简体字说》，《中国书法》，2009年第9期，48-50页。
❷ 甲骨文只有用线一种选择，金文则有线＋面、线、面三种选择。

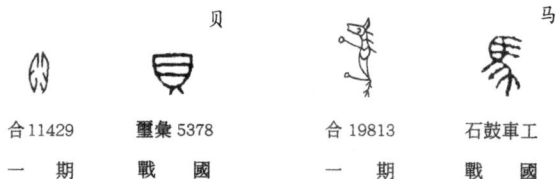

贝

合 11429　　　盠彝 5378
一　　期　　　戰　　國

马

合 19813　　　石鼓車工
一　　期　　　戰　　國

■图 10-15　"规整线条"前后对比

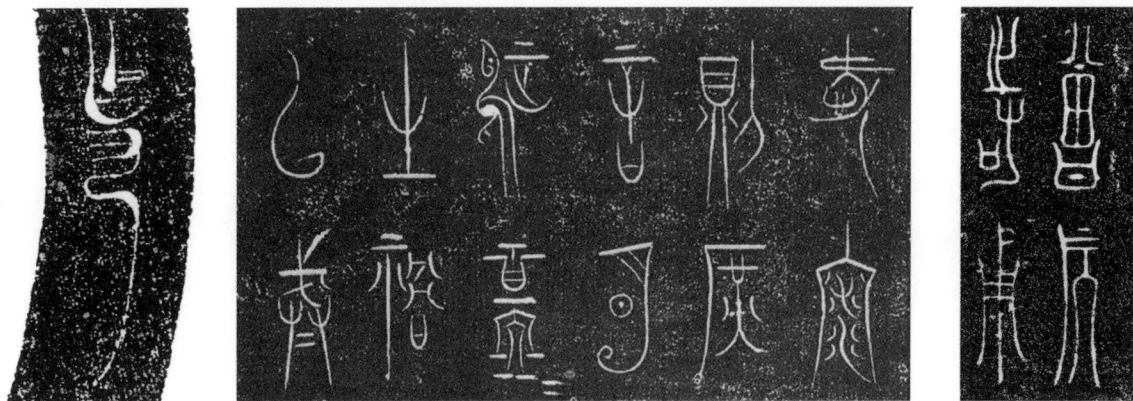

■图 10-16　修饰线条　几种明显修饰了线条的铭文，左起《楚王酓肯盘》铭文、《中山王铜方壶》铭文、《曾侯乙鼎盖》铭文。

壳上的横纹，字形显得烦琐。后来配合规整线条，通过平直化线条，直接围合外轮廓，去掉四个小线段，整个字形变得简洁规整。再如"马"字，早期的字形身体和尾巴通常是各自独立的，字形的弧线很多，变化复杂，平直后身体与尾巴线条共用，字形马上显得简洁清爽了很多（图10-15）。这种"规整线条"的方式后来在小篆的规范活动中被大力应用，汉字字形也呈现了前所未有的平整。

　　（2）规整后的归纳，即根据形态或笔势相近的特点，把线条归纳为有限的几类，它们既有密切的关联，又有明显的区别特征，如隶书归纳整合的基本笔画就是这类成果。

　　"修饰线条"指线条的装饰化或艺术化。装饰化通常有三种方式（图10-16）：一是线条曲线化、几何化，二是在线条上作出粗细变化，三是线条上附加外物修饰。这三种方式早期都以篆文字形为主，《楚王酓肯盘》和《中山王铜方壶》的铭文既是线条曲线化、几何化典型的例子，也是线条上作出粗细变化的典范，而我们熟知的鸟虫书则是线条上附加外物的代表。后期三种线条装饰方式以民间字体与现代字体设计为主，通常有意地把已经笔画化的字形回归到线条化状态进行线条修饰，如民间常见的寿字图。

　　需要注意"修饰线条"的"曲线化"不同于取形时的曲线化。取形时是为了"画成其物"而根据取形物象的"随体诘诎"，线条的弯曲是有对象依据的, 而"修饰线条"的"曲线化"是一种有意的美化行为, 常配合"几何化", 仅从审美角度出发, 通常不考虑取形物象。此外, 线条装饰化需有一定限度, 如果过度追求审美, 文字的识别度就会丢失, 春秋战国时期鸟篆的有些字形就是因为线条过度装饰而难以识别。

线条的艺术化表面上也有线条的曲线化和粗细等变化, 不过与装饰化的纯表面不同。装饰化线条考虑"工整与凌乱、认真与潦草、清楚与模糊、信实与缪妄、流走与僵硬"的形式美感, 书写工具的特性并不明显, 而艺术化线条粗细则是从内在意趣出发, 结合工具的应用, 驾驭工具, 考虑书写的生理特点和艺术效果, 与书写工具特性紧密联系。其实艺术化线条与装饰化线条最后"成品"的差异非常明显。艺术化的线条气脉连贯, 能看出明确的落笔方式、运笔过程和收笔方式, 线条之间的衔接都有迹可循, 有明确的法度; 装饰化的线条则不然。以隶书线条和鸟虫书线条为例, 隶书线条书写时利用起笔、行笔和收笔的细节处理, 巧妙发挥毛笔的性能, 为线条赚得"蚕头燕尾"的美称, 而鸟虫书的线条则很难看出是怎么起笔收笔的, 其线条的粗细变化很可能是多次修饰描画形成的, 是否一气呵成并不重要。

"曲直搭配"指曲线和直线的搭配使用, 它使一个字形仅靠有限的几根线条就能产生丰富的变化, 能有效地避免字形的单调 (图10-17)。前文提及楔形文字的过分样式化, 其中一个原因就是压印方式的限定, 字形呈单一形状, 缺乏曲直搭配式的美感, 样式单一, 这对楔形文字的推广范围和发展命运都产生了重要影响。

庆幸的是, 汉字字形天然具备这种线条配合方式。不过早期曲和直的界限不明显, 有些线条似直非直, 似曲非曲, 因此"曲直搭配"手法在早期并没有受到重点关注。但是随着字形的演变, 在线条改造, 尤其是平直化过程中, 曲线和直线清晰化, "曲直搭配"成为字形设计的常用手法, 并在"画"字和"写"字阶段呈现不同的特点: 在"画"字阶段, "曲直搭配"更多表象化, 上文提到的精美绝伦的《中山王方壶》铭文, 很大程度上是"曲直搭配"应用的成果; 而在"写"字阶段, "曲直搭配"除了表象, 则更加追求内在的配合, 如清冯承辉对竖画的描述: "竖画不难于直, 难于似直而曲、似曲而直。"❶笔画的起笔、收笔、行笔高度艺术化。

❶ 冯承辉《印学管见》, 载于韩天衡编《历代印学论文选》, 西泠印社出版社, 2005年, 330页。

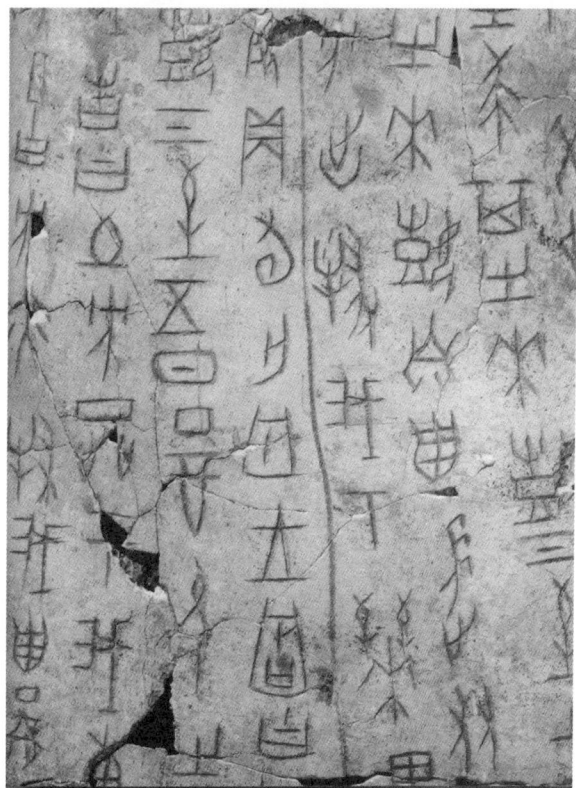

■图 10-17　楔形文字与甲骨文笔画形态对比　对比楔形文字和甲骨文,我们能明显感觉到楔形文字笔画形态的千篇一律,视线容易分散;而汉字即便是契刻完成的甲骨文也天然存在着曲线直线的完美搭配,样式多变又不过分复杂。上为汉穆拉比时期记录法律文本的楔形文字泥版,下为武丁时期牛骨刻辞。

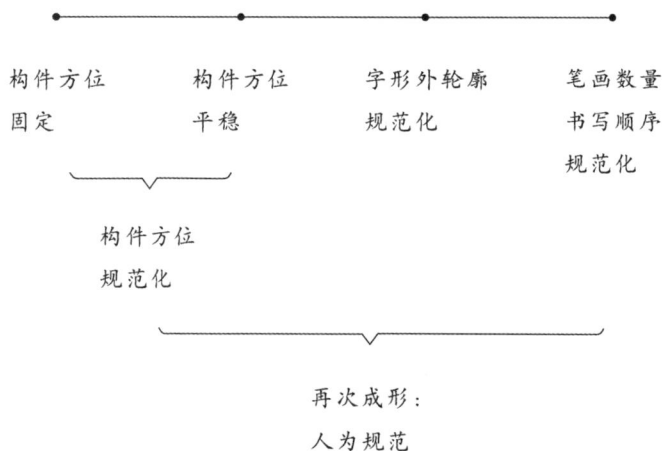

■图 10-18　汉字字形再次成形中人为规范的内容

人为规范是自然演变的一种必要补充。在自然演变时，有些状况是很难改变的，比如"齿"字是严格按照取形手法获得的字形，但是在字形中牙齿的细节上依然存在不少差异，有四颗与两颗数量的不同，也有框线和单线形态绘制的差异（图10-19）。这种细节差异，仅靠自然演变往往难以改变，这可能也是文字演变到了一定阶段就需要人为规范介入的其中一个重要原因吧。

人为规范是自然演变的"快进"，大大促进了文字再次成形的速度，不过它是一种有选择性的"快进"，只是在某一方面给予更多的关注，因此往往使汉字统一至某种单一的模式。

人为规范也同样从结构和线条两个层面入手，涉及构件方位、字形外轮廓、笔画数量和书写顺序四个方面（图10-18）。

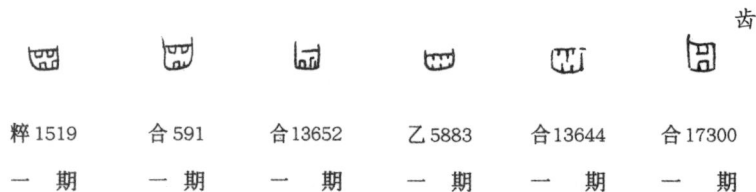

| 粹 1519 | 合 591 | 合 13652 | 乙 5883 | 合 13644 | 合 17300 |
| 一　期 | 一　期 | 一　期 | 一　期 | 一　期 | 一　期 |

■图 10-19　"齿"字在自然演变中"牙齿"的细节依然存在很大的差异

（一）构件方位规范化

❶ 载于《历代书法论文选》，上海书画出版社，1979年，129页。

构件方位规范化通常包含两项内容：

其一，构件方位的固定，即明确化构件的方位，不能轻易变动，它其实就是把整个字形稳定化了。比如小篆统一时规定了一个构件方位，余者废除，在取形时"方位规则"里提到的构件"可变动"现象都不存在了。

其二，构件方位的平稳化，即保证构件重心平稳，没有东倒西歪。它有两种方式（图10-20），一种靠字形中各个构件方位的平正实现整个字形的重心平稳，一种靠内部各构件力量相互牵制而达到视觉上的平稳，前者类似西方天平的原理，后者类似中国老秤的原理。小篆规范时应用了第一种平稳方式，把字形里每个构件都平正化，字形从内至外都显得非常平稳。第二种是"写"字之后开发出来的艺术化手段，孙过庭的《书谱》说："初学分布，但求平正。既知平正，务追险绝；既能险绝，复归平正。"❶其中"险绝"就是第二种构件平稳方式的应用。

构件方位的规范意味着整个字形形态的相对稳定，它不同于处于多个方位选择的早期，因此形成了一些新的规范依据，基本终结了一字构件方位多样的状态。从小篆的规范中，我们可以粗略窥视到这些新规范的一些细节：

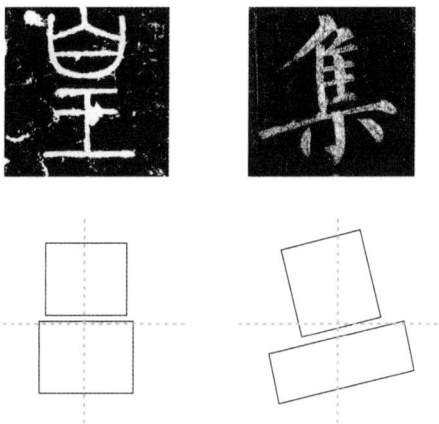

■图10-20 构件方位的平稳化
李阳冰小篆及柳公权楷书采用了不同的构件平稳化方法，左为天平式，右为老秤式。

（1）字形最近占优势的方位是第一个选择。比如"弄"字在甲骨文时期出现两手分别放在左右两边的字形，也出现只有一手放在左边或右边的字形，但是在春秋战国时期，以双手在下为主要方式，因此后来规范"弄"字的构件方位选择了双手在下的字形。

（2）偏旁需求。就是说如果字形的构件被纳入整理后的偏旁系统，那么就遵循偏旁的需求调整方位。比如"湘"字，在金文时代它的构件"水"一直是在字形的下部，但是小篆规范的时候，"水"部被统一到了左边，"湘"字也第一次出现了"水"在左边的字形，并一直沿用下来（图10-21）。

❶秦以后基本用"四"，仅在西汉后期，如《敦煌汉简》309、70出现短暂返古，回复四横的字形，属于特殊现象。

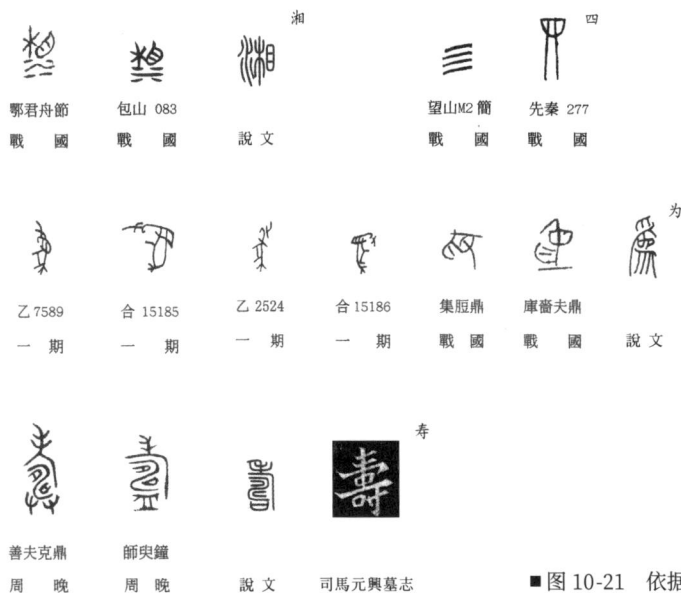

湘			四	
鄂君舟節	包山 083		望山M2簡	先秦 277
戰　國	戰　國	説　文	戰　國	戰　國

						为
乙 7589	合 15185	乙 2524	合 15186	集脰鼎	庫嗇夫鼎	
一　期	一　期	一　期	一　期	戰　國	戰　國	説　文

			寿
善夫克鼎	師㝨鐘		司馬元興墓志
周　晚	周　晚	説　文	

■图 10-21　依据规范需求的构件调整

（3）字形需求。这通常包含两种情况，一种是外轮廓的需求，前文提到的"解"字，甲骨文字形各构件位置很难符合小篆瘦长形外轮廓的需求，小篆再次合形成形时解构重组了这些构件，变成了罗列式平放这些构件。还有一种是笔画（线条）数量比例的需求，即避免横向或是纵向笔画（线条）太多的字形出现，比如战国时期的望山Ｍ2简中"四"字还存在四条横线的字形，但是这个字形很快就消失了❶（图10-21）。其实秦以后的汉字字形中横纵笔画的数量比例总是控制在一定的范围内，以保证横纵笔画"强度"的和谐，比如"群"字虽然一直存在上下结构和左右结构两种字形，但是它横线数量较多，上下结构字形中横会写得很长，很强势，后来"群"字更多选用左右结构的字形。

　　　　　　　　　汉字字形学新论

方位的规范使字形构件之间关系更明晰。早期文字虽然有一套严谨的方位规则，但是书写者不同、字形外轮廓尚未规整等原因，有些文字如甲骨文"为"字中"手"与"大象"的方位关系很模糊，"手"偶在正顶，偶在顶上偏左，偶在顶上偏右，有些甚至跑到左上角，很不稳定。这种情况在小篆字形规范中得到了彻底改善（图10-21），方位规则明确化了每个构件的各自方位和相互方位关系。

当然，方位的规范通常不是一步到位的，比如规范后的小篆"寿"字，横向线条依然很多，直到后来的隶楷字形时才把横纵笔画的比例关系调整过来(图10-21)。

（二）字形外轮廓规范化

字形外轮廓规范化指规整字形的外形，使字形外形呈现某种规整的形状，通俗一点讲，就是为字形统一一个外形，所有的构件依照这个形状套进去。比如小篆统一至一个略瘦长的方形，我们现在看李斯书写的小篆，每个字的外轮廓都得到严格控制，非常规范。

字形外轮廓的规范化看起来很简单，但就是这种含有强制性质的外形需求[1]使字形内部不得不进行相应的变动，尤其是构件的调整和变化，前文提到的不同文字间同一构件形态的变化规律，它的形成就是源自这个强制性的外形需求，它的重要性前文已有论述，此处不再赘述。

随着文字的发展，字形外轮廓的规范化更显灵活。其实自隶书起，"写"字状态下字形外轮廓的规范更多是一种趋势上的规范，而非表面字形上的刻板划一，这也是"画"字与"写"字在面对同样有着规范化需求时的不同处理方式。

（三）笔画数量与书写顺序确定

笔画数量的确定从字面上看也是非常容易理解的，就是确定一个字形的笔数，不能随意添减，正如《干禄字书》提到的"点画小亏，亦无所隐"[2]，不容点画出入。笔画数量在初期规范中如小篆的规范时主要是为

[1] 其实是强制性与适合性的结合。小篆的笔画特点使它的字形更适合长方形，楷书则更适合正方形，详见附录四的讨论。不过这种适合性并非每个字形都具备，有些"无所谓的"，如工、土这类字形，任何外轮廓都适合；有些存在"冲突"的，如楷书翼、冀等上中下结构的字形明显更适合长方形形态，因此外轮廓规范"强制性"的意义其实就在于把这种属于大部分字形的适合性"强制"到每一个字形中，形成一种范式。

[2] 颜元孙《干禄字书·序》，商务印书馆，《丛集集成·初编》1064册，1936年，2-4页。

了避免春秋战国时期自然改造中，喜欢在字体中随意增减点画或符号的弊病，之后成为汉字字形的一个常识。

笔画数量的确定其实在字形构件方位固定中，对构件的分类整理时已经同步进行了，通常不是单独完成，历史中汉末熹平石经，唐《颜氏字样》《干禄字书》《五经文字》等都同时进行了这些工作。

书写顺序的确定指对一个字形从起笔到收笔书写过程的规范。书写顺序真正得到重视是在隶书时期（详看字形书写顺序演变过程），严格来说，它应该是自然演变和人为规范的共同作用。在小篆规范之前，一场更符合生理结构的书写顺序试验就已如火如荼地进行，而小篆的规范使每个文字只剩单一字形的思想深入人心，使书写顺序的约定变得相对顺利，最终一套"舒畅"的书写顺序得以形成。

不过，笔画数量和书写顺序的确定更多体现在标准字形上，在辅助字形上如草书，则有很大的灵活性。章草的书写顺序尚是一种笔断意连，至狂草则干脆把顺序过程直接用线条表现出来，打破单字字形的束缚，单字形间的边界消失，实现了单元性的空间组字。

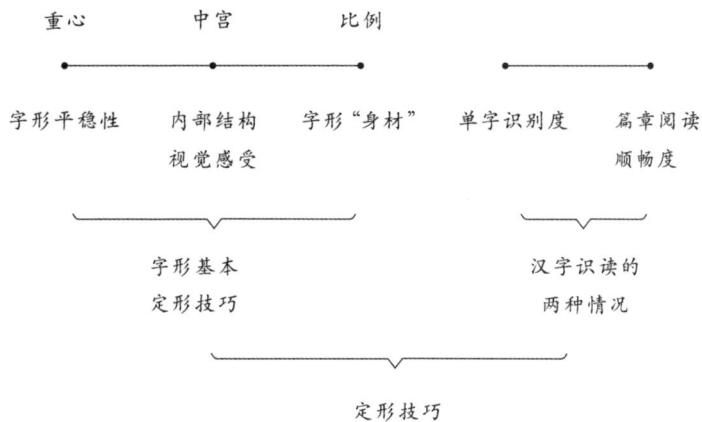

■图 11-1 汉字字形基本定形技巧

❶ 董琨《汉字的美学特征及其书法艺术与规范》,原载于《中国书法》,1997年第6期,27-32页,后收入其《述学集》,商务印书馆,2012年,27页。
❷ 王宁《汉字构形学导论》,商务印书馆,2015年,211页。

汉字的识读包含两种情况,一是单字的识别,也就是字形要能被轻松识别;二是篇章的识读,就是字形组成篇章的时候,也要能被顺畅地阅读(图11-1)。

汉字识读的这两种情况,尤其是篇章的顺畅阅读,促使了一些定形技巧的诞生,而随着篇章幅面的增大,这些定形技巧也日渐被重视,逐渐成熟,成为字形设计的基本常识。

汉字的字形有很强的可塑性,字形具有独立性,字形内部又具有笔画、构件的分解性和组合性❶。如果把汉字的字形分解开,有几种情况:第一,它是由线组成的,后来演化为笔画,而且是很有限的几个笔画。第二,它是由几个构件组成,也是有限的几个构件。小篆,依照《说文解字》的解释,拆分至基础构件,最多有9个层次,以3个层次的最多,2～5的层次达到8375个,占《说文解字》总数9431的88%❷。关于汉字字形的这两种拆解法,详见附录八。

汉字的这种可拆解正好是汉字定形技巧形成的基点,通常有三个最基本的方向:

考虑字形会不会倾倒 —————————————— 重心问题

考虑字形内部结构不同松弛程度带来的视觉感受 —— 中宫问题

考虑字形各构成部分在整个字形中的比例 ————— 比例问题

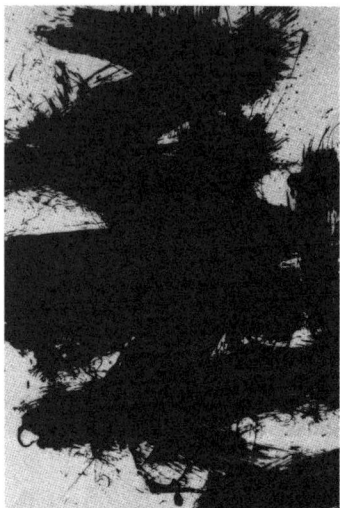

■ 图 11-2 有些现代书法作品不讲究定形技巧 现代出现了只讲究线条、无明确形体的书法艺术，通常不涉及定形技巧。左为罗邦泰创作，1997 年；右上为《作品 4 号》，1955 年，右下为《愚彻》，1956 年，井上有一创作。

字形的这三个基本定形技巧很大程度上决定了字形的面貌，当然它更重要的是影响了字形组成篇章时的整体效果。对于定形技巧有两点需要补充：

（1）字形、字体存在技法通用的现象，这里所提到的定形技巧就是其中的代表，它不但适用于字形，适用于字体，也是字体实现良好识读和风格追求的一种重要手段。

（2）有两种类型的汉字对字形定形技巧考虑较少。一种是民间的民俗类字形。民俗类字形以装饰为主，常以图案吉祥含义或图案形式美感为主要追求方向，字形本身反而被弱化，甚至被直接忽略，因此这些定形技巧对它们作用不大。另一种是某些高度追求个性化的书法艺术字形。在这种类型的书法艺术中，字形也常被忽略，比如日本的墨象派❶，最后仅剩线条的艺术了（图11-2）。

❶ 墨象文字抛弃文字，脱离文字的基本造型，见梁少膺《日本墨象派》，载于朱培尔《亚洲当代书法思潮：中日韩书法及其主义》，中国美术学院出版社，2001年，130页。

一 重心

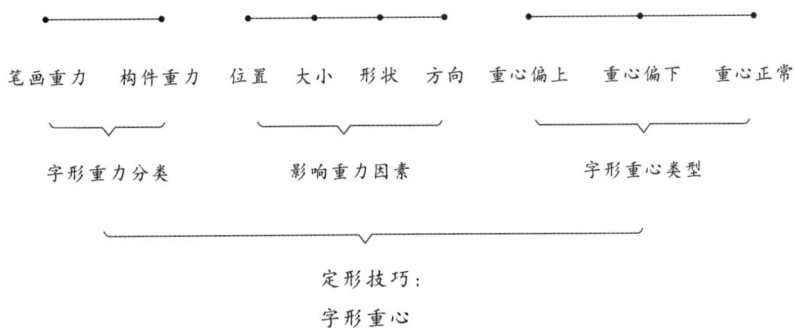

笔画重力　构件重力　　位置　大小　形状　方向　　重心偏上　重心偏下　重心正常

字形重力分类　　　　　影响重力因素　　　　　　字形重心类型

定形技巧：
字形重心

■图11-3　汉字字形重心

重心,本来是物理学的概念,指在重力场中,一个物体的各部分都要受到重力的作用,各部分受到的重力作用集中于一点,这一点就叫作物体的重心。

字形的重心是借用物理学重心的概念,即假想有个如地球一样的重力场,字形的各个部分都受到这个重力的作用,字形的各个组成部分受到的重力集中于一点,就是字形的重心(图11-3)。

当然,字形的重心不同于现实物体的重心可以直接测量计算,字形重心靠的是视觉判断,因此掌握一些关于视知觉的知识是非常必要的。

字形的重心主要考虑两个问题:第一,重心平稳,即保证字形的重心平稳;第二,重心位置,即考虑一个字形重心位置的设定。

（一）重心平稳

❶重心平稳的讲究类似梁东汉先生总结的汉字结构内部平衡率。详见其《汉字的结构及其流变》,上海教育出版社,1959年,76-80页。

重心平稳指字形的各部分重力和谐,字形没有站立不稳、东倒西歪,它是字形重心设置的基本要求❶。

汉字的字形要么看成是笔画组成的,要么看成是构件组成的,因此汉字字形有两个重力:笔画重力和构件重力,有一个重心:字形重心。

重心是各组成部分重力的集中点。如果把字形看成笔画组成,那么这些笔画重力的集中点就是字形重心。同样的,把字形看成是构件组成的,那么这些构件重力的集中点就是字形重心。

因此考虑重心平稳无论是从笔画重力入手考虑字形重心，或是从构件重力入手，第一个要面对的都是怎么判断重力的问题，下面我们从视知觉入手，初步探讨判断字形重心的几个要素。

首先，重力与位置有关。假如我们画一个长方形的框，当各个组成成分位于整个长方形的中心部位，或立于垂直轴线上时，它们所具有的结构重力就小于当它们远离主轴线时所具有的重力[1]。因此，左中右结构的字形中，中间的构件应该略大，增加它的重力，字形的重心才能平衡（图11-4）。

除了中心点，上下和左右不同位置也对重力产生影响。同样设定一个长方形，一个位于长方形里上方的事物，其重力要比位于下方的事物大一些；一个位于长方形里右方的事物，其重力要比位于左方的事物大一些[2]。这解释了为什么我们把一个重心和谐平稳的字形上下颠倒，或是左右镜像，就会出现重力失衡的现象（图11-5）。

其次，重力与大小有关，物体愈大，重力就愈大。字形设计的时候，控制字形各组成部分大小的方式来调整字形的重心是个最通用的方法（图11-6）。

第三，重力与形状有关，比如载重汽车的重心随着装货多少和装载位置而变化，起重机的重心随着提升物体的重量和高度而变化。通常形状比较规则的，它的重力就比那些相对不规则的重力大一些[3]。这对考虑字形中偏方正的构件，如口、刀的与其他非规则形态构件重力大小的调整很有帮助，事实上，我们看到很多文字比较规则的构件有意写得比其他构件小一些就是出于这个原因（图11-7）。

第四，重力与方向有关，比如垂直走向的重力比倾斜走向的重力大一些[4]。方向中还有一点很重要，就是笔画或构件的指向所具备的某种张力，也会带来重力的微妙变化。在"画"字时代，这种指向的张力不明显，无论是金文或是小篆的字形都相对平静，但是在"写"字时代，笔画的粗细变化、行气等讲究使它的指向性很明显，这种张力就被广泛应用，而且它营造的这种平衡，"对于敏锐的眼睛来说，这个平衡的中心点上充满着活的张力。这种静止，就像是拔河比赛中由于双方的力量势均力敌而使绳子产生的静止一样，它虽然静止不动，但却负载着能量。"[5]书法就把这种方式应用到了极致，是书法艺术的重要组成部分（图11-8）。

❶［美］鲁道夫·阿恩海姆著，滕守尧、朱疆源译《艺术与视知觉》，四川人民出版社，1998年，20页。

❷［美］鲁道夫·阿恩海姆著，滕守尧、朱疆源译《艺术与视知觉》，四川人民出版社，1998年，20页。

❸［美］鲁道夫·阿恩海姆著，滕守尧、朱疆源译《艺术与视知觉》，四川人民出版社，1998年，22页。

❹［美］鲁道夫·阿恩海姆著，滕守尧、朱疆源译《艺术与视知觉》，四川人民出版社，1998年，22页。

❺［美］鲁道夫·阿恩海姆著，滕守尧、朱疆源译《艺术与视知觉》，四川人民出版社，1998年，8页。

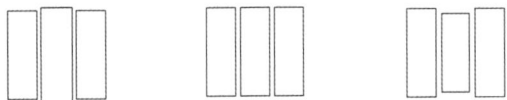

街　　　　街　　　　街

正常　　　　缩小中间笔画距离　　　中间整体缩小

■ 图 11-4　字形重心一　左中右结构的字形中间位置的部件需要大一点。

■ 图 11-5　字形重心二　重心正常的字左右、上下镜像后的重心对比。

晶　晶　晶　晶　晶

■ 图 11-6　字形重心三　由三"日"组成的"晶"字,除了第一个"晶"字的重心正常,其他的无论各部分如何调换都会发现难达和谐效果。

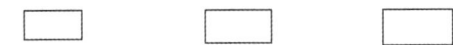

京　京　率

■ 图 11-7　字形重心四　"京"字中间规则形的"口"部如果放大,字形中部就会显得过重,但是不规则形的"率"字中部即便比"京"字放大后的"口"部还大,字形依然是和谐的。

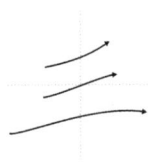

■ 图 11-8　字形重心五　书法常会利用线条粗细、方向、长短,甚至起笔收笔的微妙差异,营造一种动态中的平稳。

字形的重心设计就是从这几个要素入手, 或是结合笔画重力, 或是结合构件重力, 以达到字形整体的重心平稳。

(二) 重心位置设定

虽然重心平稳是字形的基本要求, 但是这种重心的位置是可以根据某种需要设定的。

汉字字形重心位置很灵活, 比如可以重心偏上, 也可以重心偏下。不过这两种重心位置的设置都是属于个性化的方式, 用处不广, 通常字形重心位置设计考虑的是字形的美感或阅读的舒适性。启功先生根据多年的潜心研究, 发现了字形的四个聚处点, 并认为把字写在左上的位置点最美, 它正好是"黄金分配律"的应用[1](图11-9), 据此我们可以得出重心大抵在中间偏左上的部位[2]是比较合适的。

以上所提的重心设定指单字字形的重心设定, 篇章重心的设定可以从单字字形重心设定入手, "十行百行, 排列于直"[3], 单字的重心平稳了, 篇章的重心也平稳 (图11-10)。除此之外, 篇章重心的设定还有一种方式, 就是从整体篇章入手, 在一些书法作品或当代的字形设计作品中, 我们能看到单字有意的重心不稳, 但是整幅作品重心却是平稳的, 属于个性化的重心平稳处理方式 (图11-11)。

除了字形重心, 笔画的重心设置也是值得关注的。汉字笔画向来讲究"艺术性"的重心平稳, 虽然早期有过极个别的"黑体式"左右对称的平衡尝试, 但是整体上是排斥这种方式的。即便是高度程式化的版刻字形, 也是通过长期试验才找到了绝妙的、有"艺术"气息的笔画重心设置方式, 即宋体的笔画, 并从此独霸版刻字体千多年, 因此可以说没有西方艺术思潮的涌入, "黑体式"的绝对对称的笔画是不可能像当今这样盛行于世的[4](图11-12、图11-13)。

[1] 启功《书法概论》, 北京师范大学出版社, 1986年, 44-51页。

[2] 这个重心点不仅是中间偏上, 更需要注意的是偏左这个位置要求, 它也与前文所讨论抑左扬右的字形特点相契合。

[3] 笪重光《书筏》, 载于《历代书法论文选》, 上海书画出版社, 1979年, 561页。

[4] 广受好评的聚珍仿宋其实就是从笔画上、结构上对老秤式、动态式平稳手法的双重回归。既保证了字库类字体所需的高度程式化, 同时又极好兼顾了传统所追求艺术性的典范之作。这类字形, 必定是冲破了技术束缚的当代字库字体未来字形开发的一个重要方向。

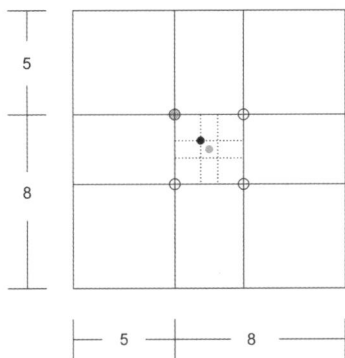

■图11-9 启功先生发现的字形重心位置 四个空白圆圈处是启功先生描述的四个汇聚点,启功先生认为左上这个点是比较合适的重心点。不过有学者认为更准确的重心点是黑点处(灰色为正中心点)❶。

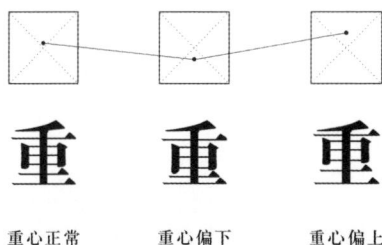

重心正常　　　重心偏下　　　重心偏上

■图11-10 字形重心六 重心位置设置不同的文字放在一起,阅读时视线会有跳跃感。

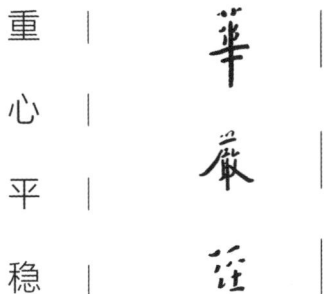

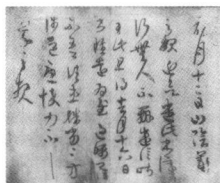

重心平稳

■图11-11 字形重心七 现代印刷字体追求字字重心平稳(左),而书法家有字字平稳的(中,弘一),也有故意单字重心不稳,寻求整体的平稳(右上,初月帖、右下,王铎签名)。

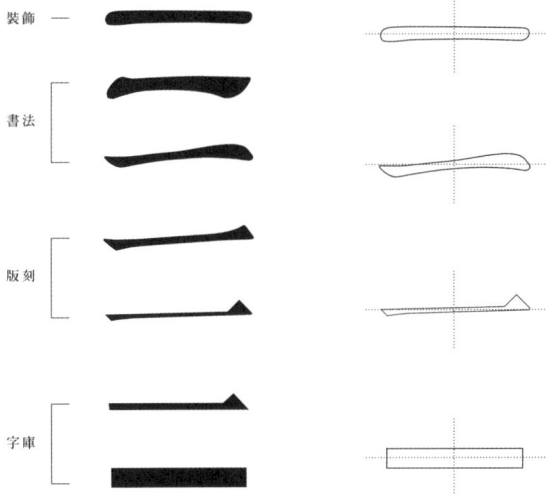

装饰

书法

版刻

字库

■图11-12 字形重心八 汉字笔画重心设置历来重视"艺术性"。即便是装饰时代的篆书,也不是绝对对称式的。"黑体式"的左右对称方式是西方设计思潮涌入后的产物。

❶ 刘锁祥先生《探求汉字书法结构准中心点的位置》称这个点为准中心点,是把5:8的比例再置入图中四个聚集点后得出的,载于《第三届启功书法学国际研讨会论文集》,文物出版社,2009年,66-69页。

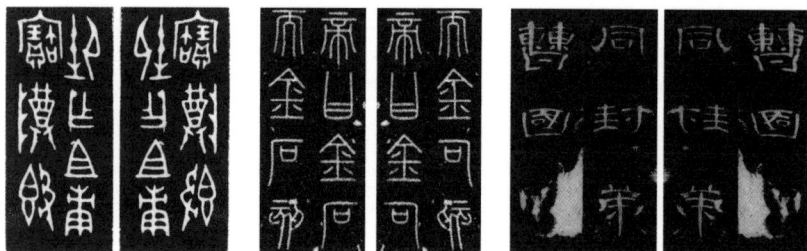

■图11-13 字形重心平稳方式的发展变化 用左右镜像对比历代字形重心的平稳方式，我们发现第二列的最具艺术化，采用的是老秤式和动态式平稳手法（横向第二列）。后来程式化逐步加强，逐渐以天平式的平稳为主，当代的很多字库字体甚至左右镜像后基本没区别（横向第三列）。横数上左起《邦簋铭》《峄山刻石》《曹全碑》，中左起《颜勤礼碑》《海防纂要》《秦汉瓦当文字》，下左起方正博雅宋、方正兰亭黑、汉仪菱心体简、汉仪综艺体简。

二 中宫

■图11-14 汉字字形中宫

汉字字形学新论

❶ 载于《历代书法论文选》,上海书画出版社,1979年,648页。

用打格子的方式控制字形的范围在金文时代已经开始,它能有效地实现篇章的整齐工整,而随着字形的发展,更细致的"格子"——九宫格、米字格、田字格也逐渐出现,并成为习字的一种常用界格。

中宫是九宫格中最中间的那一格,是最重要的一格。其不但在书法,而且在天文、建筑、舞台等行业也很受重视(图11-15)。

需要强调的是,这里的九宫是单字概念的"九宫",与篇章没有关联。清包世臣《艺舟双楫》提及过大小九宫的概念:"字有九宫……凡字无论疏密斜正,必有精神挽结之处,是字之中宫"——小九宫;"其中一字即为中宫,皆需统摄上下四旁之八字,而八字皆有拱揖朝向之势。"❶——大九宫。我们讨论的是"小九宫"。

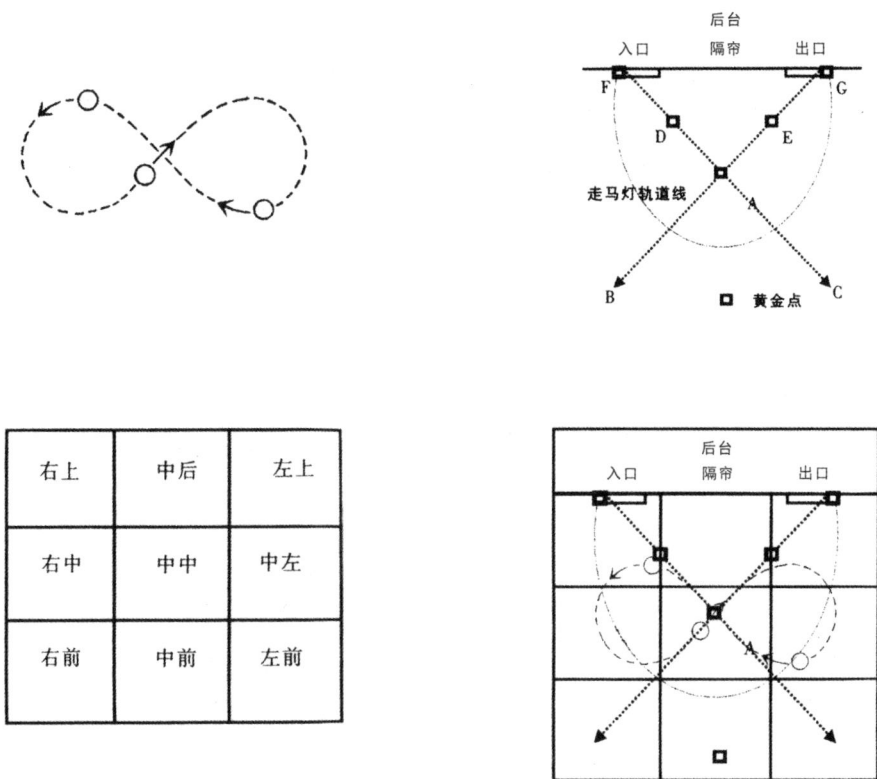

右上	中后	左上
右中	中中	中左
右前	中前	左前

■图 11-15 中国舞台的中宫应用 中国传统舞台非常注重九宫格及中宫位置的应用。左上为舞台交换走的路程线,称为"三插花"或"编辫子";右上为舞台空间关系与控位示意图;左下为九宫格状的舞台空间布局图;右下为前面三种关系的叠加图。

（一）中宫形态

对于中宫形态，刘熙载《艺概》中有相应的描述："字形有内抱，有外抱。如上下二横，左右二竖，其有若弓之背向外，弦向内者，内抱也。背向内，弦向外者，外抱也。"❶不过现代更多采用"中宫内缩"和"中宫外扩"来描述。中宫形态的差异使字形的视觉感受差异很大，进而影响字形视觉大小。

通常中宫内缩的字形内敛，中宫外扩的字形膨胀，而中宫适中的字形相对前两者较平静。比如中山王三器中的铭文中宫内缩，字形好像有意把四周的力量往中间紧靠，整个字形瘦长挺拔，内敛；而敦煌汉简《奏书》的字形却是另一种感觉，字形扁平，线条往左右扩展，其中右转折线往往夸张地往外扩展，虽然左边的线条往往是往内缩的，但是整个字形感觉中宫外扩，有向外的膨胀感（图11-16）。

这种字形内敛或膨胀的视觉感受会带来字形视觉大小的差异，比如同样字号的中山王三器中的铭文会比敦煌汉简的文字显小。这种视觉差异在同一类字形中会更明显，比如同样字号的欧阳询楷书会比颜真卿的视觉上感觉小很多❷（图11-17）。

当代版式设计的字形选择往往也应用了中宫的这个视觉差异，在同等字号下，要使字形看起来比较大，一般会选择大中宫的字形，反之亦然。

❶ 载于《历代书法论文选》，上海书画出版社，1979年，711页。

❷ 欧阳询的楷书中宫内缩，而颜真卿的楷书中宫很大。不过需要注意，书法作品中这种中宫内缩或外扩通常指一种整体性的倾向，并非状如算子式的整齐划一，因此欧体或颜体都不可避免地出现偶尔字形与所论述的特点有出入的现象。

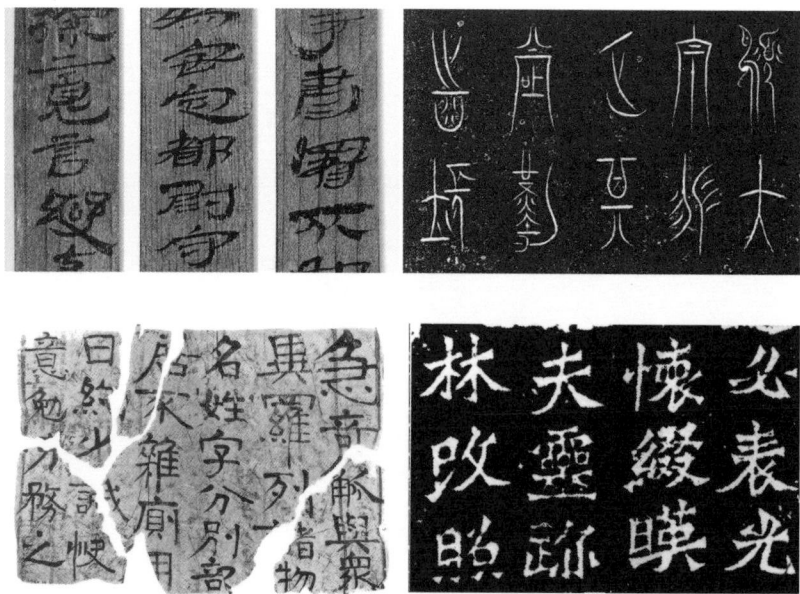

■图11-16 不同中宫形态的视觉差异 上组《奏书》（左）与中山王三器铭文（右），一个中宫外扩，一个内缩，中宫不同设置带来明显的视觉差异。下组《残纸》（左）和《魏灵藏造像记》（右）中宫设置差异没有上一组强烈，但也有不小的视觉差异。

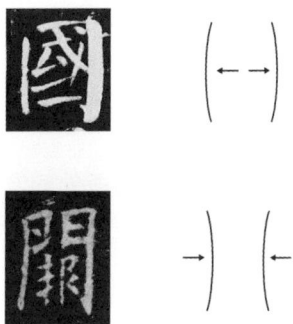

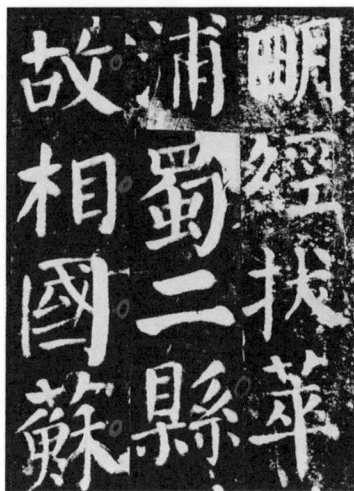

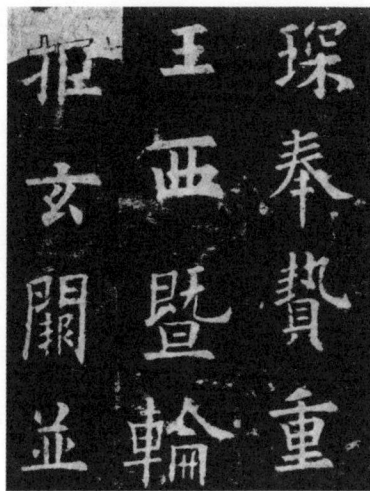

■图 11-17　欧体、颜体的中宫对比　颜勤礼碑（中）和九成宫（右）字形线条往外和往内形成不同的字形中宫❶。欧阳询的楷书靠近中宫的笔画弧线有意往内，而颜真卿的楷书靠近中宫的笔画或是平整❷，或是弧线往外（左），向内的情况不多见，其带来中宫外扩和内缩的不同视觉感受，一个字显大，一个字显小。

❶ 书法中常利用线条造型的内擫、外拓，或是线条两端笔势的内收、外放等手法来获得类似中宫外扩内缩的视觉感受。

❷ 通常体现在竖笔画上，欧字竖画背势，常被称为"区包竖"；而颜字竖画向势，常被称为"象笏"。见刘小晴《中国书学技法评注》，上海书画出版社，1991年，154页。

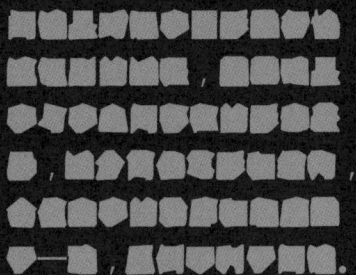

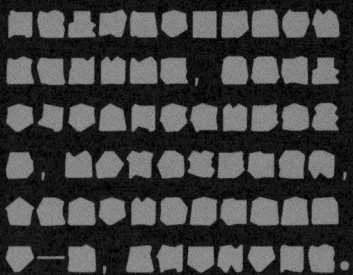

■图 11-18　不同中宫设置阅读效果对比　左微软雅黑的中宫大于右方正悠黑。同等字号、字距和行距的情况下，雅黑更具膨胀感，不过它的近距离阅读效果不如悠黑。图片由方正字库公司提供。

（二）中宫设定

字形中宫的设计是通过九宫格里中宫的大小来实现的。

常规的九宫格九个格子大小是一样的，字形的各组成部分依据九个格子，放置好自己所处的方位即可。

而中宫外扩和内缩的字形设计就要复杂一些，因为中宫外扩就意味着九个格子中，最中间的格子比其他的格子大，这个格子设定越大，中宫就越大，字形就越外扩。不过中间格子变大之后，会造成其他8个格子变小，即原来属于其他部件的范围缩小，为了适应这种变化使字形整体不失调，就不得不对字形作出更多的调整，中宫内缩的字形也是同样的道理（图11-19）。

中宫外扩和内缩当然不是无限度的（图11-20），如果太外扩，有些字形，如"口""田"这些本来内部就有大空白的字形，或是"店""京"这些含有"口"的字形，其内部空白会显得特别大，字形会很怪异，这种字形排列的篇章也不和谐。

对于中宫的应用，书法与字体设计同样差异很大。书法会在同一个作品里出现中宫外扩和内缩并存的现象，它们的配合能提高书法的艺术性。而现代字体设计中，无论是字库字体或品牌字体也常把中宫统一作为一种基本设计要求，与书法有很大的区别（图11-21）。

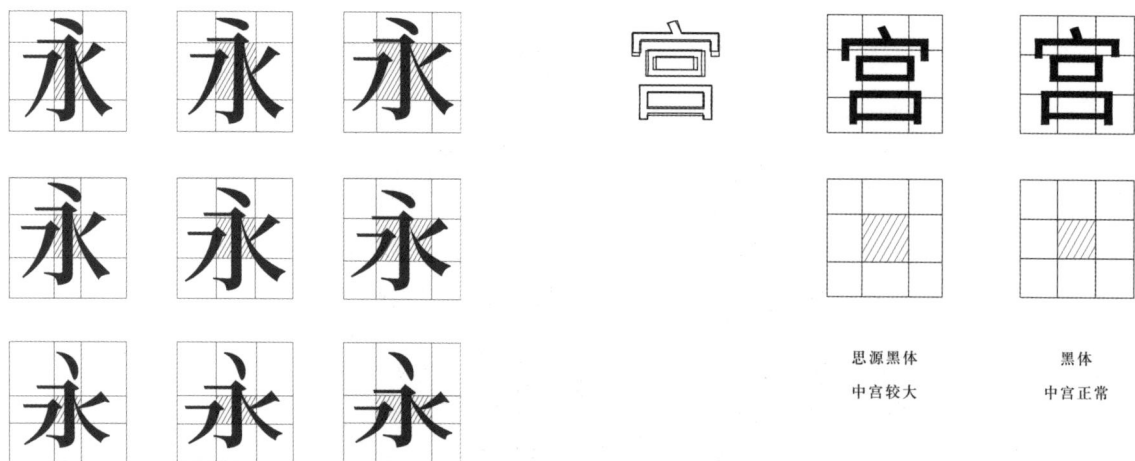

思源黑体
中宫较大

黑体
中宫正常

■图11-19　中宫设定　左为不同中宫设定及其相应字形，右为不同中宫设定所获得字形的对比。

中宫超小　　中宫正常　　中宫较大　　中宫超大

■图 11-20　中宫设定的限度
中宫设定是有限度的，超大和超小都不合适。

■图11-21 书法对中宫的应用

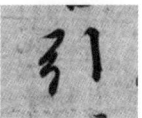

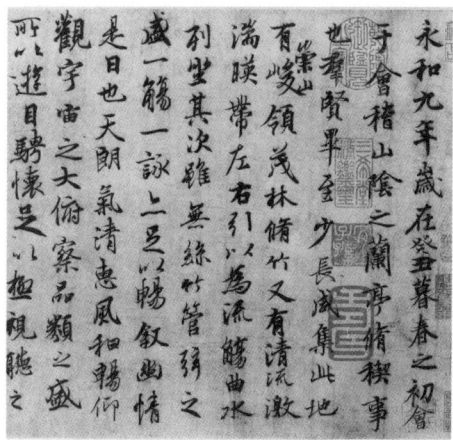

书法对字形中宫的应用非常灵活。《元简墓志》（上）中"高"字和"宗"字一个中宫外扩，一个中宫内缩，但在作品里又能和谐地统一在一起。《兰亭序》的字形中宫对比更大，有如"永""年"中宫紧凑的，也有如"引"中宫外扩的，形成独特的视觉感受，其实如果把《兰亭序》里每个字的中宫特点单列出来，会发现它形成了一幅很有趣的中宫节奏图，这是书法运用中宫的一个特点。《元简墓志》拍自陕西碑林。

三　比例

定形技巧：

字形比例

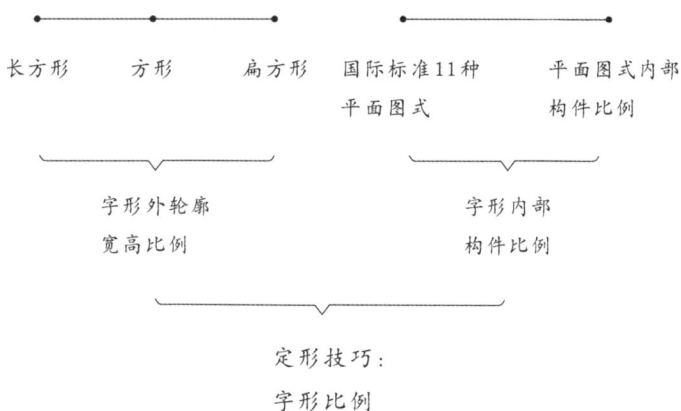

■图11-22　汉字字形比例

字形设计中的比例通常有两种情况：

一种从字形外轮廓入手，指字形外轮廓的长宽比例或高宽比例，比如我们通常称为扁方形的就是高比宽小的字形，反之是长方形字形，而方形字形指高和宽差不多的字形。

另一种从字形内部构件入手，指字形内部构件之间的大小比例关系，比如左右结构中左边和右边的比例。

（一）比例形态

比例是字形的"身材"，根据字形比例的两种情况，在比例形态上也呈现各自的特点。

外轮廓比例不同而形成长方形、方形和扁方形三种字形，它们呈现不同的视觉感受。扁方形通常比方形、长方形显得笨重些，此外扁方形的横线通常比较长，因此有些字形的左右分割感就很强，楚简文字的字形就明显有这个特点。

外轮廓比例形态也影响了其字形的应用状态。扁方形字形在竖排中能有效地减省空间，竹简中隶书字形的扁状形态，其中一个目的就是在有限的空间中写下更多的文字，同样道理，长方形字形在横排中占有一定的空间优势❶。

内部构件比例不同形成的字形却是另一种状态，如果说外轮廓比例决定了字形"胖瘦"的外在"身材"关系，那么内部构件比例则一定程度上决定了字形"头身腿"等内在"身材"关系（图11-23）。不过与字形外轮廓比例不同，字形内部构件比例除了应用"身材"方式衡量，左右或左中右结构的字形常是借用视觉平衡等视知觉知识来判断。我们知道，当幕布从舞台刚刚升起时，观众的眼睛总是首先盯在舞台的左半部，而在一个由两名演员或三名演员组成的组合中，立于左边的演员必定是主要的角色。当一个人或事物处在

❶ 编排中混合不同比例的字形能有效地节省编排空间，前文注释中已经提及笔者曾做过相关的课题研究，详看《汉字字库字体混合方体与长体的可行性研究》，载于李海平《汉字字体设计原理》，高等教育出版社，2016年，156-166页。

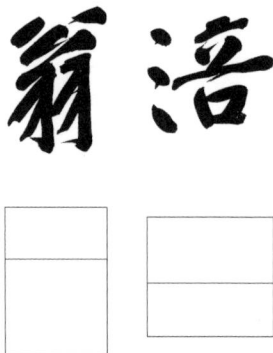

■ 图 11-23　书法作品里字形比例的"配套式"设置　黄庭坚《明瓒诗后题卷》中"翁"和"涪"两字不仅外形比例一长一方，更巧妙的是与内部构件比例的"配套式"设置：外形长配套下部构件"腿长"，外形方配套下部构件"腿短"，非常有趣，这是书法常用的比例设置手法。

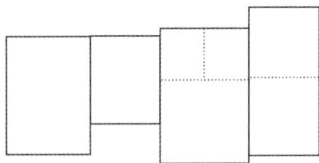

品牌字体

字库字体

■图11-24 现代字体设计中字形比例的设定 品牌字体与字库字体的字形比例设置差异较大。品牌字体为李海平、戴嫚设计。

风马梵音

❶［美］鲁道夫·阿恩海姆著,滕守尧、朱疆源译《艺术与视知觉》,四川人民出版社,1998年,34页。
❷ 载于《历代书法论文选》,上海书画出版社,1979年,35页。

左半部时,它就有了"重要性"和"中心性",而处在右半部时,它就显得"重"一些和"明显"一些❶,不少刻本里宋体字形左右比例关系受到了刻意的控制,抑左扬右(图9-13),就是一种内部构件左右比例的考究。

(二) 比例设定

与字形的重心、中宫一样,字形的比例关系也是可以人为设定的。

王羲之《笔势论十二章·节制章》提到:"夫学书作字之体,须遵正法。字之形势不得上宽下窄……不宜伤长……不宜伤短。"❷不过在大部分经典的字形中,无论是字形外轮廓比例或内部构件比例往往都能形成某种特性,如外轮廓比例上小篆呈长方形,隶书呈扁方形,而楷书呈方形;内部构件比例上,宋徽宗瘦金体经常下长上短,显得秀高;赵孟頫楷书则是上下比例基本一致,显得秀壮。

不过字形比例设定最重视的是现代字体设计。当代一套完整的字库家族通常含有方体、长体和扁体,即含有方形、长方形和扁方形三类轮廓形态,其中内部构件上下比例有意安排的字库字体也不鲜见。而品牌类的字形设计更是把字形比例设定发挥到了极致,通常2～6个固定搭配的有限文字里,纯方、纯长、纯扁,或方长、方扁,甚至方长扁三种轮廓比例一体的字形都不是奇怪的事,内部构件比例也通常与外形比例设定配合,形式极为丰富(图11-25)。

对于字形的定形技巧，需要强调两点：

（1）我们虽然拆分为三个最基本的方向探讨，但实际上，这三个方向是不可分割的，比如在设定重心的时候，往往比例也会随之调整。

（2）定形技巧的应用具有极大的灵活性（图11-26），通常书法创作强调整体观，规范类字形注重单字效果，设计类字形则根据其细分的类型两者兼有❶。

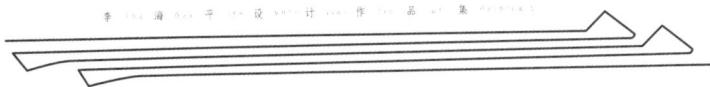

■图 11-25　外轮廓比例的夸张设定　现代字体设计有意夸张了字形外轮廓比例，李海平设计。

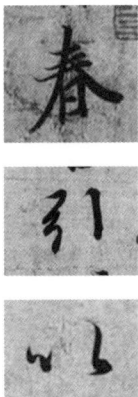

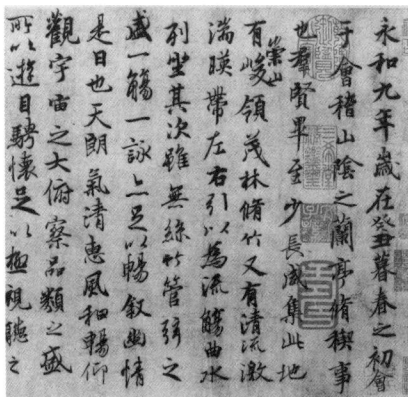

■图 11-26　定形技巧的灵活应用　从《兰亭序》中的"引""以""春"等字，我们发现它们的重心、比例和中宫设置其实都不一样，但放篇章里却是合理的，而如起规范作用的石经类文字，同一体字的这三方面基本是统一的，这是书法作为一种艺术创作与规范性作用的差别。

下篇

汉字
字形设计
的
影响因素

第十二章　汉字字形设计影响因素概述

汉字的字形演变过程中有内外多种影响因素的介入。内部因素主要体现为一种内驱力,外部因素则在设计思想、文字功能、书写材料、所处环境等方面呈现多种类型,主要有目的、文化、参与人群、地理环境、毛笔、字书辞书等。

这些内外影响因素与字形发展相辅相成,共同成长,一方面,见证和伴随着字形演变的开端、发展到成熟;另一方面,字形发展也反过来推动了这些影响因素不断向前推进。

一　内驱力外显并呈多样性

内驱力外显指内部的影响因素很容易从外部显现出来,并经常与外部因素糅合在一起,共同成为推动字形演变的力量。以简化为例,它既是内部文字形态和书写冲突带来的一种选择,也是外部文字被大量应用必然产生的一种需求。

内驱力不但外显,而且呈多样性。比如内部简化的外在呈现有速写需求、规范化需求等多种形式;繁化的外在呈现也有美化、民俗化等多种途径,这些都导致了汉字演变的复杂性。

二　外力互助共进并呈阶段性

这些影响因素用各自的方式推动着字形设计的进程,但是并非孤立"作战",而是"互助共进"并呈一定的阶段性。

"互助",指每个影响因素发挥自己的特点,各司其职又相互配合,可以简单列出:

目的　————　提供动力源泉

文化　————　提供思想源泉

毛笔　————　提供物质基础

参与群体　————　执行者

不难发现，这四个因素缺一不可。

"共进"是一种"回报"，在"互助"的过程中共同进步。以毛笔为例，初期的毛笔仅是众多书写工具中的一种，并不出众，但是快捷书写需求及哲学介入带来毛笔性能的深度挖掘，毛笔得到前所未有的改进完善。制笔上，择毫常常是"千万毛中拣一毫"，并有"尖、齐、圆、健"[1]四德的说法，历史中也发展出了宣笔、湖笔、湘笔等著名制笔流派；形制上鸡距笔、斗笔、楂笔等也应运而生。其实不仅毛笔，其他的几个因素也都找到了各自的"发挥场所"，并一发不可收拾，个别因素如中国文化在此过程中的发展融合具有里程碑的意义。

❶ 吕宗杰《书经补遗》，江苏古籍出版社，1988年，6页。

阶段性有两个含义：第一，各影响因素自身的阶段特征；第二，影响的阶段性。

各影响因素自身的阶段特征，体现为前后的延续关系：

> 甲骨占卜（早期）—— 道教佛教宗教活动（发展期）
>
> 装饰追求（早期）—— 书法＋装饰追求＋现代设计追求（发展期）
>
> 高层贵族（早期）—— 高层贵族＋低层官员＋工匠＋普通百姓（发展期）
>
> 传统文化（早期）—— 传统文化＋现代文化（发展期）
>
> 毛笔初期（早期）—— 毛笔黄金期、衰弱期（发展期）

影响的阶段性体现为字形演变中因不同因素"斗力"而形成的阶段特点，下面我们以始于春秋战国时期的装饰精致化、隶变、草化三个方向及宋体为例简单论述：

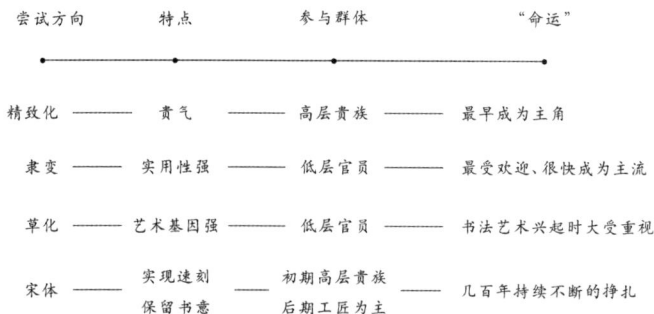

尝试方向	特点	参与群体	"命运"
精致化 ——	贵气 ——	高层贵族 ——	最早成为主角
隶变 ——	实用性强 ——	低层官员 ——	最受欢迎、很快成为主流
草化 ——	艺术基因强 ——	低层官员 ——	书法艺术兴起时大受重视
宋体 ——	实现速刻 保留书意 ——	初期高层贵族 后期工匠为主 ——	几百年持续不断的挣扎

■图 12-1 三个尝试方向及宋体的演变图

❶ 清代刘熙载说过:"书家无篆圣、隶圣,而有草圣。"(见刘熙载《艺概》,载于《历代书法论文选》,上海书画出版社,1979年,689页)这是"草化"强大"艺术基因"最好的注脚。

❷ 元代时,荆溪岳氏家塾刻本《论语集解》中宋体字形初见端倪,横画的三角形饰角,转折处的停顿饰角和钩的写法都已形成。至明正德十六年(1521)江阴朱氏文房的《樊川诗集》,横平竖直、横轻竖重的宋体字形基本要素已经占了主流。嘉靖三十五年(1556),无锡顾氏奇字斋刻本《唐王右丞诗集》,已是十分完善的宋体字形了,宋体已趋成熟。

先说三个方向,它们的发展"命运"可谓"刀光剑影",其间自身特点、参与群体意志、发展目的等因素轮番上场,"各领风骚":

"精致化"具备的贵气特点使它受到高层贵族的喜爱,最早成为发展的"主角"。不过快捷书写才是当时真正的主流,即便是高层贵族的意志也阻挡不了,因此"隶变"很快抢了"精致化"方向的风头。此后,风向又转,书法艺术追求兴起,具备强大"艺术基因"的"草化"❶随之崛起。这三个方向的这番"争斗"正好是汉字在春秋战国至当代几个发展阶段的一个缩影。

宋体演变中这种意志"争斗"则更为强烈和持久。方便快速刻写及保留书法意味的特点使它成为最适合的版刻字形,但是其发展过程充满艰辛。

初期把控版刻形体选择的是高层贵族,北宋时甚至皇帝都在上面一展身手,这使初期的版刻形体楷书一统天下。南宋中叶后工匠虽然接手了版刻文字书写的任务,但是为了摆脱高层贵族意志的把控耗去了几百年的时间,一直到明正德时期宋体字形的基本要素才基本完备❷。可惜耗去几百年的这种摆脱不太成功也不彻底,"肤廓字""匠体"是宋体的别称,充满鄙视的意味,其实也是对字形程式化发展方向的一种抵制。事实上,明正德时期的宋体字形确实保留了很多楷书的成分,"书法附庸"成分强烈。之后,为摆脱"书法附庸"的身份又耗去了几百年,至清初我们才真正地看到笔画完全平直化的宋体,出现了文字纵行重心形成一条直线的刻本(图12-2)。可惜宋体"书法附庸"的身份事实上至当代都没有真正摆脱。综上可见宋体演变各阶段中不同意志、不同追求方向"明争暗斗"的惊心动魄和持久。

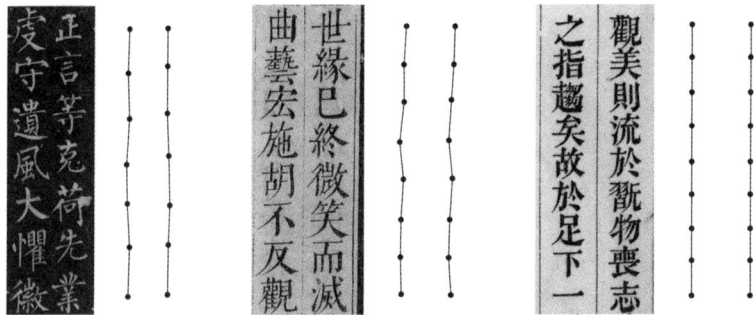

■ 图12-2 不同作品的篇章重心设置 书法、宋刻本与清刻本的篇章文字重心连线对比。左起《玄秘塔碑》《宋文宪公护法录》(明天启)《秦汉瓦当文字》(清乾隆)。

字形设计的内驱力一方面是自身的基本功能带来的，一方面是字形自身存在的冲突带来的。

一　语言的驱动力

记录语言是文字的基本功能，虽然目前关于汉字诞生的最初动力来源尚有争议，但是因记录语言的需求而驱动文字的发展是不容置疑的。"言者意之声，书者言之记"❶，"上世语言简寡，故文字少而足以达恉"❷。学者们对此已经展开了不少讨论。

正因为与语言的这种密切关系，所以实现记录语言以及随之发展而发展都直接转化为一种内驱力——有以下两点反映：

第一，为语言的语音找一个恰当的替代字形是汉字的重要任务。有趣的是，汉字并没有被语音"牵着鼻子走"，而是选择了相对独立的方式❸，这使汉字字形初期与语音常是一种半主动而非完全被动的关系。但是随着各种文字需求的不断升级，标音成为细化字义、区别字义和扩大字量的一种良好选择，字形与语音原有关系面临挑战。不过汉字的选择依然很"个性"，它只是加大了原有一种折中的半标音半表义手法❹的"分量"，使它所构字形的占有比例从甲骨文的20%左右到战国时期的80%左右，并就此保持稳定❺，轻松解决了所有问题。

第二，文字符号和它所代表的语言天然存在着准确度的矛盾。在文字的初期，这种矛盾尚不明显，但是随着文字应用范围的逐步扩展，记录语言的准确度要求进一步提高，必然向精确度发展，促使文字格外注重不同字形间的区别特征：

（1）旧有的字形在如简化等演变中必须保持住其字形的"个性"，即区别于其他字形的特征；

（2）后来新造字字形需把区别特征的设定作为优先考虑的内容。

这种语言不断发展和记录准确性需求的提高必然导致字量的膨胀，与常用字范围的极限产生矛盾，又从另一方面迫使造字法自我完善，字形也日趋简明和规范。

❶ 孔颖达《〈尚书〉正义》，见《十三经注疏》，中华书局1979年影印本，133页上。

❷ 章炳麟《正名杂》，《章太炎全集（三）》，上海人民出版社，1984年，211页。

❸ 详见第二章中饶宗颐先生的观点。

❹ 相对纯表音文字，汉字的表音其实是很不健全的。究其原委，其一，文字创制时对此就没有严格的要求；其二，文字发展过程中的改造对此也同样要求不严格。这使汉字不被束缚于单一化的中原语音，可以独立于中原语音成为一种普遍共享的、开放的资源，是古代其他族群语言也能占有或分享汉字的根本原因所在。赵汀阳先生认为这种共享性正是古代逐鹿中原"旋涡模式"形成的关键因素之一，详见赵汀阳《惠此中国：作为一个神性概念的中国》，中信出版社，2016年，45-49页。

❺《甲骨文编》正编（附录不计）见于《说文解字》的字941字，其中形声字只有216个，约占总数的23%（汤余惠《略论战国文字体研究中的几个问题》，载于《古文字研究（第十五辑）》，中华书局，1986年，64页）。西周到西周末期形声字占当时总字数的50%左右。春秋战国之际的文字资料中，形声字约占总字数的75%～80%（见张振林先生为赵平安《隶变研究》所作的序，河北大学出版社，2009年）。此后，汉字中的形声字始终保持在80%左右的比例，如7000个现代汉语通用字中，属形声结构的有5631个，约占通用字总数的80.5%（康加深《现代汉语形声字形符研究》，载于陈原主编《现代汉语用字信息分析》，上海教育出版社，1993年，71页）。

❶ 需要注意,并非所有外来词都是音译的,如电脑、民主、意识形态等词就不是音译,而是类似"六书"的意译。

❷ 梁东汉先生总结了五对文字发展的内部矛盾,此处是在梁先生成果基础上的进一步讨论。详见梁东汉《汉字的结构及其流变》,上海教育出版社,1959年,52-58页。

当然,语言的不断发展对字形发展最直观的表现是推动对旧有字形的不断改造和新字的不断涌现。旧有字形的改造,前文字形改造一章已有详细讨论,而新造字主要体现在两个方面:

(1)因语言中词语字义发展需求而新造字。汉字发展中大量新字的出现很大一部分是这个需求的驱动,前文提到的增形字就是其中的典型。

(2)因语言中词语语音发展需求而新造字。新造字不一定非要造一个全新的字形,音译也是其中的一种方式,早期的如来自佛教的"刹那""三昧""般若"等词语,现代的如"雷达""沙发"等外来词❶。

二 字形内部矛盾的驱动

汉字作为一种二维符号和书面语言,天然存在两个矛盾❷:

(1)字形构件布局、职能分担等方面的矛盾;

(2)文字形态和书写的矛盾。

第一个矛盾是字形的平面二维特点决定的,它可以细化为另几个矛盾,比如同一个构件不同职能的矛盾、同一构件同一职能不同方位的矛盾、同职能构件方位设定不同的矛盾等。这些矛盾成为字形演变的关注点,字形一字一个方位,外轮廓方块化,构件布局左右结构为主等都可以认为是这些矛盾的解决办法。可惜这些解决办法有时候是一种折中选择,并不非常完美,从中我们不难看出汉字字形的复杂性和演变的难度。

第二个矛盾同样可以展现为简化和繁化的矛盾,字形形态与书写顺序、书写速度等快捷书写方面的矛盾。这两个细化的矛盾曾是汉字字形改造的主要动力源泉,汉字发展过程中最重要几个字形方面的变更都源自这两个矛盾。汉字在解决简化与繁化的矛盾中形成了简约思维,成为汉字字形设计中最重要的思维方式;在解决形态与书写顺序、书写速度等方面的矛盾中进行了字形改造,完成文字学上古文字和今文字的重要变更,并在此期间实现了书写的艺术化。

单纯地认为文字的目的仅是作为语言的载体，明显是靠不住的。事实上，汉字在每个发展阶段都存在一些基本功能之外的目标，并对字形发展产生影响，其中以通神和三个不同美化追求方向最具代表性。

一　通神

汉字可以作为与神沟通的媒介，这在汉字的早期与发展时期都有明显的表现，早期通神的主要代表是甲骨占卜，发展期的主要代表是道教、佛教等宗教活动。

（一）甲骨占卜

"中国古代的文字，不仅是人与人往来的工具，也是人与鬼神之间的媒介。"[1] 在中国古代，祭祀时，用文字昭告鬼神来享受奉献；祈祷时，也用文字来表达愿望。"商代卜辞记载了贞人去确认、预见和影响种种统治世界的精神力量的尝试。"[2] 这时期的人们赋予了汉字很多不可思议的能力，"文字具有神奇的能力。通过声音、话语进行的祈祷可以增强人们的情感，而通过文字形象封存起来的神力确是更为持久和固定的"[3]。为了更好地实现这个功能，形成了群巫集团，君王是政治领袖，同时也是群巫之长[4]。

这种引起国家层面全方位的关注对早期汉字字形设计的发展是难以想象的，汉字字形迎来了一个特殊的演变时期。

选择了骨板这种奇特的物件作为承写物，并形成独特的"契刻"字形是甲骨占卜活动对汉字字形发展最直观的影响。它用强硬的方式促进了字形线条化的进程[5]，带来如"口"由圆转方书写形态的变化，也无形中提高了字形横向与竖向线条的地位，一定程度上影响了字形的最终面貌（图14-1）。

除此之外，甲骨占卜活动为汉字字形发展创造了一个良好的环境，下面我们简单讨论这个良好环境的几个"益处"。

[1] 钱存训《书于竹帛：中国古代的文字记录》，上海书店出版社，2004年，5页。

[2] 吉德炜《商代甲骨文》，载于[美]夏含夷主编，中国古文字学导论翻译组译《中国古文字学导论》，中西书局，2013年，32页。

[3] ［日］白川静著，郑威译《汉字百话》，中信出版社，2014年，20页。

[4] 陈梦家《商代的神话与巫术》，《燕京学报》，1936年第20期，488-579页。

[5] 这种影响也包含一些间接的方式。我们知道有些甲骨是先书后刻的，为了适应契刻，书写时不得不依照能契刻的字形（除了线条化，还有工具特点，如对契刻来说，纵向运刀便捷，而横向蹩手，而一般书写横向则容易伸展），这必然在一定程度上潜移默化地影响了铭文的字形书写。

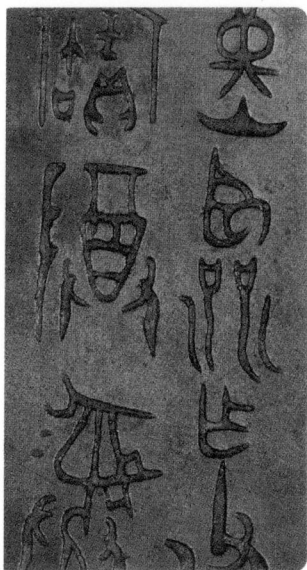

■ 图 14-1 甲骨契刻对字形的影响
从下边武丁时期牛骨刻辞（右为局部
图）中我们能清晰地感受到甲骨文契
刻对字形的影响，它不似右上《楚王
龠肧鼎》盖内铭文的奔放潦草，也不
似左上《董临簋》一般铭文肥瘦相配
的丰富笔样。

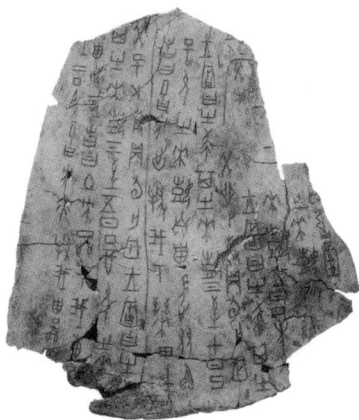

❶ 徐义华《商代的占卜权》，出自《商
承祚教授百年诞辰纪念文集》，文物
出版社，2003年，253-255页。

❷ 对于"贞人"是否就是卜辞的契
刻者，学者们的意见并不统一。持
同一者的如董作宾，持另有专司人
员的如陈梦家、饶宗颐、松丸道雄、
陈炜湛、冯时等。不过无论何种观
点，这时期掌握文字的人数不会太
多，他们地位也不会很低。

❸ 郭沫若《殷契粹编》，科学出版
社，1965年，734页。

　　形成一个强大的团队是第一个"益处"，它确保了文字的地位和良好的传承制度。商代出现的占卜集团，首领是商王，而贞人也通常拥有领地，可能是某些部落的首领，商王朝的重臣❶，这样的人员结构保证了文字的地位。另外，专司刻辞的卜官❷通常仅是一小批人，因此也形成良好的师徒传承方式，目前所出土的甲骨就有老师示范、徒弟习作的现象，比如《粹》1468片，正面第四行精细整齐，刀法纯熟，应是老师示范之作，其余几行均歪歪斜斜，几不成字，应是徒弟学刻所为❸。

　　文字可以真正地集中于字形规则以及一定程度的美感探索和试验是第二个"益处"。强大的团队能够保证字形规则的探索和实践少受外界打扰,专心致志,我们甚至可以大胆推断,汉字初期一系列字形规则的形成和完善都是得益于这样的条件。美感的探索和试验在这时期虽然是自然反应,但也无意中触及了一些书写艺术性的探索,常被推崇为书法艺术的"祖形",其意义不容忽视。

良性的文字使用环境是第三个"益处",这对字形的规范、设计规则的执行至关重要。一个文字系统,如果没有一个统一的使用方式,形成的规则在文字通行中就会被随意变更,甚至被破坏。从战国时期文字的区域化异形现象,我们就可以发现这种统一规则的重要性。比如侯马盟书的文字大体是同一时期同一地域所使用的字形,"嘉"字却有百种写法,"敢"字也有九十多种写法❶。可以想象,在文字初期阶段,字形设计规则尚未真正总结完善,如果遭遇如此的异形现象,那么字形设计规则的形成就会大大延迟。此外,甲骨文时期文字字形设计的设计者往往就是使用者,稳定的文字使用群体也有效地保证了文字通行的规范性和稳定性。中国科学院编著的《甲骨文编》及中山大学容庚先生编著的《金文编》所收录的字形,除去春秋后期以后的金文字形之外,其他所有文字几乎不见有与文字本来立意相反的字义出现❷,可见这时期甲骨文和金文,尤其是甲骨文的"造"和"用"是统一规范的。

第四个"益处"是文字数量的需求有限且稳定。这时期狭小的文字使用范围和使用人群❸使文字的数量无须特别繁多,这也在另一个层面抑制了异形字的大量出现。同时,有限的字形数量也使字形的传承难度降低,保证更多的精力对现有字形的优化。

当然,甲骨占卜带来众多"益处"的同时,也总是伴随着一些缺欠。

过度强化文字的神秘色彩,导致文字演变进程较慢是它的不足之一。帝乙、帝辛氏的征东方卜辞,都不远千里地携回京师,统一掩埋❹,"龟策敝则埋之"❺不流入社会。这些为了增加文字神秘感而采用的方式都在一定程度上阻挠了文字的正常发展和传续,周秦典籍对甲骨文就不见记载❻。铭文也有类似的情况,早期的铭文通常写在不易被看到的铜器内表面,暗示它们并不是供别人随意阅读的❼。文字的神秘化使这时期字形改造方面进展甚微,甚至没有什么进展,我们详细翻阅甲骨一期至五期的汉字字形,繁化现象很频繁,这与缺乏简化动力不无关系。

❶ 山西省文物工作委员会编《侯马盟书》,文物出版社,1976年,295页。
❷ [日]白川静著,郑威译《汉字百话》,中信出版社,2014年,142页。
❸ 从"活化石"东巴文身上,我们也不难发现,真正能掌握文字的人数是很有限的,而且都身居高位。商王时代"贞人"的数量,中外学者整理了出土的甲骨文资料,发现了128名,详见王宇信《甲骨学通论》,中国社会科学出版社,2015年,134页。
❹ 学者通常认为占卜后的甲骨会被集中归档再掩埋,见宋镇豪《商代社会生活与礼俗》中的讨论,中国社会科学出版社,2010年,606-607页。
❺《礼记·曲礼上》,载于《四书五经》,中华书局,2009年,297页。
❻ 陈世辉、汤余惠《古文字学概要》,吉林大学出版社,1988年,89页。
❼ 马几道《东周青铜器铭文》,载于[美]夏含夷主编,中国古文字学导论翻译组译《中国古文字学导论》,中西书局,2013年,122页。

❶ 吉德炜《商代甲骨文》，载于〔美〕夏含夷主编，中国古文字学导论翻译组译《中国古文字学导论》，中西书局，2013年，32页。

❷ 郭宝钧《中国青铜器时代》，生活·读书·新知三联书店，1963年，242页。

文字的取字范围有些单一是另一个不足。虽然文字学家们都认为商代后期卜辞提供了商代后期商王几乎所有日常所关心事件的窗口❶，但是这类记录一方面数量稀少，另一方面是皇家相关事情，是皇家的私家档案，与民间基本没有关联。郭宝钧先生也认为宗教只许作盲目崇拜，更不容人多加怀疑，这时期的人意念单纯，很多字不需要制造❷。这可能也能解释为什么春秋末年文字开始下行时，通神目的受到破坏后，大量字形井喷式地涌现，它应该与取字范围得到了大幅度的扩展有极大关联。

（二）道教、佛教宗教活动

在汉字发展阶段，通神的目的被大幅度弱化，通常仅存在于一些宗教活动中，其中以道教、佛教为主要阵地，对汉字字形也带来了一定的影响。

先看道教活动，它有一个非常明显的贡献，就是形成了一种崭新的字形图形化及字图组合手法（图14-2）。道教的符文是从古文字的字形上加以变化而成，比如从籀文、篆文辅于云气之象、烟雾之状，表示云气神灵。而关于它的书写，《道法会元》卷四"书符笔法"中记载："以眼瞪视笔端，思吾身神光自两规中出，合乎心，为一粒黍珠在面前，即成金线以条，光注

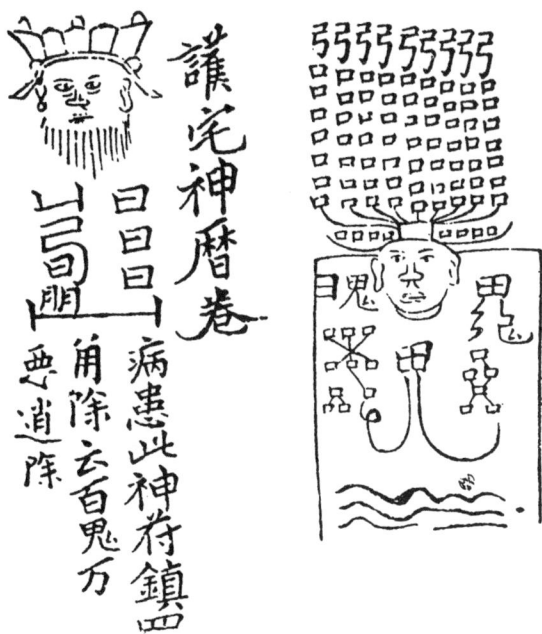

■ 图 14-2 宅符、镇宅四角符

毫端，便依法书篆，存如金蛇在纸上飞走，定要笔随眼转，眼书天篆，新悟雷篇。"❶这种讲究"人以精神到处，下笔成符"❷的"书符笔法"不可避免地经常肢解、拼装或另造奇字，所形成的字形"无法被未训练的人所理解，它们是秘传的神秘符号……具有高度的原创性，并且是为天、地、人三个领域而创造的"❸。毫无疑问，充满神秘的"画符"方式事实上是开发了一些诡异的字形图形化手法，带来字形发展过程中的一些奇特现象，北朝道教写经体出现的杜造文字符号及模仿古文的"古文鸟迹、篆隶杂体"❹即是其中的一种反应。

除了这种相对复杂的"画符"手法，道教还存在一种比较简单的符箓方式，称为"复文"。《太平经》上就收录了不少这类复文，书卷一百四收录"兴上除害复文"，卷一百七收录"神佑复文"等。但是这里"复文"手法比较简单，有点类似早期甲骨文中的"合文"，就是把两个或三个字合成一个字来写。不过道教中"复文"通常不仅是两三个字，《太平经》上"兴上除害复文"的符文，繁的可以达到九个字合在一起❺，可惜这种手法只是文字的一种堆积手法，对字形的影响不大。

佛教在这方面也不示弱（图14-3），除了同样出现了"符咒"外，他们更是为文字注入了"佛性"。泰山《金刚经》摩崖，它"笔画的宏大、结体的宏大、布白的宏大，充分显现或暗示佛之伟大"❻，以唤起信众的虔诚之心。相类似的，后人在评价弘一法师的书法时，也常用"佛性"两个字来形容。可见，佛教似乎在文字的"通神"上更胜一筹，用一种纯艺术化的手法，高超地传递文字字形中的内在气息，契合了项穆《书法雅言》里提到的"论书如论相，观书如观人"❼的状态。

❶张继禹主编《中华道藏》第三八册，华夏出版社，2012年，27页。
❷张继禹主编《中华道藏》第三八册，华夏出版社，2012年，27页。
❸Tseng, Yuho (Yu-ho Tseng Ecke). *A History of Chinese Calligraphy*, Hong Kong: Chinese University Press, 1993, p.80.
❹华人德《论六朝写经体兼及"兰亭论辨"》，载于华人德《华人德书学文集》，荣宝斋出版社，2008年，56页。
❺刘晓明《中国符咒文化大观》，百花洲文艺出版社，1995年，30页。
❻姚淦铭《汉字与书法文化》，广西教育出版社，1996年，169页。
❼载于《历代书法论文选》，上海书画出版社，1979年，537页。

■图14-3　佛教字体　洪顶山刻经摩崖北壁的三个"大空王佛"，中间一个的"佛"字最后两笔形似五只手指头，是很奇特的装饰。

❶注意,写经体是一个模糊的概念,其实是就抄写经文而已,严格说不是指一种书体。这里提及仅是因为这种字形往往因虔诚的态度而显出其他情况下未有的形态。

❷钱穆《中国文化史导论》(修订本),商务印书馆,1994年,87页。

这些宗教活动也创造了如"魔""塔""茉莉"等新字、新词,以及大量很有特色的字形。道教除了《黄庭经》《麻姑山仙坛记》等书法名作,《灵宝玉鉴》上还保存着大量的装饰字形,如"云篆""鸟符""朱凤之符""玄龙之符""凤篆"。相对道教,佛教则留下因书写佛经而形成的"写经体"❶、因造像题记而出现的碑刻类字形及大量充满"佛性"或"禅味"的字形,它们都是书法艺术中一个重要的组成部分。

二 美化

钱穆先生曾说:"我们只有把看艺术作品的眼光来看中国文字,才能了解其趣味。"❷ "艺术品"某种程度上正好是汉字的写照,汉字的演变过程也在一定程度上是装饰和书法两种不同美化方向交替和并行的过程。而至现代,字体设计概念的提出和兴起,在原有装饰和书法两个方向的基础上实现了新的突破,为字形带来了一些前所未有的变化。

(一) 装饰方向

装饰方向带来了汉字演变的第一次艺术高峰,它启发了汉字字形发展新的可能性,最典型的有两路,一路强调精致度,通过字形本身的工整有序达到一种美感,另一路强调外物借助,通过附加外物追求字形美感或吉祥效果,这两条道路对汉字的演变意义非凡。

第一条道路为汉字未来提供了重要的"规范范例"。字形精致化所蕴含的规范、整齐等因素成为后来所有具有正形意义字形的基本要求,而其所蕴含的平整化等技法也为后来的标准字形规范活动提供了参考,被直接继承和发扬。最先明显"得益"的是小篆,它把这些"养分"吸收和消化到了极致,此后如东汉的《熹平石经》,魏的《三体石经》,直至后来的馆阁体,虽然规范的字形不同,也没有小篆如此"刻板",但也都受益于这些"养分"。当然,雕版诞生后宋体字形高度程式化的水到渠成也与此不无关系。

第二条道路则开创了汉字字形的另一种"字外之奇"(图14-4),一方面大胆解放字形,出现自由化倾向,尤其是步入民间后的如轮廓字、民间手头字、减笔字等民俗字体对字形的无所束缚不可想象,是主线字形远所

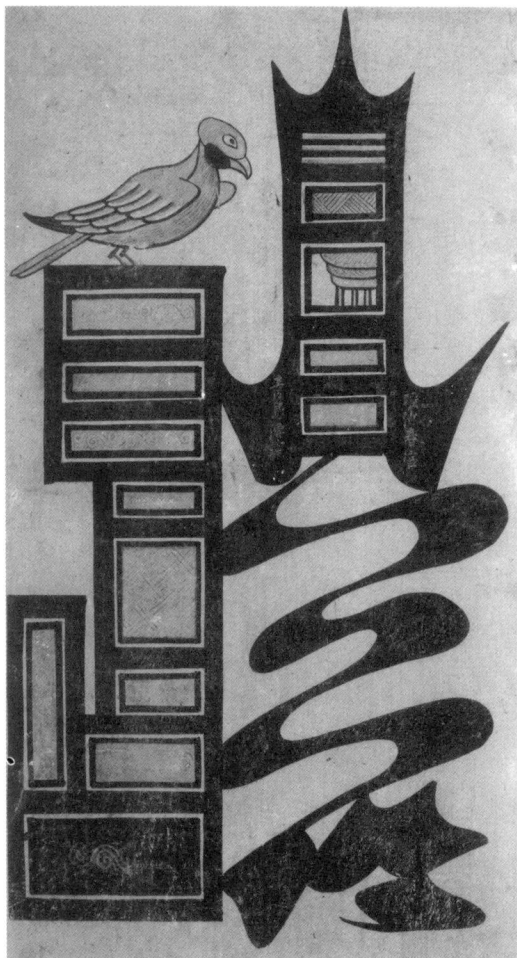

■图 14-4　民间装饰字形　民间字形的装饰手法很自由，吸收汉字文化的邻国朝鲜也出现了民间装饰字形。这是李朝民间装饰字体画"信""义"，日本民艺馆藏。

不及的；另一方面开发了新的文字传递情感的模式，民俗字体不但点缀生活环境，也表达情感，展现祝福心愿，为百姓生活的情感表达和依托提供了另一种选择，成为千百年来民众生活一个不可或缺的组成部分。

除此之外，装饰方向也带来了字形创新，有两类，一类是结构改造，如瓦当文、寿字等根据字形限定范围进行结构改造，出现大量不同外轮廓的特殊字形；一类是全新文字创作，如由"喜"字发展出两个新的汉字"囍"与"禧"，它们是汉民族婚嫁最常用的装饰字形，男方更多贴"囍"字，女方则以贴"禧"字为主。

（二）书法方向

❶载于《历代书法论文选》,上海书画出版社,1979年,715页。

❷唐兰《中国文字学》,上海古籍出版社,1979年,119页。

❸杜甫诗《饮中八仙歌》,载于葛晓音撰《杜甫诗选评》,上海古籍出版社,2002年,12页。

❹载于《历代书法论文选》,上海书画出版社,1979年,6页。

❺载于《历代书法论文选》,上海书画出版社,1979年,355页。

《说文解字叙》提到:"书者,如也。"或许许慎的本意仅是《说文解字注》里所说的"谓如其事物之状也。"但是后代书论进行了无穷的发挥,典型的如《艺概·书概》:"书,如也。如其学,如其才,如其志,总之曰,如其人而已。"❶书写,被艺术化和品格化了,拓展了文字应用的新领域,打造了字形书写一条可以长久"发热"的"可持续"发展道路,这是书法方向带给汉字最根本的利益。

当然,在字形实现艺术化、品格化的过程中附带的诸多"好处"也是不容忽视的。

（1）数不清的楷书类、草书类、行书类和隶书类字形,其他文字体系从未有过对某一类字形进行过如此丰富的开发,这是书法方向留给后代的宝藏。

（2）书法家的形体楷模作用。唐以前的一个书法家,同时须负起厘正字体的使命❷。

（3）书艺可以"当众挥毫",完毕后,作品还可以让观众继续品味,追忆当时把笔纵横的情景。张旭的"脱帽露顶王公前,挥毫落纸如云烟"❸成为艺术史上的传奇,而欧洲是第二次世界大战后才有表演性的绘画、雕塑出现。

除此之外,实现了字形设计与中国文化的进一步结合,而至血脉相连,不可分割,是另一个不容忽视的"好处"。汉字与中国文化的关联历来既有,前文提到春秋时期就出现了"止戈为武"的哲学思维释字名言。不过这种形式中,汉字与中国文化的联系更多体现在字义上,而书法艺术的觉醒使字形书写与中国文化从此挂上了钩。传东汉蔡邕的《九势》说道:"夫书肇于自然,自然既立,阴阳生矣,阴阳既生,形势出矣。"❹蔡邕成功地把中国哲学与字形书写相结合,为未来字形的书写提供了哲学依据,此后"书卷气"的提出和发展进一步强化了这种紧密程度。北宋黄庭坚《山谷文集》写道:"学书须要胸中有道义,又广之以圣哲之学,书乃可贵。若其灵府无程,政使笔墨不减元常、逸少,只是俗人耳"❺,又评自己老师苏东坡:"至于笔圆而韵胜,挟以文章妙天下。忠义贯日月之气,本朝善书自当推为第一。"❶黄庭坚的"学书,须要胸中有道义,又广之以圣哲之学""挟以文章妙天下"说的都是字形书写与文化的联结,与书者的学养融为一体了。

"好处"之外也不可避免地存在某些短处。比如战国时期的异形现象,如果说铭文的异形主要是装饰追求方向的差异造成的,那么竹简文字的异形则主要是书法萌芽期的简写试验带来的。

书法追求对汉字字形进一步开拓也有一定程度的抑制,当然这种抑制不一定就是不利的。这里进一步开拓指如同隶书、楷书等具有"某大类别"意义的字形出现,也指汉字向纯表音化方向的演进。对于前一种,虽然书法开发了无数的楷书类、草书类、行书类等字形,但其实是现有几大字形笔画和结构的进一步艺术化,楷书之后书法带给汉字真正意义上的字形类别发展基本停止了。而后一种,由于书法占据字形发展的主流,现有的几类字形是它的根基,再次变更的意向很低,因此从这点出发,汉字最终没有走纯表音化的道路与书法的兴盛也有一定的关联。

(三) 现代字体设计

现代字体设计对字形尚没有装饰和书法两个方向如此长远和大幅度的影响,但作为一种新兴的美化追求,随着时间的推移,它对汉字的影响将会难以估量。

目前现代字体设计带来字形的两个典型变化如下:

(1) 字形程式化和随意性并存。这种程式化是前所未有的,早期宋体字形与书法"藕断丝连",追求一定的书法艺术性,字形一般是没有特别相像的"兄弟",而现代字库字体综合中外现代设计思想,字形力求统一,往往是长相基本一样的"多胞胎"❷。

不过有趣的是,字库字体字形的这种高度程式化也包容着同样程度的自由度。就是任何样式、风格的字形,甚至非字形的物象都可以入手成为字库字体的字形原型,既造就了仅宋体就有几百种细分类型的细腻,也出现了如彩云体、火柴体等出乎意料的物象字形。

除了字库字体,现代字体设计尚有品牌字体方向,同样具有字形的程式化和随意性,不过灵活性更大。最值得一提的是它对字形结构的自由

❶载于《历代书法论文选续编》,上海书画出版社,2004年,67页。
❷根据中国国家标准总局1981年5月1日发布的 GB 2312 - 80编码,即中国国家标准汉字信息交换用编码,共有7445个图形字符,其中汉字6763个。

变更——省笔、添笔、半边字、草书黑体化、风格拼凑,可谓无所不能,出现了一些意想不到的字形结构(图14-6)。

(2)现代美学和技术的介入。对字形阅读舒适度的追求,字形视错觉的调整,编排设计概念的提出,动态化字形的兴起等都是这种介入的直接反映,在现代文化一章对此将有详细讨论,它实现了字形的现代化,带来字形样式、字形展现形式新的发展方向。

现代字体设计的不利也是明显的,尤其是一些字体设计常规手法所获得的字形在文字学上往往是行不通的(图14-7),比如错字的大行其道。"家乐福"的"家"字被省笔少了一撇,严格来说是个错字;再如字形理据的丢失和混乱,"美"字的"羊、大"有时候会变成"羊、六",构件发生了变动。

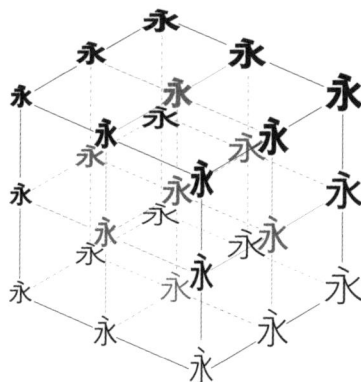

■图14-5 字库字体家族 左为方正悠黑庞大的字库家族,含有135款字体;右为悠黑"三维可变"的示意图(方正字库公司于2017年11月11日发布首款三维可变中文字库字体,定义了粗细、宽窄、高低三个维度,或者说是三个轴线的变化)。图片由方正字库公司提供。

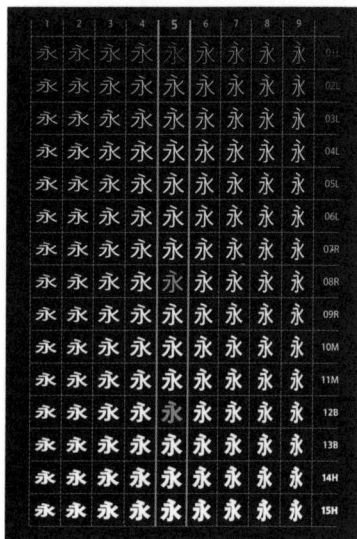

■图14-6 现代字体设计 品牌字体设计"三号仓"是一种宋、楷的风格拼凑,其"三"字上下笔画特征是宋体,而中间的则是楷体;右"辛亥100年"是一种草书黑体化,其中的"辛""亥""年"字形原形都是草书,皆李海平设计。

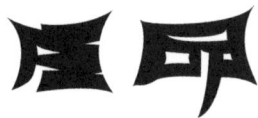

■图14-7 现代字体设计中的字形结构变更 字体设计中的字形有时候只是展现一种大致的字形轮廓,笔画细节并不考究。左边"百"字下面并非"白"字形态,而是"辛亥"两字,但不影响字形阅读;右边"生命"两字应用了笔画共用、结构减省、计白当黑等手法,字形可谓"面目全非",如果细究,都是异形字,皆李海平设计。

参与群体是字形发展的执行者,历史中不同参与群体的变更对汉字两个主要美化追求方向的形成和更替、两条发展道路的形成、汉字地位的维持等都带来重大影响。

一　贵族

贵族群体中对字形设计影响最大的是高层贵族和低层官员❶,他们是汉字字形设计的重要参与群体,殷商西周时期高层贵族为主,春秋战国之后低层官员开始介入,并逐步成为不容忽视的力量。

（一）　高层贵族

高层贵族的地位使他们对文字的态度比较"霸道",如对文字典册的拥有权和"原解释"权。但也经常显露出"温柔",如对书法的喜好,这使历史中高层贵族往往对文字发展具备多样性。

作为官方的代表,高层贵族是文字发展的"掌舵者",在文字发展的关键时刻,他们改造的决心程度往往与最终的文字命运直接关联。前文已经提及了战国时期以楚系为代表的六国文字在隶变过程中的犹豫不决,既希望保持住篆文结构,又渴望解决快捷书写的强烈需求,这种心态下造就了汉字演变中最"不可预测"的字形,结构怪异,识读艰难,也造成如礼器破天荒选用潦草字形的混乱现象。反观有了彻底决心的秦国文字,隶变井然有序,环环相扣,最终完成了汉字演变中最重要,也是最重大的字形改造。

除了关键时刻的决心,大部分情况下高层贵族"掌舵"的是文字的规范,历史中直接的制度制定是常用的方式,《熹平石经》的正字运动,"吏民上书,字或不正,辄举劾"❷的汉代法律都是其中典型的代表。当然大家最熟知的当数秦时的"书同文字"运动,从广的讲,它实现了文字的国家团结纽带功能,形成世界上最伟大的文化整体;从窄的讲,它使民众的生活变得更加便利,李零先生曾幽默地写道:"我在香港问路,彼此听不懂,

❶中等级别的贵族或官员,没有高层贵族的话语权,也没有低层官员"少包袱"的变革精神,因此在贵族群体中对字形设计影响是最小的,这里就不展开讨论。不过春秋战国时期诸侯王常独立管理一个"国家",因此把他们归为高层贵族。

❷《汉书·艺文志》,中华书局,1964年,1721页。

❶ 李零《汉代小学发展的三阶段》，收录在其《简帛古书与学术源流》（修订本），生活·读书·新知三联书店，2008年，275页。

❷《十三经注疏》整理委员会整理《十三经注疏》，北京大学出版社，1999年，949页。

❸ 出自墨子《兼爱》，完整为：何知先圣六王之亲行之也？子墨子曰："吾非与之并世同时，亲闻其声，见其色也。以其所书于竹帛，镂于金石，琢于槃盂，传遗后世子孙者知之。"辛志凤等《墨子译注》，黑龙江人民出版社，2003年，100页。

❹ 清代王筠《说文释例》提到了"文饰"的概念："古人造字，取其'百官以治，万民以察'而已，沿袭既久，取其悦目，或欲整齐，或欲茂美，变而离其宗矣。此其理在六书之外，吾无以名之，或强名曰'文饰'焉尔。"详见清代王筠《说文释例》卷5《文饰·序》，武汉古籍书店，1983年影印本，219页。

但只要找张纸，掏出笔一写，马上就明白，这要感谢秦始皇。"❶一些与文字非直接关联的政府政策、制度，或一些政府性活动也经常起着同样的作用，周代的档案制度是个有趣的例子。周人常用铜器记录一些史实、法律，作为永久纪念，《周礼·秋官·司约》记载："凡大约剂，书于宗彝。"❷它们本仅是周代"得遗后世子孙者知之"❸的一种档案制度，并无意于文字发展的贡献。但这种做法不但延续了文字固有的地位，也促使了西周长篇记事文的出现。康王时的《小盂鼎》390多字，而宣王时期《毛公鼎》达到497字。这种长篇铭文一定程度上带动了文字的规范，在铜器上打格子写字的现象就是出现在这个时期，它意味着文字所占的位置大小必须控制，字形边界和行款的整齐美观都开始受到了重视。

高层贵族的"掌舵"在字形美化方向的选择上也有明显体现，是文饰❹的创造者和发展的推手（图15-1），也是书法长盛不衰的原因所在。先说文饰，它是文字在语言信息传达之外"美"的追求，起源于贵族祭祀中礼器的装饰，春秋战国时代受到极力推崇而达到一个高峰，鸟虫书盛极一时。秦汉时，高层贵族转向对石刻、玺印装饰的喜好，使这种字形艺术之

■图15-1 文饰 明《永寿王诗翰》涵盖了多种装饰手法的字形，文字装饰的形式虽然退出了字形发展主流，但并非在高层贵族中销声匿迹，拍自陕西碑林。

风继续发酵。蔡邕"见役人以垩帚成字",受到启发,"归而为飞白之书"❶,创造了"飞白书",广播海内外,日本的空海传有飞白书《如是作》❷。汉灵帝则创办鸿都门学,"引诸生能为文赋者并待制鸿都门下,后诸为尺牍及工书鸟篆者,皆加引召"❸。其中"工鸟篆者"的特殊要求使鸿都门学培养出了一批著名的擅长鸟虫篆和八分书的学生,成就了这股文饰之风的另一个高峰。

而对于书法,高层贵族更是"不遗余力"。我们知道,高层贵族不仅仅是官方意志的代表,也有个人喜好因素在其中,在书法发展过程中,这两类意志都起了重要作用。官方层面上诸如"楷法遒美"的取士制度,"书学博士"的设立直接从制度上巩固了书法艺术的地位;个人意志上,"古之名书,历代帝王莫不珍贵"❹,宋太宗的"朕君临天下,亦有何事,于笔砚特中心好耳"❺并非个例,这种以身作则促使了帝王书法家的出现,成为书法的最佳代言,也是文字地位的最有力保障。中国古代庆幸没有出现如同欧洲帝王不识字,只有僧侣才识字的"黑暗中世纪"时代。

除此之外,高层贵族与文字的诞生也密切相关,可惜由于相关资料和文献的缺乏,目前更多停留于猜想阶段。

高层贵族对汉字发展不利的情况同样存在,最典型的如形体间堡垒的建立。自春秋战国时期文字下行,文字的神秘化被打破,文字的使用群体其实已经没有非常严格的限定,可惜在后来的字形演变中,高层贵族还是无形中建立了形体间的堡垒,最明显的表现是拒绝民俗类形体在如刻本、石刻等文人专属载体的应用❻。这在中原地区几乎没有例外,即便是偶然使用了装饰类型的形体,也仅选用具有官方性质的小篆或同属高层贵族身份的如蔡邕发明的"飞白书",界限分明。这种情况直到步入现代,随着书法的式微和现代设计的兴起才有所改变。

另一个常被忽略的不利是"书同文字"运动的缺陷。"书同文字"运动统一的标准字形——小篆,它强化了书写方向的多变、书写动作的"推拉"❼和单一的线条形态,对当时正在进行的隶变、草化等自然选择层面的试验都是一种人为的减缓。不过演变趋势是不可抗拒的,因此小篆的这种延缓仅是一种时间上的推迟。

❶ 张怀瓘《书断上》,载于张彦远《法书要录》,辽宁教育出版社,1998年,120页。

❷ 日本神护寺旧藏,可惜原作已被烧毁,详见［日］木本南邨著,林书杰译《弘法大师·空海与书法》,中国美术学院出版社,2008年,130页。

❸ 司马光编著,胡三省音注,标点资治通鉴小组校点,《资治通鉴》,中华书局,1956年,1840页。

❹ 张怀瓘《二王等书录》,载于张彦远《法书要录》,辽宁教育出版社,1998年,70页。

❺ 朱长文《续书断》,载于《历代书法论文选》,上海书画出版社,1979年,321页。

❻ 这里的堡垒更多针对民俗类的装饰手法,一些民间的简化字形不可抗拒地进入文人的用字当中,如《宋代雕版楷书构形系统研究》所测查的文人资料中,出自民间的简化"来"字,独立成字7次,充当构件19次,详见王立军《宋代雕版楷书构形系统研究》,上海教育出版社,2003年,123页。

❼ 多数人是用右手书写,往左为"推",往右为"拉","拉"容易,"推"比较难,或者说"怪"。

（二）低层官员

❶ 类似观点见于唐兰先生《中国文字学》，上海古籍出版社，1979年，164页。

❷ 盟誓参与者涉及大量低层官员。周代的盟誓活动已经形成基本完备的制度，在周代官员六大系统中，都设有与盟誓相关的职官，据考证侯马盟誓的参盟者前后达一百多人，详见李学勤主编《春秋史与春秋文明》，上海科学技术文献出版社，2007年，90页、95页。

❸ 马国权《战国楚竹简文字略说》，载于中华书局编辑部编《古文字研究（第三辑）》，中华书局，2005年，158页。

❹ 李学勤主编《春秋史与春秋文明》，上海科学技术文献出版社，2007年，90页。

❺ 裘锡圭《文字学概要》（修订本），商务印书馆，2013年，64页。

文字应用的扩展使低层的官员、小吏也有机会参与字形设计活动，成为书手。"包袱较小"的低层官员是汉字转向关注书写需求后的主要执行者，他们是字形设计的开拓者、实践者，形体的主要传播者，但同时也是潦草字形和异形的最主要源头。

汉字字形的真正大变更即发端于低层官员的介入，并越走越远。大家熟知的早期隶书、草化的试验就是其中的代表，其中隶书的民间通行更是迫使了官方无奈的"扶正"❶。不过更不容忽视的是这些试验带来书法觉醒的契机。原有的篆文字形线条繁多，结构布白多样，更容易倾向于表面装饰的追求，而改造后的早期隶书，字形线条平直，线条数量变少，布白也相应变得单纯，促使书写的眼光更多着眼于线条的变化、结构的布局及篇章字与字之间的关系经营，创造了书法觉醒的良好机会，奠定了字形几千年的发展方向和基本格局，意义非凡。

低层官员也是汉字形体的最主要传播者。这个传播表面上是形体的全国传布，而更重要的是字形改造手法的借鉴和流传。以春秋时期侯马会盟为例，侯马会盟是多国参与的"国际性"活动，盟书中一些为快捷书写而做的尝试定会被参会的同样具有强烈"速写"需求的其他国家低层官员❷所注意和借鉴，马国权先生发现侯马盟书与楚简文字完全同构的很多❸。可以推测，春秋时期这样的事情应该非常频繁，事实上春秋时期是盟誓活动的鼎盛阶段，《春秋》及其三传中，"盟"字出现了七百多次，是使用频率最高的字眼之一❹，而大量参与其中的低层官员是最主要的，也是最有力的传播群体和见证者。

不过，有利必有弊，低层官员群体庞大，统一性差，在开拓字形的同时也带来了另两个结果，一是潦草字形的大量涌现，另一个是异形字的大量出现和俗字的泛滥。其中异形字和俗字对文字字形规范和使用规范来说是个破坏者。早在战国时期，"在六国文字里，传统的正体几乎已经被俗体冲击得溃不成军了。"❺其他朝代，文献也有记载。北齐颜之推《杂艺篇》说道："北朝丧乱之余，书迹鄙陋，加以专辄造字，猥拙甚于江南。乃以'百念'为'忧'，'言反'为'变'，'不用'为'罢'，'追来'为'归'，'更生'为'苏'，

'先人'为'老',如此非一,遍满经传。"**❶** 虽然异形字、俗字是字形发展过程中的必然产物,被认为是字形开拓的附属品,隶书即是从俗体演变而来的,但这种大量异形字、俗字的现象确实极大破坏了文字字形规范和文字使用规范。

二 平民

平民成为字形设计参与群体是文字广泛应用带来的"福利",常常为字形设计带来一些出乎意料的"惊喜",可惜古代社会阶层的天然界限使他们的这种"惊喜"比较有限。

(一) 工匠

工匠的介入带来了一些意想不到的突破,在不同时期有不同的成就。

工匠介入字形设计群体是在春秋战国时期。楚国《鄂君启节》等草体题铭与楚国简帛书相似,说明当时出现了工匠以刀代笔的现象。这些工匠应该受过与底层官员或小吏接近的文字教育或书写训练**❷**,"物勒工名、以考其诚"既是一种"下放"的信号**❸**,也是基本"条件"**❹**。这时期工匠介入最典型的突破是不同阶层出现了有效沟通和合作的可能,工匠有机会实现铜器上铭文与纹饰审美意识上的统一。比如战国时期诸中山王墓出土的铁足铜鼎和铜方壶精美铭文与它们的造型、纹饰精致感实现了高度和谐 (图15-2)。这些长篇铭文是刀刻的**❺**,即由工匠直接在铜器上铭刻的,对于具备高超精细化纹饰能力的工匠,精致化字形的难度并不大,不难推测这些铭文必定蕴含着大量工匠的审美意识。这种情况应该不是个例,蔡国的《蔡侯尊》《蔡侯方壶》,魏国的《梁十九年鼎》等铭文和器物都有意地追求这种统一,秦的《秦公钟》也能看到这种努力。虽然各国具体字形中采取的方式或许存在一定的差异,但是这种倾向是一致的 (图15-3),可见战国时期的这种精致化字形之风与工匠有很大的关系。

工匠在字形开拓和实践上也有建树。秦《苏解为陶器盖》铭文"苏"字的草头和鱼、禾部都有了草书"连绵笔画"的线条特征 (图15-4),珍字砖、泛字砖铭文则展现了行书,甚至楷书的一些钩画特征**❻**。虽然这样的

❶ 颜之推《杂艺篇》,《颜氏家训集解》,上海古籍出版社,1980年,卷7,514页。

❷ 丛文俊《中国书法史:先秦·秦代卷》,江苏教育出版社,2002年,414页。

❸ 当然这种物勒工名的"工"应是工头,有一定的社会身份。详见何琳仪《战国文字通论 (订补)》,江苏教育出版社,2003年,123页。

❹《礼记·月令》提到:"物勒工名、以考其诚,功有不当,必行其罪。"载于《四书五经》,中华书局,2009年,333页。

❺ 裘锡圭《文字学概要》(修订本),商务印书馆,2013年,58页。

❻ 秋子《中国上古书法史:魏晋以前书法文化哲学研究》,商务印书馆,2000年,295,297页。

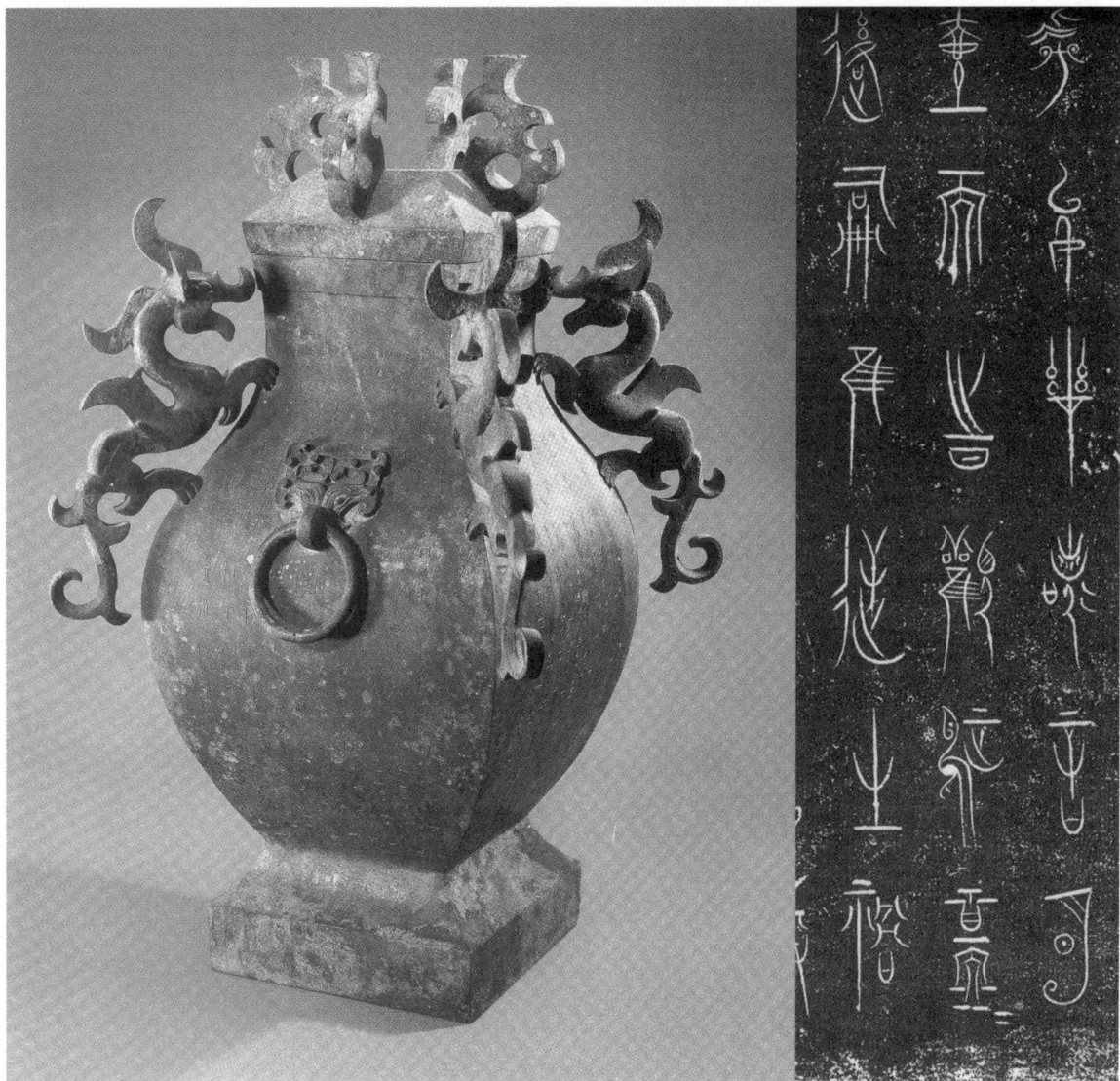

■图 15-2 纹饰与字形的配合 《中山王方壶》的造型、纹饰的精致度与铭文的高度和谐,说明它们追求方向比较一致。

■图 15-3 《越王州勾剑》剑格铭文完美地成为一种纹饰

■图 15-4 秦《苏解为陶器盖》文字的"连绵笔画"

解读显得有些附会和牵强，但是工匠参与这时期的字形开拓和实践是不容置疑的。可惜这时期工匠受刀、竹汁、树枝等常用书写工具的限制，更多的是在字形结构上寻求突破，这种线条方面的贡献甚微。

后期工匠介入的典型成就是宋体字形的诞生，可以说是"书工"和"刻工"的共同"功劳"。前文已经提及了宋体诞生的不易，在五代及宋的刻本中，字形基本是由楷书包揽的，直到南宋中叶文人士大夫退出版刻字体书手主角，转由专职化的"书工"接手，同属工匠阶层的书工和刻工才得以有条件合作，实现刻与写的"双利"❶。宋体即是这种合作的结晶，它寻求在最大程度上保留楷书笔画和结构精华的基础上实现字形的程式化（图15-5、图15-6），工匠可以流水作业。日本学者藤枝晃对宋体的流水线作业有过生动的描述：第一位匠人只刻竖线，第二位匠人只刻横线，第三位匠人刻横线尾部的三角等点画，第四位匠人刻曲线，横格、竖格都完成后再进行底部清理，最后由师傅进行全面加工、修整❷。这是宋体字形才可能有的"福利"❸，极大地提高了刻版的效率。

工匠介入也带来了一些意想不到的"惊喜"，出土于陕西临潼秦刑徒墓地的瓦文《东武睢瓦》是迄今见到的最早墓志❹（图15-7），而大量的建筑、陶器、砖瓦等材料的运用也极大扩展了文字的应用范围。

工匠介入的短处也是同样"激烈"的，群体的参差使放开了束缚的字形尝试出现了前所未有的多样化，潦草的字形及惊人的异形❺就是它的附带品。

❶ 宋体字比楷书更适合版刻，书工宋体的书写也不比楷书难度大。

❷ 见［日］藤枝晃《汉字的文化史》，新星出版社，2005年，126页。

❸ 当然并非所有的宋体刻版都是如此流水线作业的。

❹ 始皇陵秦俑坑考古挖掘队《秦始皇陵西侧赵背户村秦刑徒墓》，《文物》，1982年第3期，1-11页。

❺ 这时期异形的出现有众多原委，常被忽略的是字形设计技法成熟所带来的某种"创造力"。上文中低层官员所造的异形当属这一类，而这里工匠所造的异形则更多是因书写潦草、识字有限等因素带来的比较无理据的异形。

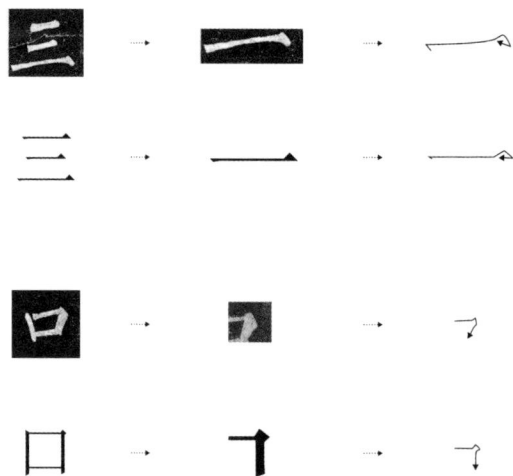

■ 图15-5　宋体字形的"智慧"一　对于宋体字形，一般都会关注它的程式化——"匠气"，其实它是充满智慧的成果。对比《玄秘塔碑》的楷书和现代宋体，我们不难发现宋体对楷书笔画和结构上的精华力求最大程度地保留，比如宋体的横、折依然能感受到楷书笔画运笔的过程。

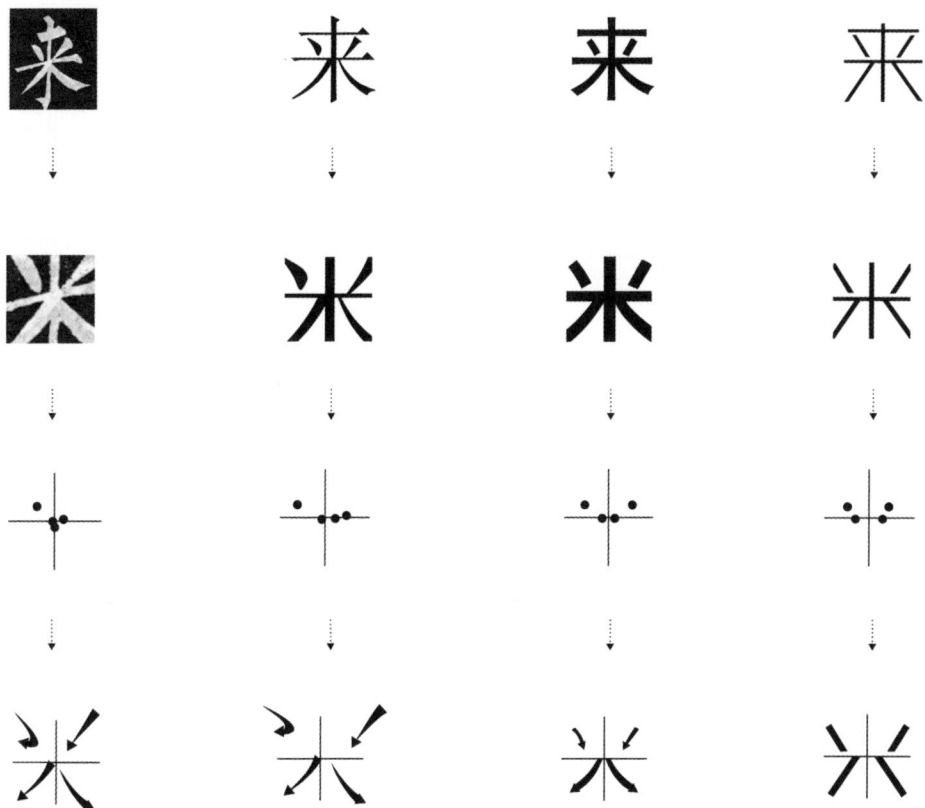

■图 15-6　宋体字形的"智慧"二　楷书、宋体、黑体和现代几何类字形，"来"字中"米"形部分交叉处的不同处理。《玄秘塔碑》（左起竖列一）四个笔画的走向及其与横竖的交接点都很有变化；宋体（左起竖列二）对交接点有意地进行了夸张，有效地保留了楷体的这些特点；现代黑体（左起竖列三）上部两点走向的微妙差异也使它在一定程度上保留了一丝这些特点。不过到了几何类字体（左起竖列四），这种表示笔画运行特点的处理已经不见了，结构上也完全对称化，呈静态化，基本没有了楷书笔画和结构的这些相关特点了。

■图 15-7　《东武睢瓦》是墓志的祖形

（二）普通百姓

　　普通百姓介入主线字形发展的机会很少，但在副线上，普通百姓却是"主角"❶，甚至一些不识字的百姓都参与其中，是汉字字形演变的一条独特路线，使字形装饰方向在主线"受挫"后有了另一个"安身之地"。

　　普通百姓介入的最大"贡献"是促使文字的大众化。社会上无论男女老少、高低贵贱，也无论识字不识字都可以参与到字形装饰活动中来，真正做到了普及大众❷。

　　普通百姓的介入也实现了文字与日常生活的结合，主要体现在祈福、祭祀、岁时节令、婚丧嫁娶等民间民俗活动中，诞生了民俗字体。汉字在民俗字体中成为艺术情感之外传达最朴素的生活情感的载体，字形出现了前所未有的包容性和自由度，极大地拓展字形装饰的范围和书写材料。其有两个有趣特点：

　　其一，注重选字，讲究文字本身具备的吉祥含义。民间有"吉祥十字"，福、禄、寿、喜、财、吉、和、安、养、全❸，这类字形成一些特定的符号结合和固定的范式，有一定程度的公式化，它们受到其他文字字形不可想象的开发和应用机会，是文字在民俗字体中的巨大"甜头"。

　　其二，字形创作技法和审美追求越来越不讲究，开发了很多不可能存在于早期贵族装饰阶段的装饰手法（图15-8），成形方式上画、摆、涂、刻、铸、烧等技法通用，为我们留下了大量风格多样、清新朴拙的字形。

❶ 普通百姓也有与汉字关系紧密的群体，即民间读书人。可惜这群人常以官员为榜样，革新意识不如低层官员，"接地气"又不如一般老百姓，因此对字形的影响反而很有限。

❷ 需要重申，这种大众化并非指人人都掌握文字的大众化。

❸ 张道一《吉祥文化论》，重庆大学出版社，2011年，313页。

■ 图15-8　民间剪纸文字及丝织文字　左、右为寿字门笺（江苏南京剪纸），中为寿字连续纹（明代丝织图案）。

毛笔通过对自身性能的不断挖掘,在字形演变过程中扮演不同的角色,对字形发展产生了深远的影响。

一　毛笔的性能

❶ 孙晓云先生认为笔杆直径0.4厘米的毛笔,运笔笔迹必然呈弧线,而笔杆直径在0.6厘米或0.7厘米,运笔时笔迹趋向简约方直,具有完整毛笔性能的应是后来的毛笔,详见孙晓云《书法有法》,华艺出版社,2001年,50-51页。

毛笔的性能是影响字形发展至关重要的原因,不过古代出现了很多形制不同的毛笔,有书法家认为具有完整毛笔性能的是东汉时期笔杆直径在0.6厘米至0.7厘米的毛笔❶,因此这里讨论的毛笔性能主要以这类毛笔为对象。下面表格里所列的是晋代之前部分出土毛笔的尺度(单位:厘米):

时代	出土地点	整笔长度	笔头长度	笔头直径	所引文献
战国	信阳楚墓	23.4	2.5	0.9	《信阳楚墓》,文物出版社,1986年,67页
战国	包山楚墓	22.3	3.5		《荆门市包山楚墓发掘报告》,《文物》,1988年第5期
战国	左家公山	21	2.5	0.4	《长沙左家公山的战国木椁墓》,《文物》,1954年第12期
秦	天水放马滩	25.5	2.5	0.7	《甘肃天水放马滩战国秦汉墓群的发掘》,《文物》,1989年第2期
秦	云梦睡虎地			0.4	《湖北云梦睡虎地十一号秦墓发掘简报》,《文物》,1976年第6期
西汉	江陵凤凰山	24.9			《湖北江陵凤凰山一六七号汉墓发掘简报》,《文物》,1976年第10期
西汉	江陵凤凰山	24.8		0.5	《湖北江陵凤凰山一六八号汉墓发掘简报》,《文物》,1975年第9期
汉	敦煌地区	19.6	1.2	0.6	《敦煌汉简》下册,中华书局,1991年,63页
汉	居延	23.2	1.4	0.65	马衡《凡将斋金石丛稿》,中华书局,1977年,276页
汉	武威	23.5	1.6	0.6	《武威磨嘴子三座汉墓发掘简报》,《文物》,1972年第12期
汉	悬泉置	22.3	2.2		《甘肃敦煌汉代悬泉置遗址发掘简报》,《文物》,2000年第5期
汉	尹湾六号墓	23	1.6	0.7	《尹湾汉墓简牍》,中华书局,1997年,165页

（一）优势

相对于其他书写工具，毛笔有两个明显的优势：一，书写笔迹可控性和可塑性强。二，书写范围灵活❶。

书写笔迹可控性和可塑性强有多方体现，最重要的有三点：

其一，笔迹的形状是可以控制的。书法中的方笔、圆笔即是其中的一个代表。点画呈现棱角的叫方笔，点画圆润而无棱角的叫圆笔，前者在魏碑《龙门二十品》中频繁出现，后者也在唐颜真卿的楷书中大量存在。

其二，笔迹的粗细是可以控制的。毛笔可以书写巨幅匾额文字的粗壮笔画，也可以书写如东海尹湾汉墓《日记》简的细小线条，该简的宽度只有0.3厘米❷，足见上面字形笔画有多细。

其三，笔迹的色度也是可以控制的。笔迹可浓、可淡，也可涩、可枯，唐代张彦远《历代名画记》提到："运墨而五色具"❸，虽然张彦远谈的是画，但所用的工具是毛笔，因此字迹"运墨而五色具"也是必然的事。

笔迹的这种可控性和可塑性更为重要的是它可以结合如书写速度、书写顺序等因素产生笔势、体势等高层次的书写艺术讲究；也可以结合文本内容，使内容与形式相得益彰，实际上是对书写过程和书写结果都能实现有效把控。

书写范围灵活，一是手的活动范围灵活。整只手的多个点都可以作为书写的支撑点，书法不但开发出枕腕、悬腕、悬肘三种关于手臂支撑点的书写方式，还开发出了运指、运腕与运肘三种相关的书写用力方式；二是有多种书写姿势可选，如站姿、坐姿，甚至可以移动着书写；三是书写时毛笔与承写物形成的角度可控，可以垂直状，也可以成某个角度❹。

除了这些客观方面的优势，有些学者还从另外一些角度挖掘毛笔的一些特质，如毛笔丹田论（图16-2）。陈吉安先生《笔法正源》对此有生动的描述：毛笔过水、整干、理顺、揉墨之后，能生成丹田，它聚而不紧，柔而不松，书写时，上导书写者手中之气，下发毛笔丹田之气。一笔下去，最初墨多水少胶重，笔画虽浓亦枯，之后墨少水多胶轻，笔画虽淡亦润，使书写初有阴阳，末也有阴阳，一笔写尽，更有大阴阳❺。

❶ 关于毛笔的优劣势，笔者曾与好友吕勇有过讨论，特此感谢。

❷ 数据出自骈宇骞、段书安《二十世纪出土简帛综述》第三章第三节"简牍的长度"中的"表八：秦汉书籍简册长度一览表"，文物出版社，2006年，48页。

❸《历代名画记》，上海人民美术出版社，1964年，37页。

❹ 早期持简方式，使毛笔与简通常呈90°，而后来案几书写的通行使笔与纸更多呈45°状，这个角度的改变对笔法革新意义非凡，是偏锋出现的关键。

❺ 陈吉安《笔法正源：书法执笔法用笔法研究与释要》，上海书画出版社，2009年，198-203页。

汉字字形学新论

我们不难发现毛笔的这些优势, 尤其是其中的可塑性和可控性很容易带来字形开发的多种可能性, 是毛笔和汉字结合后最终能发展成一种艺术的原因之一。

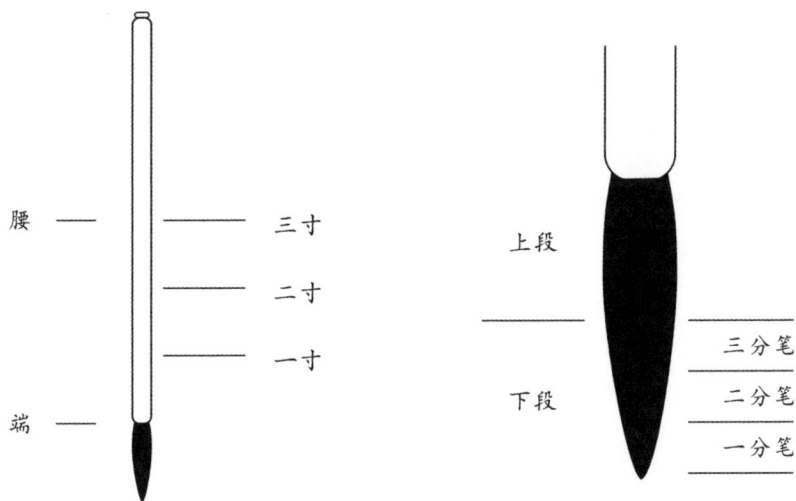

腰 — 三寸

二寸

一寸

端 —

上段

下段

三分笔

二分笔

一分笔

■图 16-1　笔位的讲究　上左为执管高度的讲究。虞世南《笔髓论》提到:"笔长不过六寸, 捉管不过三寸, 真一行二草三。"上右为笔头深浅的讲究, 通常一分笔叫蹲锋, 二分笔叫铺毫; 下为毛笔各部分的另一种称呼法, 其中笔锋也可以称为笔尖。

笔管 ｜ 笔根 ｜ 笔腹 ｜ 笔锋

水

水墨交融

丹田

墨

■图 16-2　毛笔的丹田位置图

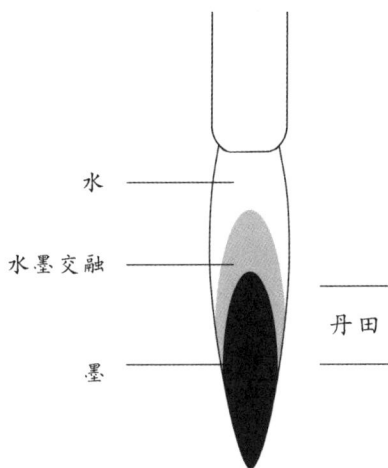

（二）劣势

毛笔也同样存在一些先天的劣势，其中最明显的是毛笔的书写技巧不容易掌握。要真正地使用毛笔熟练书写需要一段时间的专门训练，如果没有掌握这些技巧，很多毛笔所具备的优势反而成了劣势。

此外，毛笔尚有一个不算很明显的劣势，即书写速度。由于毛笔书写时需要经常蘸墨，因此在一定程度上影响了书写速度。不过这并非一个明显的劣势，熟练的毛笔写手书写速度并不是问题。

二　不同影响阶段

从毛笔的优劣势我们发现，能否掌握毛笔的性能是应用好这个书写工具的关键。不过在实际演变中，毛笔的这些性能是借助平动、使转、提按三种毛笔空间运动形式❶的运用而被全方位挖掘出来的。事实上毛笔与字形的关系也因这三个运动形式的先后运用，以及自身主要书写工具地位的变更而被分为不同的发展时期，即初期、黄金期和衰弱期。

初期，指毛笔以平动形式为主，性能挖掘不足，自身主要书写工具地位也没有明确，对字形设计的影响不明显的时期。黄金期指毛笔三种空间运动形式被逐个应用，毛笔性能被全方位挖掘出来，自身主要书写工具地位确立，对字形设计产生多方位影响的时期。衰弱期，指毛笔主要书写工具地位丧失，但对字形设计依然产生一定影响的时期。

（一）初期

在最初，毛笔仅是众多书写工具中的一种❷。在商代陶器上已有毛笔笔迹，甚至有学者认为河南仰韶和西安半坡等新石器时代遗址所发现的彩陶，其上的花纹和虎符，都是用毛笔所画❸。不过在文字初期，毛笔与其他书写工具一样，最重要的作用是完成一个字形，即能把文字字形呈现出来。初期从甲骨和铜器上难以看出毛笔对字形有什么特别重要的影响。甲骨文以刻为主，刘鹗称之为"刀笔文字"❹，偶尔有朱、墨写成，但大体上与毛笔关系没有那么密切。铜器铭文用范先完成字形，后铸字，据推测，

❶ 邱振中先生《笔法与章法》一书中先把这三种空间运动形式称为"笔法空间运动形式"，后文又提及"平动、使转、提按已经把笔毫锥体所有可能的运动包括在内了。"（见邱振中《笔法与章法》，上海书画出版社，2003年，5页、42页）可见，将这三种空间运动形式直接称为毛笔的空间运动形式更为贴切。

❷ 这里必须重申，这时期的毛笔并非后世的竹管兔毫。董作宾先生认为只要是一只小兽的尾巴，或者一丛捆在一起的细毛，功用同于毛笔的，都可以叫作毛笔。详见董作宾《甲骨文断代研究例》，作于1932年，现载刘梦溪主编《中国现代学术经典·董作宾卷》，河北教育出版社，1996年，128页。

❸ 梁思永《小屯龙山与仰韶》，载于《庆祝蔡元培先生六十五岁论文集》下册，"中央研究院"历史语言研究所，1933年，555-568页。

❹ 王力先生把甲骨文、金文，甚至小篆都归为刀笔文字，认为甲骨文到小篆都属于"刀笔阶段"（王力《汉语史稿》，中华书局，2015年，39页、40页）。我们不知道王力先生的"刀笔"是指"刀"和"笔"（毛笔），或是只有"刀"。但无论是哪一种，都反映了毛笔在当时并非"主角"。

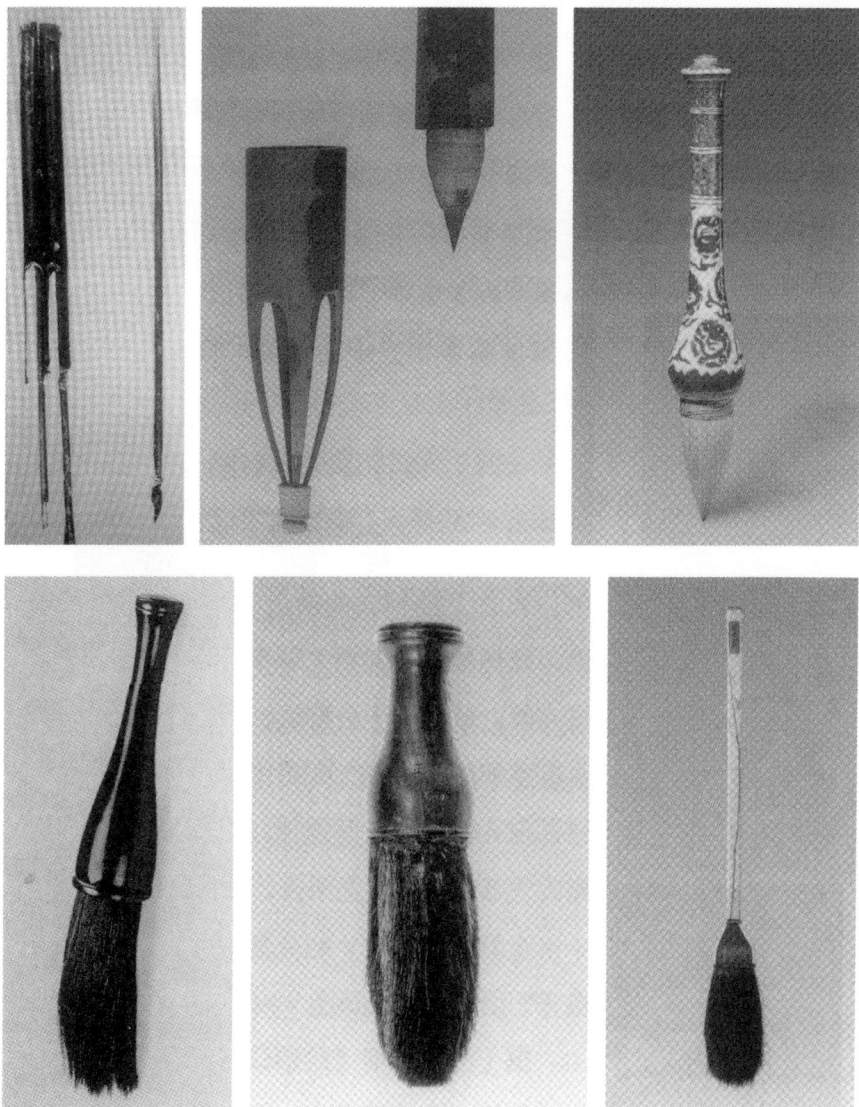

■ 图 16-3　几种毛笔形制　上左为天水放马滩战国秦墓出土毛笔,上中为日本正仓院藏天平时期的鸡距笔(披毛脱落了),上右为故宫博物院藏明万历青花瓷笔杆羊毫提笔,下左为天津博物馆藏紫檀木管马尾大抓笔,下中为清陶正元款紫檀管抓笔,下右为清恽寿平铭四方形象牙管竹斗提笔。

❶ 见阿辻哲次著,高文汉译《图说汉字的历史》,山东画报出版社,2005年,49页。不过,很多学者认为铭文就是毛笔书写的,可惜铭文成品毕竟太难看出书写的工具,因此这里为求客观,就没把铭文书写工具作为考察对象。

如果模具使用木板,书写工具自然是刻刀之类的,而如果是黏土,书写工具大概是竹子或木片吧❸。毛笔对铭文的影响实难考证。

　　除了甲骨和铜器,其他承写物如帛书、竹简、玉石等也有大量毛笔字迹,这当中毛笔对字形的影响呈现两种状态。一种充分利用平动形式的特点,发挥善"描"线、"画"线的优势,线条越来越优美,小篆美轮美奂的线条即是其中的代表;另一种是艰苦地进行着新空间运动形式应用的尝试,线条通常粗细不一,从侯马盟书中我们能看到这种"粗糙"的笔迹。

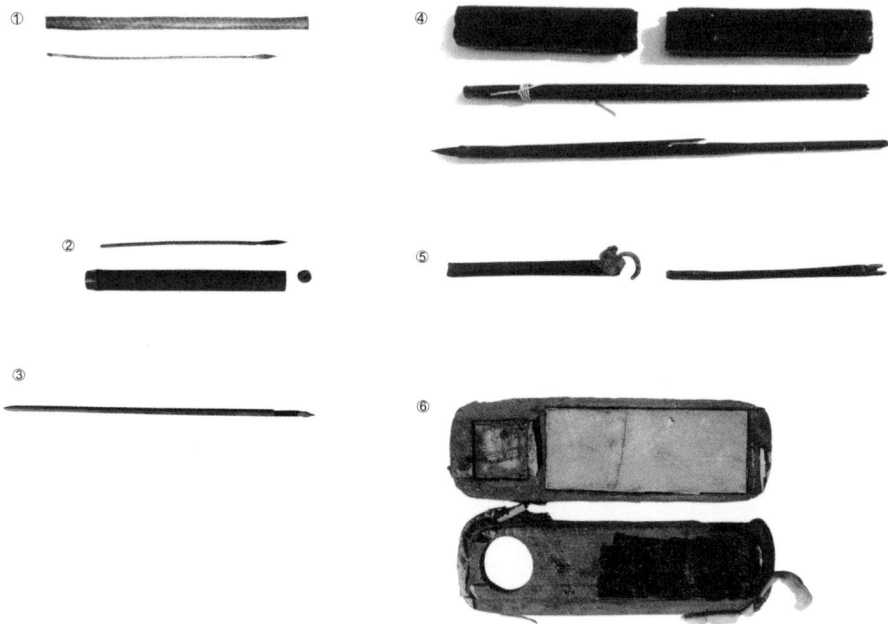

■图 16-4 出土毛笔及相关笔具 ①为长沙左家公山楚墓出土毛笔；②为荆门包山楚墓出土毛笔；③为敦煌马圈湾汉代烽燧遗址出土毛笔；④⑤⑥为尹湾汉墓出土文具；④为毛笔；⑤为书刀；⑥为板砚。

初期，毛笔虽然被压制着，在很长一段时间里与其他工具并没本质上的区别，但是战国时期快捷书写的不断尝试和突破已经预示着其"黄金期"的到来。

（二）黄金期

毛笔"黄金期"的到来不仅因为它是汉字书写属性探索和书法艺术实现的物质基础，更是因为书法觉醒后，它在一定程度上保障了其持续发酵千多年。

自从毛笔被选定为最主要的书写工具，汉字形和体书写属性的探索在配合中进入了"高效期"，在使用、开发和升华工具过程中实现了完美统一❶。这是个很有意思的过程，在一些古代陶纹如夏家店下层文化的彩陶纹样中我们就能看到转笔的应用，可惜由于当时毛笔只是其中书写工具之一，没有强烈速写愿望的推动等诸多因素，即便存在了这类笔法也很难引起真正重视。不过，当这些因素出现变化的时候，情况迅速发生转变，

❶这个过程可以简单描述如下：古隶和最初的草书首次把书写生理作为考虑的重点，书法艺术也初露端倪。可惜即便是成熟的汉隶与毛笔性能配合，书写时依然有一定程度的"不流畅"，尤其是笔画特点被硬性规范后，原来方便的长挑反而成为一种负担。章草具有强烈的"艺术细胞"，书写极为"顺手"，不过字形结构走得太远，大量理据丢失。直至楷书的出现，字形书写属性上的字形结构、书写工具、书写生理才终于完美地统一（早期行书常与楷书难以分清，因此这里把早期行书在字形书写属性上的探索等同于楷书，没有单独列出。至于后来的行书，则介于今草和楷书之间，就字形书写属性上没有超出之前的探索成果），汉字最主要的几个字体也因此完备。

汉字字形学新论

这从毛笔自身●及其附属工具如墨逐渐受重视并开始不断得到优化感受
到。"笔软则奇怪生焉",毛笔的性能得到不断挖掘,文人们在表面的装饰
美化外发现了其中蕴含的另一种美化追求的可能性,于是哲学思想开始
介入,书法真正觉醒了。如果说线条的笔画化是种必然的"收获",那么汉
字的书法化则是种意外的"惊喜"。

这种"惊喜"带来了后续一系列意想不到的收获,首先笔法深入中国
人书写的骨髓中,可以说自此后中国人任何有讲究的书写都与笔法扯上
关系,即便如傅山折柳条代替毛笔书写,依然应用了毛笔笔法(图16-5)。

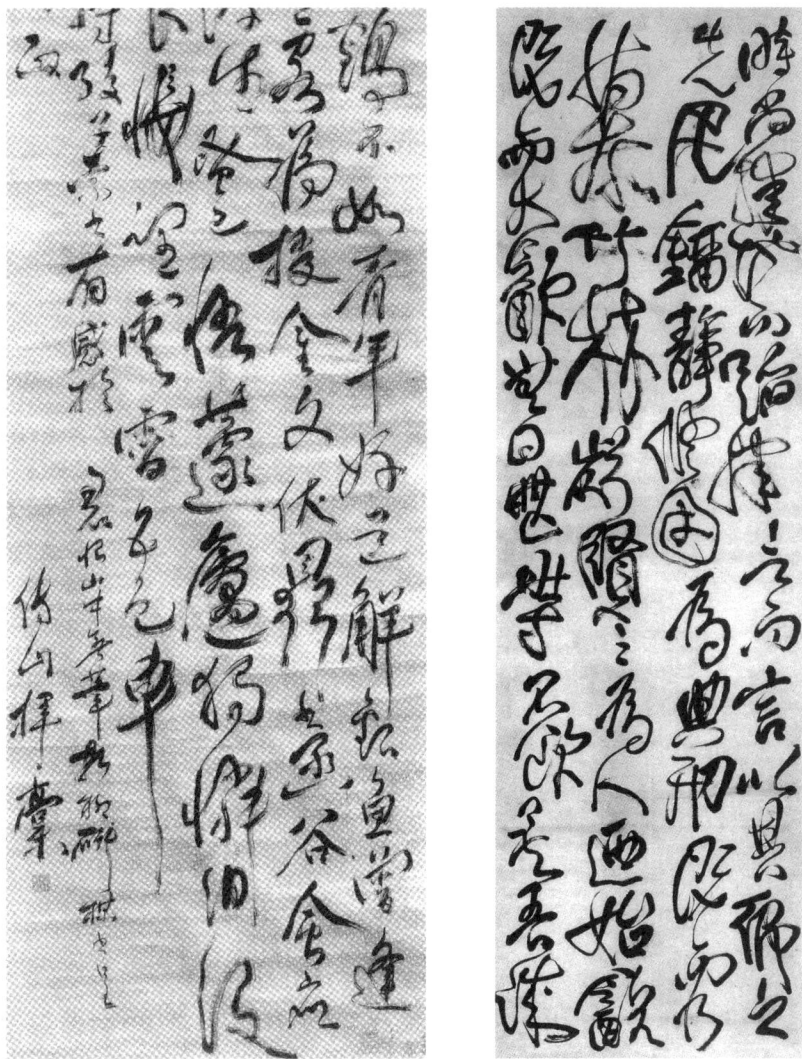

■图16-5 傅山折柳枝书写 左边作品是傅山折柳条代笔书写,其字形笔触依然是毛笔笔
性的性质,与右边正常毛笔书写的并无本质差别。

而更"夸张"的是后人把这种笔法直接推崇为神人所传授,完全神话化。《传授笔法人名》提到:"蔡邕受于神人,而传之崔瑗及女文姬。"❶把蔡邕的笔法归为神人传授的❷。于是毛笔书写技法不易掌握的劣势反而神奇地变为一种优势,成了展现士大夫身份的一种方式。汉字也在这种"神授"技法下步入追求内在的阶段,字形开始有了如神、气、骨、血、肉的讲究❸,步入一个全新的发展境界。

另一个意想不到的收获是,当毛笔三种空间运动形式被全部开发应用,性能得到全方位挖掘之后,汉字大类别层面形体的演变虽然结束了❹,但是相关技法的进一步完善和理论研究的不断推进使字形艺术追求出现了更多可能性,反而愈发光芒四射❺,后世一个书法作品往往能被分析出大量先辈的笔法和结构。以宋理宗时期张即之书写的《金刚经》为例,陈葆真先生有过异常丰富的解读(图16-6):横画左边较低的起笔处用笔较厚重,而收笔右上方则较轻淡,手法出自李邕《云麾将军李思训碑》;有的地方横画停顿时短促又突然,技法源自王羲之《十七帖》;有些横画以尖锐细钩回锋收笔,又似宋徽宗的瘦金体;从右上方伸向左下方的撇画大多纤细而简洁,但其有力的动势对倾斜感起了平衡作用,来自黄庭经《赠张大同古文题记》的影响;捺画起笔瘦弱而优雅,结笔肥厚

❶ 载王伯敏、任道斌、胡小伟主编《书学集成:汉—宋》,河北美术出版社,2002年,274页。

❷ 这种"天赐"或"神助"观其实是古代的一种普遍观念,如李嗣真《书后品》就说张芝、钟繇、王羲之、王献之,"数公皆有神助",载于《历代书法论文选》,上海书画出版社,1979年,136页。

❸ 出自北宋苏轼《论书》:"书必有神、气、骨、肉、血,五者阙一,不为成书也。"载于《历代书法论文选》,上海书画出版社,1979年,313页。

❹ 对于毛笔三种空间运动形式全部被开发运用带来书体演变的结束,学界已有相关讨论,见邱振中《笔法与章法》,上海书画出版社,2003年,41-46页,又见孙晓云《书法有法》,华艺出版社,2001年,102页。通常认为平动对应大篆、小篆,提按对应隶书、楷书,使转对应行书、草书。

❺ 有学者如邱振中先生甚至认为书法审美要求的真正解放,始于楷书的形成(即大类别字体的停止演变),见邱振中《笔法与章法》,上海书画出版社,2003年,41页。

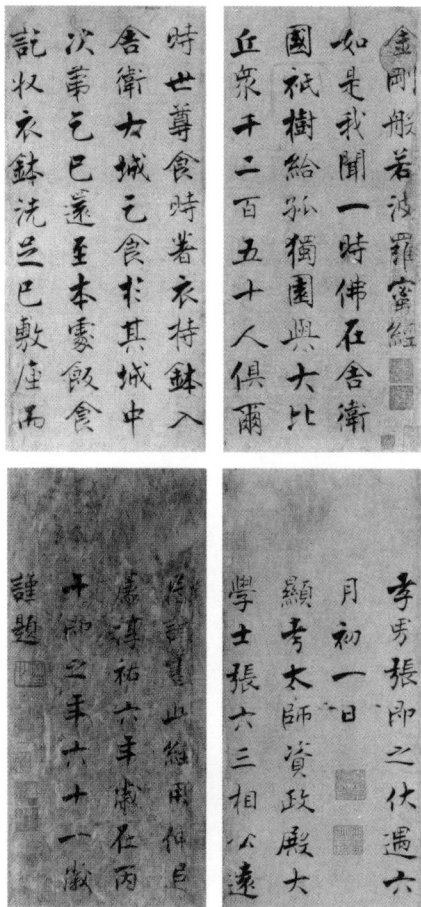

■ 图16-6 宋张即之书写的《金刚经》内含钟繇、王羲之、褚遂良、颜真卿、李邕、宋徽宗、黄庭坚等名家的笔法和结体特征。

■图16-7 中西书写姿势的差异及其影响 左上为欧洲中世纪缮写室,左下为宋摹北齐《校书图》(局部),右上为宋《十八学士图(局部)》,右下为宋《西园雅集图》(局部)。对比图中书写姿势、书写动作等方面的中西差异,我们不难发现书写在古代欧洲和古代中国存在"累人"与"惬意"两种完全不同的心理感受。它或许就是造成古代中国和古代欧洲对待书写有着全然不同态度的原因所在:一个"全民式"地热爱书写,并热衷于对毛笔潜能的开发,一个则把书写当成"宗教奉献式"的僧侣专利。它也可能是对待印刷术不同反应的原因所在:一个总是不冷不热,一个则是"欣喜若狂"。

❶ 牟复礼、朱鸿林合著,陈葆真、萧蕙芳、柯伟勤协著,毕斐译《书法与古籍》,中国美术学院出版社,2010年,72-73页。

❷ 〔法〕Georges Jean 著,曹锦清、马振聘译《文字与书写:思想的符号》,上海书店出版社,2001年,83页。

而迅疾,特征出自褚遂良笔法;结字上,外形方正而均衡,反映颜真卿的美学理念;笔画之间,尤其是方框左上角往往留出空间,这种做法取自钟繇《荐关内侯季直表》❶,如此多彩的解读正是毛笔后续力量的一种反映。

　　这种"惊喜"后续力量不仅于此,毛笔在书法觉醒后能被不同群体,尤其是被高层贵族接受和喜爱也立下了"汗马功劳"。我们先看另一个同样被选为主要书写工具——欧洲鹅毛笔的情况。12世纪《手赐福者手册》的一段书末题词这样写道:"假如你不知道什么是书写,你可能认为书写并不特别困难……还是让我来告诉你吧:书写是一件十分艰苦的工作,他损坏你的视力,弯曲你的脊骨,使你腰酸背痛。"❷这是对欧洲中世纪书写工具的"哭诉"(图16-7),它造成的后果是"在长达1000余年的漫长岁月里,书写实际上是僧侣们的专利""当时西欧最有权势的人物查理曼本人就是一个文盲"●。反观毛笔,书写姿势范围都可控,轻松自然,可以闲暇适意,正如欧阳修《学书消日》所说:"至于学字,为于不倦时,往往可以消日。"●更重要的是因为这些因素,书法常被认为是一项有益健康的活动。曾国藩曾说:"写字时心稍定,便觉安恬些,可知平日不能耐,不能静,所以致病也。写字可以验精力之注否,以后即以此养心。"●写字实现了四肢肌肉筋骨和大脑思维两项运动的有效结合,老少皆宜。对照欧洲鹅毛笔,我们可以这么说,如果没有毛笔,汉字的命运难以想象。

(三)衰弱期

衰弱期,毛笔的"艺术细胞"在字形设计中的"余晖"尚在。

首先,一些依然以毛笔为主要书写工具的群体,如书法艺术家,他们在继承传统之外也受到现代艺术思潮的影响,为字形注入一些新的活力,比如出现自由解构字形、纯追求线条的书法,这是在黄金期从未有过的状态。

其次,还有一个字体设计师群体,他们虽然没有把毛笔作为主要书写工具,但是用另一种方式推动着毛笔对字形设计的继续影响,有两点表现:

一是把一些书法字形开发成了字库字体(图16-8),使这些字迹从某个固定作品中走向大众,可以被一般民众广泛使用,一定程度上推动了这些字迹的普及。不过这种程式化的方式往往会丢失了字形作为艺术形式的很多韵味,可谓喜忧参半。

二是有的设计师把毛笔回归到"画"字的年代,用"画"的方式成字,追求毛笔最初的那种笔迹感(图16-9),可以认为是毛笔性能一种新的发挥形式。

● 〔法〕Georges Jean 著,曹锦清、马振聘译《文字与书写:思想的符号》,上海书店出版社,2001年,74页。
● 转引自毛万宝、黄君《中国古代书论类编》,安徽教育出版社,2009年,8页。
● 曾国藩《求阙斋书论精华录》,转引自毛万宝、黄君《中国古代书论类编》,安徽教育出版社,2009年,15页。

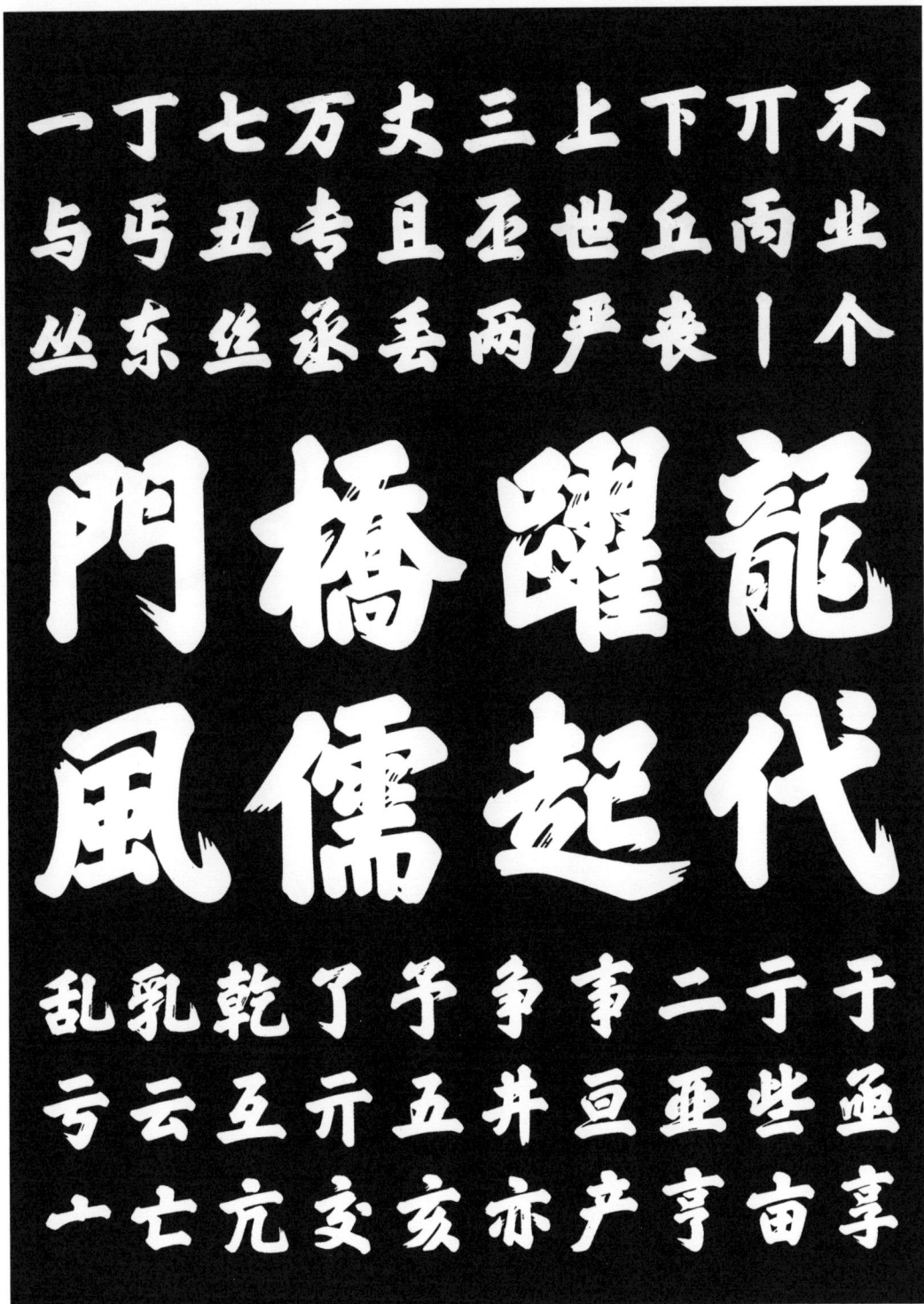

一丁七万丈三上下丌不
与丐丑专且歪世丘丙业
丛东丝丞丢两严丧丨个

門橋躍龍
風儒起代

乱乳乾了予争事二丁于
亏云互亓五井亘亚些亟
一亡亢交亥亦产亨亩享

■图16-8　书法类字库字体　图为方正榜书行,方正字库公司对它做了如下介绍:"源于明、清两朝官阙匾额、楹联上的行楷大字,将传统书法与现代字体设计相融合,保留了毛笔书写的笔触,增加了飞白处理,笔形追求笔墨的情趣,做到古为今用。"汪文设计,图片由方正字库公司提供。

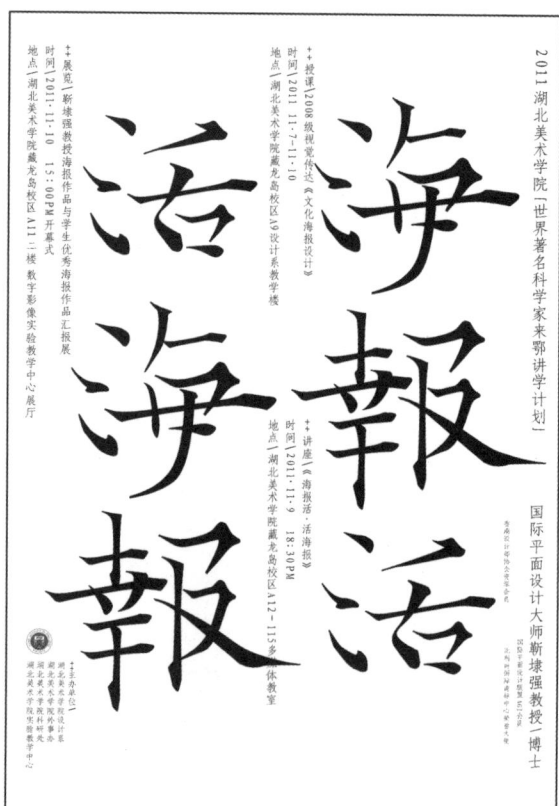

■图16-9　现代设计中的文字设计　两张海报的主题文字都是具有书法特点笔画的"拼贴"，左为戴嫚设计，右为李海平设计。

❶ 饶宗颐《符号初文与字母——汉字树》，商务印书馆，1998年，174页。
❷ 冯天瑜《中国文化史纲》，北京语言学院出版社，1994年，72页。
❸ 朱熹《中庸章句集注》，载于《四书章句集注》，中华书局，1983年，18-19页。
❹ 钱存训《书于竹帛：中国古代的文字记录》，上海书店出版社，2004年，72页。

"造成中华文化核心的是汉字，而且成为中国精神文明的旗帜。"❶ 汉字字形不仅直接反映了同时期的文化状态，也随之向前推进，两者相辅相成。

中国文化包罗万象，前文的甲骨占卜、道教佛教宗教活动、三个美化方向都可以涵盖在内，这里也仅从与汉字字形发展密切关联的另外几个方面谈谈肤浅的理解。

一　传统文化

传统文化对汉字字形设计的影响大至设计思想的形成，小至某个具体文字的取形，可谓"深入骨髓"，融成一体。

思想层面比较明显的有汉字字形设计思维的形成、美化方向的确定、字形气质的取舍、文字功能的实现等方面。以字形气质的取舍为例，汉字字形气质从最初甲金文天然性的自由平和，到小篆高压下的"拘束"，隶书抗争式的"张扬"，草书有意化的"洒脱"，最终回归楷书中庸之道的"内敛"，并自此定型，其中决定性的因素就是传统文化。中国文化在殷商西周时期是一元官学时代，东周时离析出多元私学，秦汉时整合定型为兼纳道法阴阳，以儒家为宗的一元帝国文化❷，至此，中庸成了文化的最高追求。"中庸者，不偏不倚，无过不及，而平常之理，乃天命所当然，精微之极致也。"❸ 隶书的张扬、草书的洒脱显然不符合这种"不偏不倚"的中庸追求，从隶书后的草书字形、楷书字形，我们都能看到这种节制，历代也多以沉稳平和、不偏不倚的"内敛型"楷书字形为正形的主流。

书写材料选择过程中，传统文化的"影子"常被忽略。我们知道简牍、帛、纸等承写物共存了很长时间，竹、帛掺杂使用达一千余年，帛、纸共存约五百年，简牍和纸并行三百年❹。书写工具和承写物的最终选择并非一时的"头脑发热"，而是长期实践的结果，如果把历代书写工具和承写物

自身材料的"刚柔"特性用传统哲学的"阴阳"一一对应,很快就能察觉到原委所在❶:

书写工具	刚柔阴阳对照		刚柔阴阳对照	承写物
刻刀	刚(阳)	———————	刚(阳)	甲骨
毛笔	柔(阴)	———————	刚(阳)	甲骨
毛笔	柔(阴)	———————	柔(阴)	帛
毛笔	柔(阴)	———————	刚(阳)	简牍
毛笔	柔(阴)	———————	柔(阴)	纸

刻刀与甲骨的"刚对刚"相对尴尬,因此春秋晚期通神目的的弱化后,书写工具与承写物都迅速被取代,东周到西汉的甲骨,已发现的都无字❷。

毛笔与帛是"柔对柔",帛没有被大量使用除了贵重等客观原因外,这种"柔对柔"的尴尬情况可能也是其中一个原因。

毛笔与简牍的情况恰好相反,"柔与刚"的阴阳相济非常完美,因此被广泛使用,难怪王国维先生《简牍检署考》开篇就说道:"金石也、甲骨也、竹木也,三者不知孰为后先,而以竹木之用为最广。"❸

纸出现后,又出现了"柔对柔"的尴尬场面。我们发现纸最初的主要功用并非书写❹,即便是用纸书写,对于书写者来说,经常是"贫不及素,但以纸耳"❺,财力不足的一种无奈的选择❻。不过这时期毛笔的性能已经被逐步掌握了,具备实现某种程度"刚"的条件,"柔对柔"的尴尬场面并非不可调和。翻开历史,发现书论中筋骨概念出现于魏末西晋间,而纸的真正风行也是在晋代❼,并真正取代了竹简成为最主要的书写材料,这仅仅是巧合吗?事实上就纸与笔的刚柔关系,书家们向来关注,王羲之曾说:"若书虚纸,用强笔;若书强纸,用弱笔。"❽康有为也有同样的论述:"若纸刚则用柔笔,纸柔则用刚笔。"❾

这种传统"阴阳"对应统一思想还影响了一些艺术形式对字形的选择。通常认为汉代规范的"缪篆"(摹印)没有随主线文字的发展同步楷化,被定型为篆刻艺术的最主要字体❿完全是出于纯文化的选择⓫,这里的

❶ 有学者甚至认为毛笔的发明就是为了适应在硬质材质上书写,是"刚柔相济"需求的结果。详见张伯闻《汉唐书法片札》,上海书画出版社,2014年,10页。

❷ 李零《中国方术续考》,中华书局,2006年,305页。李学勤先生也认为东周甲骨无刻辞,可能是记于竹简帛书。李学勤《周易经传溯源》,长春出版社,1992年,189-203页。

❸ 王国维著,胡平生、马月华校注《简牍检署考校注》,上海古籍出版社,2004年,1-2页。

❹ 或许也有书写姿势的原因,详见附录十的讨论。

❺《艺文类聚》卷三一引《后汉崔瑗与葛元甫书》:今遣奉书,钱千为赆,并送许子十枚,贫不及素,但以纸耳。见欧阳询著,汪绍楹校《艺文类聚》,上海古籍出版社,1965年,560页。

❻ 也有学者认为"贫不及素,但以纸耳"仅是一句客气话,并没有蕴含轻视纸的意思(详见陈静《东汉"轻视"蔡伦发明的纸吗——"贫不及素"辨》,《编辑学刊》,1999年第1期,70-72页)。不过不论何种理解,纸在东汉确实没有成为书写的最主要载体。

❼ 钱存训《书于竹帛:中国古代的文字记录》,上海书店出版社,2004年,117页。

❽ 据赵宦光,此条为唐以后的人所言,载祝嘉选辑《书学格言》,成都古籍书店,1983年,24页。

❾ 康有为《广艺舟双楫》卷五,载于《历代书法论文选》,上海书画出版社,1979年,848页。

❿ 玺印的其他书体在不同时代略有不同,先秦大篆,秦小篆,汉鸟虫书、隶书;唐宋隶书、楷书。

⓫ 赵昌智、祝竹《中国篆刻史》,上海人民出版社,2006年,83页。

❶［美］史华兹著，程钢译《古代中国的思想世界》，江苏人民出版社，2008年，23-24页。

❷裘锡圭《文字学概要》（修订本），商务印书馆，2013年，84页。

❸王平、［德］顾彬《甲骨文与殷商人祭》，大象出版社，2007年，87页。

纯文化选择应该包含着传统"阴阳"思想。篆刻的书写工具与承写物属于"刚对刚"的状态，选择一种柔的字形就显得非常必要了，于是篆书有了一条与主线不同的专用于印玺的特殊发展方向。

传统文化自身的区域性和时代性也在字形设计上有所反应。鲁国常常被看成是古老的萨满思想模式的故乡，楚国是宗教幻想的故乡（据某些"道家"传说），西北边陲地区半野蛮国家秦国民风简朴而坚韧，为法家思想模式提供了理想的"民众基础"，而中原地区历史悠久、建国甚早的国家，与北部、西部、南部边陲这些新的"半野蛮"国家都存在着文化上的差异❶。战国时期这些区域文化的差异，正好是它们在面对第一次文字下行时展开各自尝试的依据所在，是这时期文字"地域鲜明"的真实写照，也是字形"因地而异"，后世可以归纳出秦系文字、六国文字的根源所在。

传统文化时代性对字形发展的影响在每个时代都有一定程度的体现，影响程度不一，以两汉时期今古文经学之争为例。贯穿两汉的今古文经之争，一方面使篆书等古文字仍然流行于士林之中，通晓古文字成为当时知识分子一种必要的技能；另一方面，这种古文字的兴盛对当时的隶化进程产生了一定的牵制作用，裘锡圭先生在《文字学概要》里感叹："在隶书字形演变的过程里，新的字形出现之后，旧的字形往往迟迟不退出历史舞台。""在少数东汉晚期碑刻上，还可以看到有意按照小篆字形来写隶书的复古现象。"❷

文字的取形也是传统文化"展现影响力"的重要阵地，如日月为"明"、器盖为"合"的辩证思维应用，"伐"——直接砍头、"卯"——对剖祭品❸的古代人祭方法"写实"（图17-1）。前文已经提到了不少传统审美文化、生活文化、宗教文化在取形上的体现，这里不再赘述。

除此之外，传统文化对字形字义的解读也有深刻影响，它虽然属于字义的范畴，但已经形成了汉字

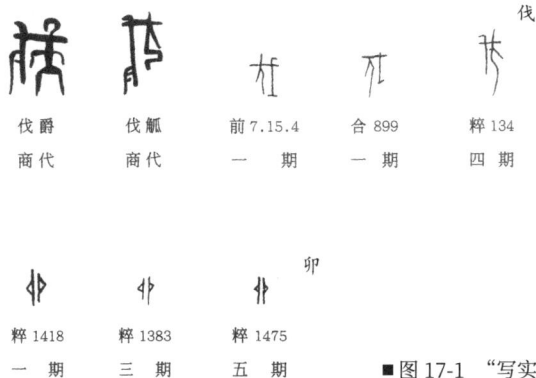

| 伐爵 | 伐觚 | 前7.15.4 | 合899 | 伐 粹134 |
| 商代 | 商代 | 一期 | 一期 | 四期 |

| 粹1418 | 粹1383 | 卯 粹1475 | |
| 一期 | 三期 | 五期 | ■图17-1 "写实"的取形 |

字形的最大特色之一，这里作为一种补充略加论述。有人统计《说文解字》杂有阴阳五行神学色彩的说解约50条，占全书9000多条的5.5%左右❶。事实上，文化介入字形字义非常普遍，古代上至皇帝改元，下至民间测字、取名都与它相关联，时至今日，也很常见。笔者曾玩笑式地解释"王"字："十全十美，顶天立地为王"——拆成"十"和两横（一天一地）；"脚踏实地干事为王"——拆成"干"和一横（地）；"土人顶天为王"——拆成"土"和一横（天）；当然也可以继承孔子的"一贯三"，改为"一贯钱权色为王"。这些解读当然是穿凿附会，算是文化介入文字学的不良"后遗症"，但是无论如何，文化解读是汉字字形所具有的最大特色之一❷，也是汉字字形三种不同的"义"之一，详见附录九。

二 现代文化

韩愈曾说："诸侯用夷礼则夷之，进于中国则中国之。"❸中国现代文化是在吸收外来文化的基础上蓬勃发展的，梁漱溟先生也曾感叹："假使没有外力进门，环境不变，他会要长此终古。"❹外力的消化和吸收总是充满着挑战，在现代文化的进程中，汉字总是危机与机遇并存。

早期的危机最为严重，关乎汉字的生死存亡。受西方思潮影响，20世纪20年代中国兴起了废除汉字的拉丁化运动，瞿秋白认为："汉字真正是世界上最龌龊最恶劣最混蛋的中世纪的茅坑。"❺鲁迅也认为"汉字是愚民政策的利器"，是"劳苦大众身上的结核"，"倘不先除去它，结果只有自己死"❻。该运动很快卷席全国，从1934年8月至1937年8月，可考的拉丁化团体70多个，出版书籍61种，创办刊物36种，67种刊物采用了拉丁字母作报头❼，一时间汉字的地位岌岌可危。庆幸的是，汉字不但没有因此消亡，反而在此过程中完成了第二次下行❽，并获得了再次简化的契机。1935年，国民政府公布了324字构成的《第一批简体字表》，虽然这个字表没能得到普及，但是汉字字形需要简化的观念却从此被普遍接受。1956年，中华人民共和国推出了《汉字简化方案》，简化字形从此在民众中扎了根。

紧接而来的危机是叠加式的。较早的是20世纪上半叶机械打字技术传入，汉字的输入成为一大挑战，林语堂先生曾为了实现中文打字机而倾

❶ 董琨《我国古代辞书编纂中的学术道德传统》，原载于《庆祝中国社会科学院语言研究所建所45周年学术论文集》，商务印书馆，1997年，后载于其《述学集》，商务印书馆，2012年，421页。

❷ 这里的汉字文化解读并不同于黄德宽先生提出的"汉字阐释"概念。黄氏反复强调汉字阐释者要尽可能排除主观随意性，坚持历史性原则。详见黄德宽、常森《汉字阐释与文化传统》，北京师范大学出版社，2014年，4页、10页。

❸ 韩愈《原道》，载于《韩愈全集校注》，四川大学出版社，1996年，2662页。

❹ 梁漱溟《中国文化要义》，上海人民出版社，2005年，249页。

❺《瞿秋白文集》二卷，人民文学出版社，1985年，690页。

❻《鲁迅全集》六卷，中国人事出版社，1998年，160页。

❼ 倪海曙《中国拼音文字运动史简编》，时代出版社，1948年，133-137页。

❽ 关于文字的两种下行详见附录一的讨论。

❶林语堂先生有过两次发明打字机的经历。第一次是1931年代表"中央研究院"到瑞士出席国际联盟文化合作委员会年会时，顺便到英国与工程师合作研究，后因钱不够，只带回一架不完整的模型。第二次是14年后在美国发明的，叫明快打字机，只有64键，每个汉字只需按3键，速度可达50字每分钟，而且任何不受训练的新手也可以使用，并于1946年4月17日向美国专利局申请了专利。可惜这次发明的打字机虽然受到了好评，但因当时中国的形势使市场无法把握，很多公司都不敢制造。详见林太乙《林语堂传》，陕西师范大学出版社，2002年，64-67页，193-205页。

❷其中值得一提的是王选先生负责推进的汉字激光照排系统在期间所做的贡献，详见周程《"死亡之谷"何以能被跨越？——汉字激光照排系统的产业化进程研究》，《自然辩证法通讯》，2010年第2期，30-42页，126-127页。

❸黄德宽、陈秉新《汉语文字学史》（增订本），安徽教育出版社，2006年，146页。

家荡产、负债累累❶。不过这次危机持续并不久，集合众多科学家智慧的、配备数千个铅字组成的大字盘中文打字机并没有在大众中普及，很快一波新的挑战又接踵而至，即信息化时代的到来。这次面临的考验更为多样，诸如数量庞大的编码问题、字库开发等❷，汉字同样抓住机会，在此过程中进行第三次改造。

关于第三次改造，有三个明显的变化：

其一，科学研究思想的导入。文字学由《说文解字》学支配的传统文字学向科学文字学发展❸。从20世纪初到30年代的草创阶段，到30年代至70年代的奠基阶段，至70年代以来的全面发展，科学古文字学体系逐步完善。

其二，数字技术的介入。汉字的成形可以完全脱离书写工具的影响，如墙壁的斑驳肌理、水面荡漾的波纹等不曾作为书写工具的痕迹都可以成为字迹，随心所欲，字迹再也不仅仅是书写工具的事了。汉字字形呈现也实现了动态化，数字技术打破了平面二维的界限，我们能看到动态性的

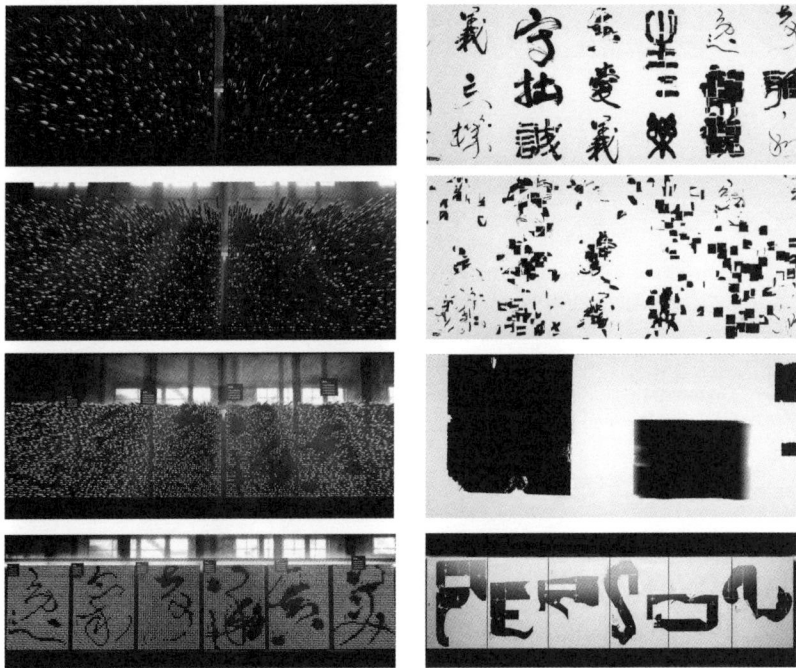

■图17-2 动态字体 《台北申办2016世界设计之都广告宣传片》里出现的两组非常精彩的动态字体。

字形或是处于任何变动过程中的局部字形(图17-2)。此外，文字还可以根据用户行为以及设备环境进行相应的响应式调整❶，字形可以用电脑直接生成❷，字形的多样发展已经远远超越了历史中的任何时代，步入一个新的发展阶段。

其三，字形设计概念的兴起、视错觉观念的介入和阅读人文关怀观念的关注。民国时期出现了"美术字"的概念，使汉字字形从一般的宋体字形和书法字形中解放出来，至当代发展为"字体设计"，并成为独立的学科，视错觉的导入即是这个新学科的"常规要求"。视错觉指从人的视觉特点出发，对一些造成错觉的现象作出相应的调整，如法国国旗红、白、蓝三色面积的比例设置。根据视觉原理，白色给人以扩张感觉，而蓝色则有收缩的感觉，设计时需把有扩张感觉的比例设定小，把收缩感觉的比例设定大，因此法国国旗红、白、蓝三色面积实际比例是35:33:37。汉字字体设计中也常会遇到同类的情况，这种科学手段的借鉴和导入是一种极大的进步，详见附录十一现代字体设计中视错觉的应用列举。

阅读人文关怀指对读者，尤其是小孩、老人及患有弱视等疾病的群体阅读舒适性的关注（图17-3）。设计师提出了"字德"❸的概念，通过对造字、选字、用字的共同考虑，不但关注版面的美感，同时对阅读者肩负起"用眼""爱眼"的责任，体现了新时代的形体发展方向。

❶ 即响应式设计，指字体能够根据用户的使用设备，自动切换分辨率、字体尺寸及相关脚本功能，自动响应用户的设备环境。

❷ 如前文提到的人工智能字体。

❸ 朱志伟《试论报刊正文排印的字艺与字德——以博雅宋的设计和使用为例》，载于《国际新闻界》，2006年第2期，63-67页。

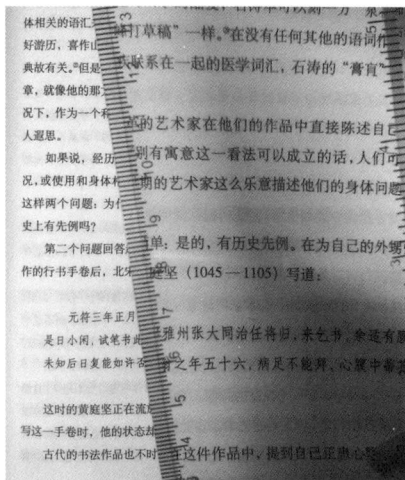

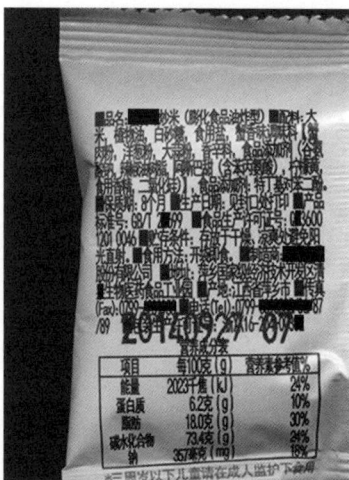

■ 图 17-3 字德 左边为老年人阅读附带的书签式放大镜，透着浓浓的人情味；右边为市面上一些包装上的说明文字（部分产品信息用黑框叠加了），结合其粗糙的印刷，阅读起来困难又伤眼。

■图17-4 立体化字体、切割式字体 左为立体化字体，配合版式和线条，营造一种从天砸落的气势；右为汉字笔画的切割，并与英文字母搭配，共建一幅翩翩起舞、热闹非凡的欢乐场景。皆李海平设计。

除了以上几点，还有不少因素对字形演变产生影响[1]，这里选择其中两个比较典型的初步探讨。

一　地理环境

中国的地理环境除了对某些文字取形产生一定的客观制约外，主要是一种间接的推动，体现在环境的营造，以及在这种环境下一般民众对文字的态度。

对比诞生于平原的甲骨文和诞生于山区的么些文字形[2]，我们就能清晰地感受地理环境在各自取形上的"贡献"[3]。"山"字，处于平原看的是远山，所以甲骨文"山"取多座山峰，而处于山区看的是孤峰撑天的山，么些文"山"只有一座高山，上部还用几条线标出雪线，也有说是路线；"路"字，甲骨文是平原上的大道，中间是十字路口，四通八达，而纳西地区多山，字形是曲径通幽的羊肠小道；"朝"字和"暮"字，甲骨文都是通过草地、树林来显示日出日落，而么些文则是画一座山，典型的山区日出日落景象（图 18-1），地理环境的不同直接影响了文字的取形。

[1] 这些影响因素有些极为关键，比如规范化需求对标准字形的出现、对字形选用制度的形成与更新等保证字形有序发展方面所起的关键作用；又如快速书写需求是笔画化、书写艺术化等字形演变过程中重大"事件"诞生的源头，不过这些影响因素在文中的各个章节中基本都涉及了。

[2] 李霖灿先生推断纳西象形文字（么些文）诞生的地点在无量河流域一带。见李霖灿编著《纳西族象形标音文字字典》，云南民族出版社，2001年，40页。

[3] 董作宾先生《从么些文字看甲骨文》一文对这个问题进行过专门的讨论，下面两种文字对比的例子主要来自先生的论文，见先生《从么些文字看甲骨文》，原作于1951年，现载于刘梦溪主编《中国现代学术经典·董作宾卷》，河北教育出版社，1996年，581-610页。

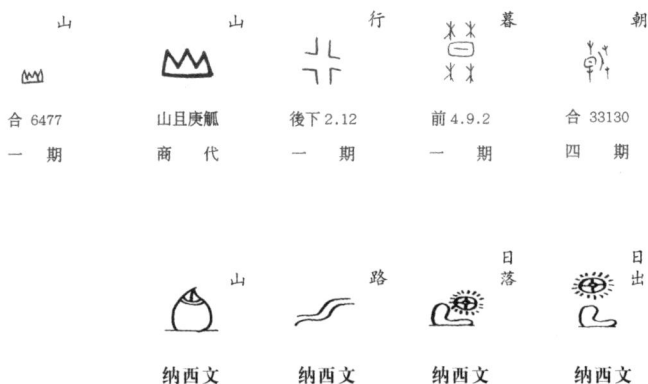

山	山	行	暮	朝
合 6477	山且庚觚	後下 2.12	前 4.9.2	合 33130
一　期	商　代	一　期	一　期	四　期

山	路	日落	日出
纳西文	纳西文	纳西文	纳西文

■图 18-1　甲金文和纳西文各自取形与地理的关系

造字思维也有环境的"功绩"，不过是通过这个环境下农耕文化所具有的思维方式，是间接的作用。农耕经济与渔猎、游牧经济不同，它对生

❶《四书五经》，中华书局，2009年，162页。

❷《吕氏春秋·上农》记载："（然后制野禁）苟非同姓，农不出御，女不外嫁，以安农也。野禁有五：地未辟易，不操麻，不出粪；齿年未长，不敢为园圃；量力不足，不敢渠地而耕；农不敢行贾，不敢为异事。为害于时也。然后制四时之禁：山不敢伐材下木，泽人不敢灰僇，缳网罝罦不敢出于门，罛罟不敢入于渊，泽非舟虞不敢缘名，为害其时也。"（张双棣等译注《吕氏春秋译注》，吉林文史出版社，1987年，916页。）这些禁令是为了把农民固着在土地上。

❸ 如黄梨洲先生那样主张应用简形字的毕竟少数，多数是"竟黜之"，并非赞同的态度，见钱大昕《十驾斋养新录》所摘录："《履斋示儿编》云：诚斋先生杨公考校湖南漕试。同僚有取《易》义为魁。先生见卷子上书'盡'字作'尽'，必欲摈斥。考官力争不可。先生云：'明日揭榜，有喧传以为场屋取得个尺二秀才，则吾辈将胡颜？'竟黜之。"载于《十驾斋养新录》，上海书店1983年据商务印书馆1937年版复印本，卷三，61页。

活资料的获得不是直接获得实物，而是要遵循季节变化和农作物的生长规律。《国风·豳风·七月》里对一年四季中农事活动的描述："一之日觱发，二之日栗烈。""三之日于耜，四之日举趾。""四月秀葽""八月其获""九月筑场圃""十月涤场"❶，这是典型的计划和付出在前，收获在后，这种思维顺序首先反映在中国先民语言的语序特征上，进而影响了汉字的成形过程。比如隶书的诞生就是经历了漫长的萌芽、试验、总结、再试验、再总结的一个从无到有的阶段，而欧洲如腓尼基字母、希腊字母则都是先直接获得字形再寻求发展，次序完全不同于汉字。

这种农耕特点在字形设计的简化意愿上也有所体现。中国古代中原地区适宜农耕面积大，而且气候良好，生产季可以达到两百五十多天，因此古代中国的经济基础是农业，历代政府重农并制定如"制野禁"和"制四时之禁"❷之类的禁令使农民生活在既定的土地上。这种生活方式下的农民一辈子生活半径非常有限，对文字的需求不高并形成特定的解决办法，如日常生活的民俗用字通常农民自身就能胜任，而偶尔的书信需求往往村里或镇上某一识字书生就能满足，于是汉字出现了自己独特的用字环境。一方面，汉字的流通不会遇到如同腓尼基人商业贸易那样强烈的便捷高效需求，字形复杂与否并不重要，民俗用字甚至可以牺牲字形；另一方面，文字在贵族和文人群里依然具有身份象征的作用，复杂的汉字字形更能彰显他们的身份❸，因此该群体对文字大众化也有一定的抵触。这带来了一个意想不到的结果，即历代虽然俗字不断，但实际上成熟后的汉字字形简化意愿却不强烈，这也解释了为什么在民国初期当普及教育被提上日程的时候，汉字复杂的字形就立即受到批判，简化活动随即兴起。

中国地理尚有一个不可忽视的"贡献"，就是创造了古代中国文字相对安全的发展环境。古代中国东、南、西、北各个方向都存在古人无法克服的地理障碍，形成一个相对独立的自然封闭地理空间，外部的骚乱从来没有如同古代西方那样的毁灭性，这使汉字的发展在很长的时间里是一个自我演化，几乎没有外来因素的大影响。相对于古埃及象形文字、楔形文字的命运，中国的古文字是比较幸运的。

　　历代的字书辞书对汉字字形设计的影响无法估量, 表现在三个方面:

　　其一, 建构了考察造字结构的理论体系。以《说文解字》为代表, 字形设计从此有了相对完善的理论体系, 至元代杨恒《六书统》、戴侗《六书故》, 明代赵撝谦《六书本义》、杨慎《六书索隐》, 清代段玉裁《说文解字注》、朱骏声《说文通训定声》等书的发扬, 造字结构的研究日趋丰富和完善。

　　其二, 正形。字书辞书对字形规范也作出了很大的贡献。《说文解字》除理论体系建构外, 本身就具备一定的正形意义, 而颜师古《字样》、颜元孙《干禄字书》、张参《五经文字》、唐玄度《九经字样》等都是为字形规范而著的专门书籍, 对字形规范起了很大的推动作用。字书辞书对阅读也有极大帮助, 如辽代幽州僧人行均为研读佛经而编撰的一部字书《龙龛手鉴》, 取材除了经传文籍外, 更主要的是藏典佛经, 是一部阅读佛经时用于检查异形字、异体字的重要工具书。

　　其三, 字形收集整理和保存。没有历代字书辞书的集录, 很多字形必定会失传, 宋代是其中的典范: 吕大临《考古图释文》收字八百二十余字, 每字各举两三种多至十几种字形, 是最早的金文字典; 郭忠恕《汗简》据七十一种古籍和石刻而成, 是最早收集当时所见经传古籍古体汉字的专著; 陆佃《埤雅》和罗愿《尔雅翼》专门训释动植物方面的词汇, 是收集古今各种动植物名称的专有辞典; 洪适则以当时所见的汉代碑碣文字, 收集模刻, 著有《隶释》《隶续》《隶纂》《隶韵》, 虽然《隶纂》已佚,《隶韵》也残缺, 但是《隶释》和《隶续》确是研究隶书的重要资料。

附录

汉字有过两次下行，第一次发生于春秋战国时期，第二次发生于民国时期，是汉字演变过程中两次巨大的挑战，也是两次不可多得的机遇。

先看第一次，它实际上是一种不可阻挡、特权外泄式的"权力分享"，最初能受惠的人群其实是很有限的，不过正处于初期阶段的汉字却把握了这次下行的契机实现了一次质的飞跃，不少涉及汉字发展方向的重大抉择都出现在这一时期，主要表现在三个方面：

（1）原文字"专享"阶层如何面对"特权"的削弱；

（2）造字法如何面对更精细表达语言的需求；

（3）字形如何实现快捷书写需求。

这三点在配合中解决和并进，带来了一系列重大变革。其中最值得一提的是审美志趣从一般文字体系"习惯性"重视的字形表面装饰转向汉字"特有"的字形书写内在意趣，带来对书写艺术性追求的"专一"，对汉字的发展影响深远。

第二次下行情况略有不同：

首先，它是主动的，希望人人都掌握文字的全民普及式的下行；

其次，处于文字发展的成熟期。

正因为如此，第二次下行对千百年来约定俗成的字形、使用工具、文字使用方式等多个方面都提出了挑战，甚至质疑，虽然最终以"改良"的方式完成了这次下行，但它带来的几个变化，我们现在依然有所感受：

（1）文盲率的下降；

（2）日常书写工具毛笔的终结；

（3）书法的式微；

（4）民间文字装饰形式的"扶正"；

（5）行款基本样式的变革；

（6）白话文的一统天下。

这些变化都意味着汉字发展步入了一个全新的发展阶段。

两次造字观念
羁绊的冲破
　　单一　　　　加入　　　　构形从场景式图示法　　构造
　　表义方式　→　表音成分　→　向罗列式组合法转变　　层面
　　遵照　　　　因生理性　　　构形元素变成有限的　　造型
　　取形物象　→　笔势而定　→　几个笔画形态　　　　层面

■图附 2-1　两次造字观念羁绊的冲破

汉字演变过程中冲破过无数羁绊,其中至关重要的有两个涉及了造字观念的羁绊:

一个是单一表义方式的羁绊(构造层面);一个是取形物象的束缚(造型层面)。

第一个羁绊的冲破以虚实应用中形声方式的出现为标志❶。它是一种借用已有的字形直接记音或部分记音的方式,其中形声方式中作为形符的构件还具有提示字义的功能,这不但极为适合当时汉语的特点❷,也使造一个新字和字形识读都变得更加轻松、容易,而更为重要的是使文字变得更具系统性。我们可以说汉字更精确地记录语言需求的最终满足,甚至汉字至今依然能保持强大的生命力❸都与这个羁绊的冲破密切关联。

除此之外,加入表音的方式使汉字的构形由局限性很大的场景式图示法向高度灵活的罗列式组合法转变,带来几个典型的益处:

(1) 再次合形时构件布局变更的"底气"所在;

(2) 小篆和楷书构件布局几种平面图示形成和稳定的基础;

(3) 字形外轮廓方块形态形成和稳定的基础。

不过,单一表义方式的冲破虽然从构造层面上实现了字形的精简❹,可惜它对原初字形的直接采用使大部分字形依然很烦琐,并不便于快捷书写,这种情况的解决来自第二个羁绊的冲破。

我们知道汉字最初的取形是一种"画成其物,随体诘诎",因此无论是采用何种概括方式,取形物象都是字形形态的最主要依据,往往不可逾

❶ 假借相对单一的全字形借用方式可以认为是期间的一种过渡形式。

❷ 首先,形声方式非常完美地满足了古代汉语大多数是单音节或双音节,极少三个音节的特点;其次,形声方式也很好地配合,或者说参与了古代汉语造词的过程,大部分汉语新造词是形声字。

❸ 我们甚至可以认为这个羁绊的冲破,为汉字找到一个西方不得不走拼音文字道路才能解决诸多文字发展需求的办法,换句话说,这也是汉字无须走拼音文字道路的一个原因所在。

❹ 汉字的简化不仅仅是表面字形上的简化,前文"形的极简化"已有相关论述。

❶ 详见上篇字形演变两种模式的具体讨论。

❷ 王宁《汉字构形学导论》，商务印书馆，2015年，3页。

越，这使字形的简化很难实现质的跨越。第二个羁绊的冲破，即改变束缚于取形物象的取形方式从根本上解决了这个问题，它促使汉字从象形模式步入笔势化模式，字形线条不再是"随体诘诎"，而是"随笔势而定"❶，实现了字形造型上的一次观念改革，奠定了后世汉字的基本形态。

当然，值得注意的是，这两个造字观念羁绊的冲破都不是颠覆性的，而是一种巧妙的中和。汉字既可以"以形索义"，又能够"因声求义"，其实就是冲破第一个羁绊后表义、表音中和的一种反应；而目前我们依然能从个别字形依稀看到其取形物象的形态，当代有些字体设计可以采用其取形物象直接还原的设计手法，则是冲破第二个束缚后，字形并没有与取形物象完全割裂的最好证据（图附2-2）。

■图附 2-2 结婚字体标志"余杨" 这个结婚字体标志"余杨"中，字形上面的一撇一捺一方面直接应用了"余"字原始取形物象中"家"的形态。"余"字的甲骨文像以木柱支撑屋顶的房舍，为原始地上住宅，与"舍"字同义，契合组成一个"家"的含义。另一方面，借用"亲"的宝盖头（即一撇一捺），表成为至亲。西周金文"亲"字存在无宝盖头和有宝盖头两种字形，都有亲自的意思，后延伸为至亲。标志一撇一捺这两个深刻含义的表达和解读都是来自对"余""家""亲"字形原初取形物象的还原，李海平设计。

附录三　字形设计与字体设计的差异及一些相关"体"概念的厘正

关于字形设计概念的由来在绪论中已经有详细讨论，这里不再赘述，我们来看看字体设计。

首先同样必须厘清字体的概念。

字体，王宁先生认为是不同时代、不同用途、不同书写工具、不同书写方法、不同地区所形成汉字书写的大类别和总风格❷。在设计领域里，字体的这个"大类别和总风格"被极大地发挥，不但囊括所有出现过的书写

类别和风格, 更是尽可能地开发各种新的书写类别和风格, 于是结合设计的目的等因素, 字体设计的概念被定位为文字的美化:

字体设计是运用装饰手法美化文字的一种书写艺术[1]。

字体设计主要应用于商业活动, 起宣传作用, 其内容包括"识字""用字"和"造字"[2]。"识字"指根据项目需求, 选择风格契合的字体, "用字"指根据项目需求对选用的字体进行如大小设定、字符间距设定、颜色设置等应用, "造字"容易有歧义, 其实它只是根据项目需求对原有文字形体的一种整体的精心重构, 把控字体气质、风格等相关内容, 并非指造一个新字。

综上, 我们不难看出字形设计与字体设计的差异, 可以说它们是两个完全不同的概念:

(1) 字形设计有新造字和原有字形的改造, 而字体设计仅是一种现有字形的美化, 不涉及新造字;

(2) 字形设计具有过程性, 演变结果未知, 而字体设计则有明确目标任务, 结果通常是可预测的;

(3) 字形设计服务于文字演变, 而字体设计主要服务于某个商业项目。

此外, 根据字体的"体"是讨论文字的风格, 而"形"为风格实现的依附媒介, 我们不难发现目前文字学上一些用到"体"的概念实际上与风格没有明显关系, 与"形"反而更密切, 严格来说用"形"的概念更为贴切, 可以尝试调正如下:

简体字, 应为简化字或简形字更合适;

繁体字, 应为繁化字或繁形字更合适;

独体字, 应为独形字更合适;

合体字, 应为合形字更合适。

异体字, 也被称为"异形字", 通常认为音义相同而外形不同[3]。可惜这种说法很模糊, 其实这个"外形的不同"存在三种情况, 我们可以把它细分为三个相关概念:

(1) 构件不同, 方位相同或不同——结构问题, 可以称为异形字;

(2) 构件相同, 但方位不同——位置问题, 可以称为异位字;

(3) 构件相同, 方位相同, 但字迹不同——风格问题, 可以称为异体字。

[1] 余秉楠《字体设计基础》, 人民美术出版社, 1993年, 1页。

[2] 李海平《汉字字体设计原理》, 高等教育出版社, 2016年, 1页。

[3] 裘锡圭《文字学概要》(修订本), 商务印书馆, 2013年, 198页。

当然有一组"体"的概念比较特殊,就是正体与俗体。古代把字形规范和书体规范看成是同一件事,正体也即正形,俗体也即俗形,一般情况下两种说法可以通用。

附录四　笔画化对不同类别字形外轮廓最终选定的影响

笔画化对不同类别字形外轮廓的最终选定有重要影响。

我们通常说汉字字形横多竖少,但是线条化后的线条与笔画化后的线条有两个常被忽略的差异:

(1) 线条化后字形宛曲的长线条虽然看起来只有一笔,但内在其实涵盖了多个横向、竖向及弧状的线条,而笔画化后的长线条不存在如此众多的内在线条,因此笔画化后一个字形的实际线条数量其实是减少了,横线、竖线及其他笔画各自数量之间的比例也减少了,通常没有线条化时期差距那么大(图附4-1)。

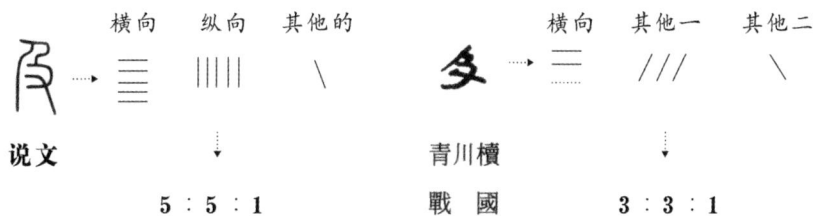

■图附 4-1　篆文和隶书内含的线条数量　小篆"及"字中内含横向线条的数量明显高于古隶的,而各不同方向线条数量之间的比例,小篆的数值也高于古隶,可见我们不能因篆文字形表面线条数量的稀少而忽略它实际所蕴含的内在线条数量。

(2) 线条化后归纳的弧线往往需要占据很大的空间,而笔画化的线条通常呈直线状态,占据的空间减少了很多(图附4-2)。

这两个差异直接导致了各类字形对外轮廓的不同选定:

篆文字形不得不以长方形轮廓为主,以疏解内在蕴含的众多横向线条占据的空间。或许早期的篆文字形尚因为占据很大空间的弧线方向多

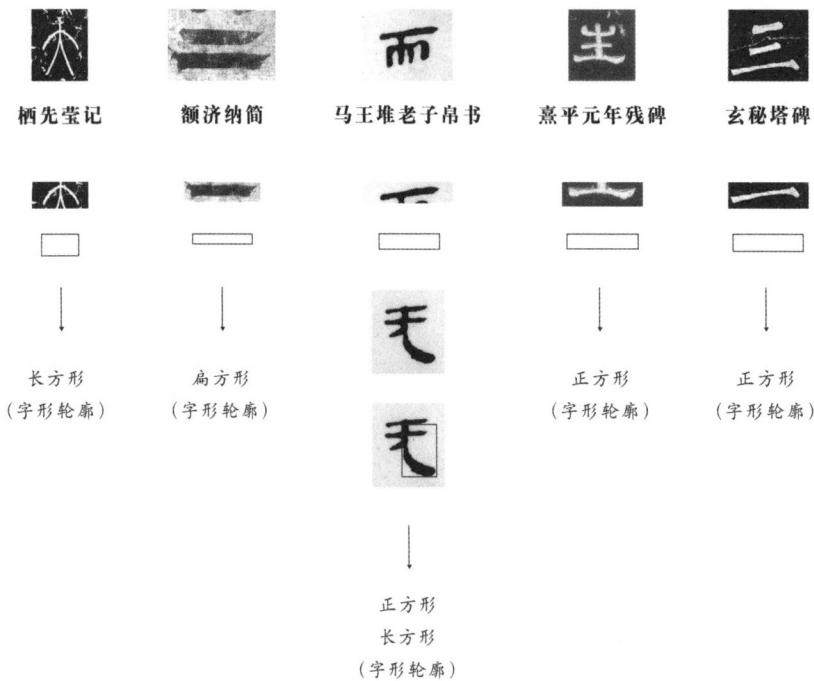

栖先莹记　　额济纳简　　马王堆老子帛书　　熹平元年残碑　　玄秘塔碑

长方形　　扁方形　　　　　　　　　正方形　　正方形
(字形轮廓)　(字形轮廓)　　　　　　(字形轮廓)　(字形轮廓)

正方形
长方形
(字形轮廓)

■图附 4-2　不同的字形线条所占空间的差异　不同特点的线条所占据的空间差异很大,直接影响了最终的字形外轮廓形态。篆文线条匀称,但弧线的形态"撑开"了很大的空间,因此字形外轮廓多数呈长方形;早期隶书比较复杂,直线状的笔画所需空间最小,不过它的笔画经常出现倾斜,个别笔画喜欢夸张处理,这些都需要占据很多空间,因此字形轮廓要么扁方形,要么正方形,个别时候甚至是长方形;汉隶的波磔和楷书的提按占据了不小位置,字形轮廓多以正方形为主。

样,出现或方或长的轮廓不定状态,而在规范化了、线条方位明确的小篆字形中则不得不以长方形轮廓为主。

隶书和楷书虽然都得益于第一点提到的笔画化变化,但是它们的笔画细节并不相同,因此字形外轮廓也是各有所选。

隶书字形比较灵活,可方可扁。早期隶书相对后来的汉隶,因笔画的波磔特点尚不明显,占据的空间很小,结合笔画穿插、避让手法,字形可以轻松地呈现扁方形态❶。不过实际出土的古隶字形中,因笔画喜欢倾斜或某个笔画的夸张处理,字形轮廓真正呈扁方形态的不多,更多的是方形甚至长方形;到了汉隶,笔画波磔成为定式,笔画占据的空间扩大,字形轮廓只能更多以方形呈现。

楷书则基本没有别的选择,它的笔画呈直线状,占据的空间虽然小于小篆的弧线,但它应用了提按手法,所需空间其实也不小,因此即便使用了穿插、避让原则,扁形空间往往也不够字形笔画的排布,这造成我们极少看到扁形的楷书,而是以方形为主。

综上,我们不难发现,字形外轮廓方块化的形成过程中笔画化起了重要的作用,是不同字形外轮廓选定的重要影响因素之一。

❶ 学者们常认为竹简上书写上下空间的限定迫使了字形的扁化,这当然无可非议。不过这种扁化不可回避一个前提条件,即组成字形的各类线条之间的数量比例不能差异太大,每个方向的线条不能占据太大的空间,而这是笔画化实现的,笔画化在其中的"功劳"不容忽视。

❶ 汉字采用合形方式成字,它必然需要这些构件采用上下左右的相对位置来反映事物的关系,天然具备了方块的格局。

❷ 肖东发《中国图书出版印刷史论》,北京大学出版社,2001年,341-342页。

❸ 董子凡《古代中国缘何未推广活字印刷》,《国际新闻界》,2007年第5期,70-73页,80页。

当然,这里有必要补充一点,就是笔画化对字形轮廓起作用是建立在字形本身就具备方形特征基础上的,对此前文已有涉及,这里可以大致归纳如下:

其一,以"天圆地方"的"方"为代表的汉民族文化是方形观念来源的文化依据;

其二,刻刀、毛笔等书写工具形成的笔迹形态,合形基本成形范式带来的构件组合方式❶及先民取形时所用的物象概括手法、视角方式等都是汉字块状形成的客观条件;

其三,甲骨占卜、竹简等带来的行款基本样式是块状字形向方块化字形推进的主要力量,而笔画化则很大程度上决定了各不同类别字形的最终轮廓选定。

附录五 中国古代活字印刷"边缘化"原因新探

活字印刷在中国古代的命运早已经是不争的事实。"有人用清末版本目录《增订四库简明目录标注》统计,其著录历代书籍7748种,不同版本20000部。其中活字印本仅220部,仅占1%。解放后出版的《北京图书馆善本书目》共著录历代善本11000多部,其中活字印本也只有150余部,仍不到1.5%。"❷

1%和1.5%的比例不禁让人扼腕叹息。那么是什么制约了中国古代活字印刷术的发展呢?历代不少学者针对这个问题从政府、工艺难度、投资成本等不同角度提出了见解,也有部分学者尝试从欧洲的最新理论中寻求答案,如董子凡先生在《古代中国缘何未推广活字印刷》一文中借用欧洲"补偿性媒介"理论,认为"活字在中国的冷遇主要是由于其当时不足以补偿成熟的雕版技术"❸。可惜有一个重要的原因常被忽略——章法需求。

那么,章法需求是如何影响中国古代活字印刷发展呢?

首先,我们发现中国古代活字印刷术的发展历程中有三个特殊的现象。

第一个现象是中国古代的活字印刷相对于雕版印刷，印刷活动的持续时间上相去甚远，有限的几次大型印刷活动持续时间都不长。比如明代活字印刷规模相对较大的安氏，不但影响力上"惟仅限于无锡一隅"[1]，其持续时间上，安氏的活字印刷活动自安国去世后，"全部铜字同其他田地财产一样，也被六个儿子瓜分，每人所得的铜字，各残缺不全，成为无用的废物。"[2]实际是一代而终。再如屈指可数的两次清代官方活字印刷《古今图书集成》和《武英殿聚珍版书》印刷活动也都非常短暂，"清廷这批铜字排印《古今图书集成》之后，未见记载排有其他书籍。……于乾隆九年将铜字库残存铜字、铜盘全部销毁，改铸铜钱，这批珍贵的铜活字，从此消失殆尽。"[3]《武英殿聚珍版书》的木活字命运也差不多。"金简制作的大批木活字，后来长期存放于武英殿中，没有能得到充分利用。到了嘉庆以后，管理也逐渐松懈，不被重视，竟被卫兵用于烧火取暖，全部毁尽了。"[4]古代中国规模最大的两次活字印刷活动都以如此让人惋惜的方式结束了自己的历程。

第二个现象是活字印刷有一个非常广泛的应用——印刷家谱。"明末开始采用木活字印刷家谱。到了清代，用木活字印刷家谱更为盛行，达到了历史顶峰。清代用木活字印刷的家谱，仅北京图书馆家谱中心收藏的就有五百多种。"[5]"上海图书馆所藏11700种家谱……其中木活字本多达9314种，占所藏家谱总数近80%。"[6]地区上，"浙江家谱中，谱籍地为金华地区的存世家谱有3465种……其中木活字本有3163种之多，占总数的91%；谱籍地为杭州、宁波和绍兴地区的家谱分别有1059种、1598种和2166种，其中木活字本家谱分别占67%、64%和78%，均以木活字为基本印刷方式。"[7]对于印制家谱的流动模式，"用木活字排印家谱，到清初蔚然成风。……出现了专门为人刻印或排印家谱的工匠，称为'谱匠'或'谱师'。有些人还在农闲季节，携带工具，走乡串镇，为人摆印家谱。"[8]

第三个现象是在西夏和回鹘发现了宋元期间的活字本和活字实物。"宋元两代的活字印刷，虽有文献记载，但是迄今为止，在浩如烟海的汉文古籍中，尚未发现宋元时期的汉文活字印本……上述西夏活字印本，是现存世界最早的活字版印本实物。"[9]而回鹘木活字，"1908年，一支法国探险队在敦煌北区的洞窟积沙中发现了960枚回鹘文木活字，悉数掠往法国。近些年来敦煌研究院又发现了几十枚回鹘文木活字，总数达1014

❶ 张秀民《中国印刷术的发明及其影响》，上海人民出版社，2009年，197页。

❷ 张秀民《明代的活字印刷》，《史学史资料》，1980年第1期，30-37页。

❸ 徐忆农《活字本》，江苏古籍出版社，2002年，140页。

❹ 李万健《中国古代印刷术》，大象出版社，1997年，107页。

❺ 李万健《中国古代印刷术》，大象出版社，1997年，109页。

❻ 吴展《中国古代家谱印刷中的木活字应用》，《北京印刷学院学报》，2006年第4期，75-77页。

❼ 丁红《木活字印刷文化在浙江家谱中的传承与发展》，《图书馆杂志》，2008年第2期，76-80页。

❽ 李致忠《古代版印通论》，紫禁城出版社，2000年，361页。

❾ 牛达生《西夏活字印本的发现及其活字印刷技术研究》，《历史深处的民族科技之光：第六届中国少数民族科技史暨西夏科技史国际会议文集》，宁夏人民出版社，2003年，131页。

❶ 史金波《千年活字印刷史概说》，《固原师专学报》，2001年第4期，39-44页。

❷ 牛达生《西夏活字印本的发现及其活字印刷技术研究》，《历史深处的民族科技之光：第六届中国少数民族科技史暨西夏科技史国际会议文集》，宁夏人民出版社，2003年，124页。

❸ 肖东发《活字印刷术的发明及其在宋元时代的发展与传播》，《北京大学学报》（哲学社会科学版），2000年第6期，96-104页。

❹ 陈炳应《西夏人对活字印刷术的杰出贡献》，《西夏学》，2006年第00期，1-11页。

枚……这批回鹘文木活字被推定为13世纪的遗物，是现存世界上最早的木活字，十分珍贵。"❶

这三个现象中的前两个现象说明活字印刷术不仅仅是1%、1.5% 比例很少的窘态，更关键的是它从未引起社会主流的真正重视，相对于雕版印刷的全面开花、长盛不衰，活字印刷完全不可以相提并论。但是，真正值得反思的是第二个和第三个现象：

（1）不被社会主流注重的活字印刷，为何被广泛应用于印制家谱？

（2）发明于中原的活字印刷术，何以能在西夏和回鹘受到如此重视？

活字印制家谱的广泛流行以及西夏、回鹘活字印本和活字的发现展示了中国古代活字印刷术的另一种命运，这种反差极大的境遇为我们提供从另一个角度窥视是什么制约了中原活字印刷术发展的机会。

在考察了西夏、回鹘和家谱活字或印本的相关实物之后，我们发现对印本字体与章法的不同态度起了重要的作用。

先看西夏活字本实物，牛达生先生总结其字形方面的特点："字形大小不一。""笔画有粗有细。""字体有方有长。""字体风格不同。"其章法："字与字间，间距不一。""竖看字行不直，或左或右倾斜，横看字列不正，或上或下摆动。"❷其他专家也有类似的结论："王静如、曹淑文等又发现一些根据西夏文《华严经》残卷，行字之间歪斜参差不齐，正面纸背墨色浓淡不一，有不少挖补重印文字，又有用墨笔填写的小字。"❸这些活字本的字形和章法的特点证实了它们活字印本的身份，同时也侧面反映了另一个情况，就是统治者对版本字体和章法的需求不高。事实也确实如此，西夏统治者对这些活字本传播作用的需求明显高于对字体和章法美感的要求。1036年西夏景宗创制西夏文字，"为了普及、推广西夏文、儒学、佛教和其他文化事业，需要大量教材、书本、佛经、绘画等，仅靠向宋、辽、金购买和手抄，是远远不够需求的，必须大力发展印刷业。"❹而这时期活字印刷术的传人正好契合了这种需求，活字印刷术成为西夏统治者传播文化的一种主要手段，版本字体与章法这些书法上的艺术性追求反而显得次要了。

回鹘文呢？回鹘文木活字是现存世界上最早的含有以字母为单位的活字实物。[1]作为字母文字的回鹘文与汉字是有本质上的区别的，其中尤其明显的是字形上的差异。汉字字形方正，而回鹘文大小不一，这造成了它们外形的差异："因为单字拼音有长短，所以木字不能方整相同。敦煌千佛洞中，曾发现元代维吾尔文的木活字，用硬木锯开，大小不等。"[2]目前没有发现回鹘文的印本实物，因此无法证明回鹘文印本是否对章法有什么需求，但是从同属字母文字的西方文字印本对印刷章法的态度，我们不难得出得出这样的结论：回鹘文即便存在一定的版面美感追求，也不大可能类似汉字印本那样的章法"苛求"。活字印刷显然非常契合回鹘文这种大小不一的字母文字字形特点，这可能就是目前能有如此大量回鹘文木活字存在的一个重要原因。

那么家谱呢？一些文章对家谱活字印本有这样的描述："多数木活字字模的刻制做不到整齐划一，常有板框与字体大小不一、笔画粗细不整、栏线互不衔接或者墨色深浅不匀的现象。"[3]可见，家谱活字印本对字体与章法，尤其是章法也是没有什么苛求。事实上，"家谱类出版物续修周期短（一般10～30年一修），更新快，无须保留原版，但要随族中人丁的增长不断续修增补世系。……用木活字印刷的续修家谱，多把补印新增的内容加配在原有的旧谱后合订而成，凡此一种家谱往往保留着几个不同时期经多人之手续修排印而成的版面形式。"[4]另外，"发行对象主要在本家族内部，印刷费用一般由本家族产支付或各支各房分摊凑集。所以，家谱的印刷尽量降低工本费用，不刻意追求精美，只要求字迹清晰，便于收藏，这一要求正符合木活字印刷的特点。"[5]这样，降低了印刷字体与章法要求的活字家谱印刷活动在民间得到了繁荣发展。

通过上面的分析，不难发现正是西夏、回鹘和家谱的活字印本对相关字体与章法的放松态度给予了活字印刷繁荣发展的机会，尤其是西夏和回鹘更是借此发展契机，探索改进了活字技术："西夏人于1140年左右首创木活字印刷术，不仅使木活字印刷术的发明时间提前了150年左右；而且在试验成功木活字印刷之后，及时大力推广应用，从没有间断过；同时，简便易行的木活字印刷术，又为活字印刷术向世界传播打下了良好的基础，西夏人对印刷术的发展做出了杰出的贡献。"[6]那么是不是中原地带对印本的字体和章法的"苛求"抑制了活字印刷术繁荣发展和探索改进

❶ 肖东发《活字印刷术的发明及其在宋元时代的发展与传播》，《北京大学学报》（哲学社会科学版），2000年第6期，96-104页。

❷ 张秀民《中国印刷术的发明及其影响》，上海人民出版社，2009年，63页。

❸ 丁红《木活字印刷文化在浙江家谱中的传承与发展》，《图书馆杂志》，2008年第2期，76-80页。

❹ 丁红《木活字印刷文化在浙江家谱中的传承与发展》，《图书馆杂志》，2008年第2期，76-80页。

❺ 吴展《中国古代家谱印刷中的木活字应用》，《北京印刷学院学报》，2006年第4期，75-77页。

❻ 陈炳应《西夏人对活字印刷术的杰出贡献》，《西夏学》，2006年第00期，1-11页。

❶ 张秀民著,韩琦增订《中国印刷史》,浙江古籍出版社,2006年,116页。

的机会呢? 这延伸出了另外两个问题:中原地带是谁主宰着活字印刷发展的命运? 这些"主宰者"对活字印刷的字体与章法是否有特别需求呢?

在中原地带,文人阶层主宰着活字印刷发展的命运。两千多年来,儒家思想统领中国的封建社会学术领域,图书类型主要在经、史、子、集的圈子里徘徊,儒家书籍是中国古代印刷的"主角"。因此,使用这些儒家书籍的最主要群体——文人,他们的喜好直接影响着书籍的生产和发行,是最重要的"裁判",对活字印刷发展命运具有决定性的作用。

那么,这些文人对于印刷的字体与章法是否有特别需求呢? 答案是肯定的。具有书法传统的古代中国,对于刻本的书法性追求是一种常态。自雕版印刷术发明后,历代文人因对书法性的喜好而亲自写版的不在少数,比如岳珂《玉楮诗稿》八卷"因遣人眷录,写法甚恶俗不可观,乃发兴自为,手写一百零七版"❶。毫无疑问,这些文人对雕版印刷的书法性喜好会毫不犹豫地转接到活字印刷中。

对于文人这种刻本书法性喜好的行为对中国古代活字印刷发展的制约,不少学者已经有所涉及,比如张秀民先生就说道:"宋木刻书之精美远过于活字版。……至若活字版在当时为新兴之术,习者不众,技亦不逮,自难于杭蜀梓匠并驾齐驱,惟当时木板之精美,故人亦唯群趋于锓木之一

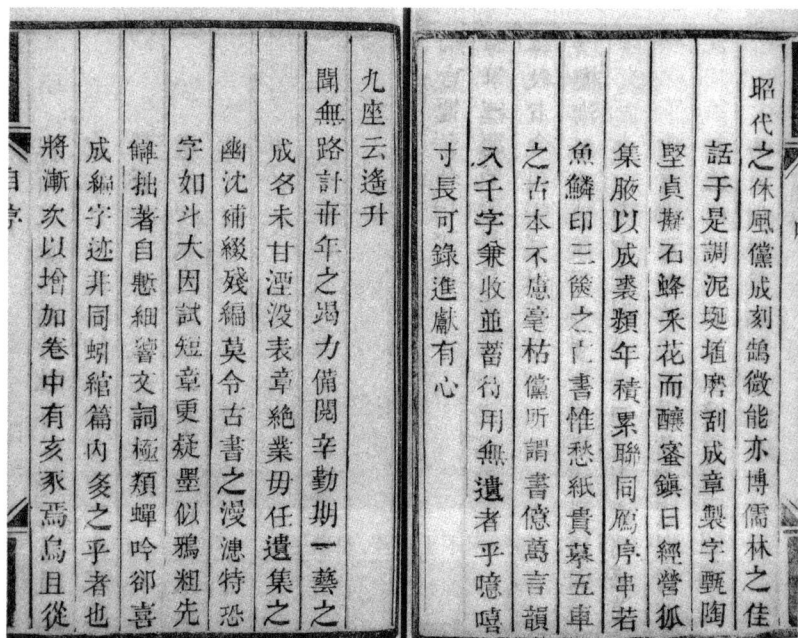

■图附5-1 泥活字印本 泥活字印本《泥版试印初编》,1844年翟金生自造自印。

途。凯特（Cater）亦曰：'宋刻本之技无以复加，迥非近代印本可比，在事实上活字从不能代替木板者，以中国人爱木板书法之美，其一因也。'"❶ 可惜这些论述都比较笼统，鲜有提到印刷书法性的具体表现内容，即文人在印本中对印刷章法上的具体需求，以及活字印刷术在面对这些具体需求时是如何失去了发展契机的。

❶ 张秀民《中国印刷术的发明及其影响》，上海人民出版社，2009年，196-197页。

❷ 钱存训《中国纸和印刷文化史》，广西师范大学出版社，2004年，210页。

不过"垒字成篇"，要讨论文人对印刷章法的需求，对印刷章法的基本元素，即印刷字体的关注是必不可少的。对比了活字印刷及与它不同命运的雕版印刷在面对文人印刷字体与章法的需求时，活字印刷表现出来的"无能为力"，答案不言而喻。

字体方面，雕版印刷字体虽然命运也不乐观，但最终还是被文人们接受了。宋体字在正德时达到了成熟，从此统治了绝大部分刻本的字体样式，但是文人眼中的好字依然是手写的"软体字"。直至清代，雕版印刷依然根据字体被分成写刻和宋体字刻两大类，并且认为软体字的写刻是精刻本的代名词。庆幸的是，宋体字不但解决了雕版的快速雕刻问题，而且是对楷书的一种成功的改造，在一定程度上拥有书法的神韵，文人最终还是认可了这种字形。相对于雕版字体，活字印刷的字体虽然可以与雕版印刷通用，但是活字印刷的字体会显得更加"机械"。雕版印刷一页一版的方式使雕版字体在一定的程度上可以根据版面的具体情况追求字体间、行列间的细节变化（图附5-2），事实上雕版印刷往往是靠这种方式解决章法的一些"苛刻"要求。但是活字在雕刻的时候，书工和刻工都无法预料某个字在实际印刷时它的"邻居"会是谁，因此活字印刷对字体的共性要求更加严格，而这种高度雷同"状如算子"的字体形式恰恰就是追求个性风格的文人们所不喜的。

章法方面，雕版印刷也同样找到了自己的解决办法。雕版印刷一版一页的技术特点使它可以在一定程度上考虑字与字、行与行之间呼应、照顾等关系，具备了章法的美感，书法章法可以直接嫁接过来。雕版印刷也在自己的漫长发展过程中，对章法的经营高度成熟，出现了不少精品。而这对活字印刷是不可想象的，活字印刷面对章法的考究经常是无能为力的，很多印刷史论著都认为："讹夺误植，字行不齐，以及行距不均等成为活字印本的明显特征。"❷ 更有甚者："近年来有人一见印纸上行歪字斜或

　　　　　　　　　　　汉字字形学新论

❶ 李致忠《活字印刷术的发明及其制字材料的演进》,《文献》,1998年第4期,114-137页。

❷ 李清志《古书版本鉴定研究》,台湾文史哲出版社,1986年,245页。

❸ 牛达生《西夏活字印刷研究》,西夏研究丛书第4辑,宁夏人民出版社,2004年,27页。

❹ 陆亚萍《我国古代活字印刷术发展缓慢原因探析》,《广东印刷》,1998年第4期,17-18页。

墨色浓淡透背不一,就说是活字。"❶李清志先生的著作《古书版本鉴定研究》记载了如下的活字印本之鉴别法:"3. 各行文字之排列不整齐。尤其是明代较早之火字印本,其歪扭不正,倾斜不直之状,最为明显。"❷"6. 一行之内,不但字有大小,而且笔画粗细不匀称。""9. 排印时难免有极少数字,有倒置或卧排。"可见,活字印本基本上与无章法画上了等号。其实活字印刷的技术特点使它无法如同书法那样经营一个版面里的章法,正如牛达生先生所说:"活字印刷是一个一个字刻出来的……谈不上字与字之间的相互照应。"❸更严重的是活字印刷的长期被忽视,缺乏探索和实践机会使它每次被重新捡起时,它的印刷成品甚至没能达到书籍印刷的常规要求,比如明代著名的华燧铜活字印书就存在墨色模糊不匀、字迹大小不齐、正文和注解不分、脱文误字较多的现象,❹使文人无法忍受。

如果说活字印刷在面对文人对印刷字体的"苛求"时尚能找到一些解决办法,那么它面对印刷章法的大部分"苛求"时可谓是"无能为力",始终找不到很好的解决办法。这实际上是活字印刷技术上的客观制约,直至目前,与活字印刷术一脉相承的当代印刷术也依然没能真正解决这个问题,这或许就是活字印刷术在古代中国长期以边缘化的方式存在的其中一个重要原因吧。

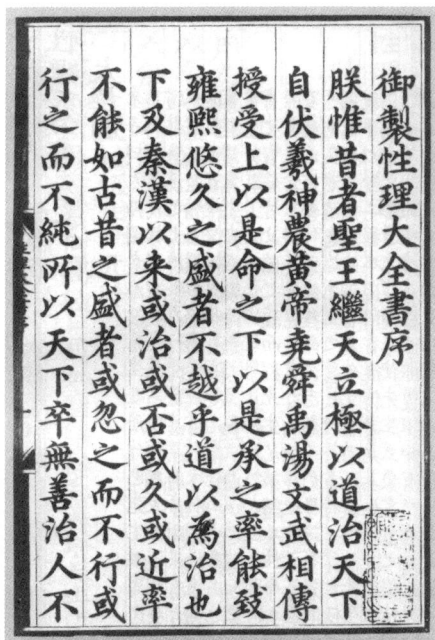

■ 图附 5-2 雕版印刷的章法讲究 这是明代内府刻本《性理大全书》(1415 年)中的一页,其版面中几个"以"字的微妙差异,"羲""神""农""黄"等字之间的负字距处理都是活字印刷难以达到的。

字库字体设计中有字身框和字面框两个概念,对照活字印刷的字模理解,字身框相当于字模的外框,字面框相当于里面字形所占的大小(图附6-1)。

字面大小由字面框大小决定的,字面框大字面就大,反之亦然。

字面框的设置与字符间距直接相关。无论是古代的活字印刷还是现代的字库字体,字身框之间的距离都设定为零,这样实际篇章应用中两个字之间的间距就靠两个字面框之间的距离来确定了,因此字面框大的,字符间距就小;字面框小的,字符间距就大(图附6-2)。

由于字库字体的字符间距是靠字面框设置来确定的,那么字面框里面文字与字身框左右距离的设定就非常考究。不过它不是简单与左右距离相等即可,因为我们所说的字符间距相等是一种视觉上的相等,而不是数值上的相等,字面框里文字大小,即字面大小的设计通常需要涉及相关的视觉原理。

图附6-3中"口""国""田"三字最右边笔画与字身框的距离并不是相等的。①最大,②最小,其原因是这三个字虽然外表结构一样,但内部的笔画多寡并不同,需要利用视觉原理调整。如果无视文字个体之间的差异,采用数值绝对相等的方式,如图附6-3右边三字,我们不难发现"口"字就显得特别大,"国"字显小,反而不符合视觉感受,这种个体的视觉调整是汉字字库字体设计一项很重要的工作。

不过,字面框的概念主要用于字库字体,在一些书法作品和品牌字体设计中通常不涉及。品牌字体设计的字符间距可以根据需要灵活设定,可以相等(视觉上相等),可以不等,甚至是负距离。

对于字与字的间距,还有一点需要补充,就是标点符号带来的字与字之间距离的考究,它的设定是当代版式设计(即行款)的重要项目(图附6-5),对版面美感、版面风格设置、阅读性控制等都有很大影响。

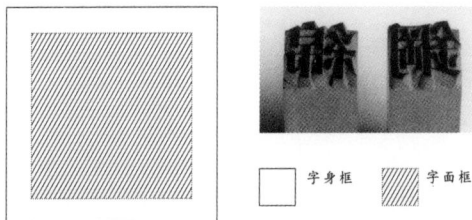

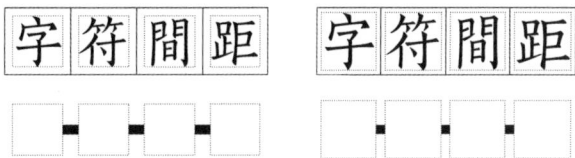

字身框 字面框

■图附 6-2　字面框大小与字符间距的关系
■图附 6-2　字面框大小与字符间距的关系

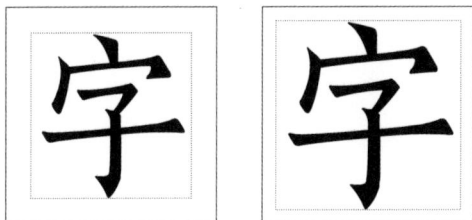

■图附 6-1　字身框与字面框

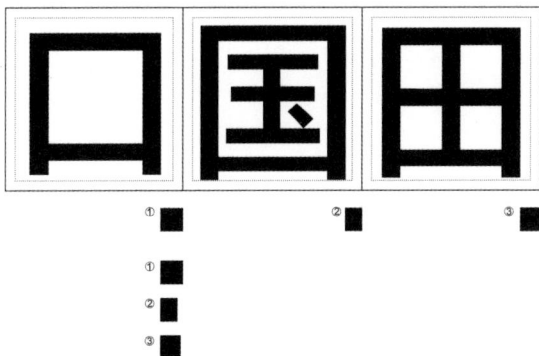

①　②　③

①
②
③

■图附 6-3　字面框里文字大小设置
涉及的视觉原理

■图附 6-4　西文活字的"边空"　西文活字常把字
身和字面之间的这个空间称为"边空"，它同样是西
文字距设计的一个关键要素。不过相对中文，西文的
"边空"有自身的一些难题，比如有些字体会遇到大写
A、W 距离无法再靠近，字距容易出现不均衡现象（左
上）；或是小写字母 f、i 的点会碰在一起，使字与字之
间产生空隙，甚至出现活字被折断的情况（左下）。对
此，前者之前只能靠其他字距的加宽来"迁就"，当代
则通过直接调整字偶距解决（右上）；后者之前会借助
一些专门制作的合字来克服，当代的办法如出一辙，不
过是通过设计时预先配备了相应合字的方式（右下）。

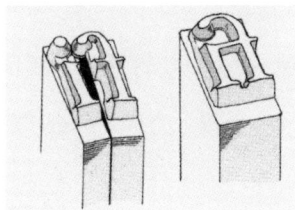

The Japanese people have loved nature so passionately that they have interwoven her life and their own into one continuous drama of the art of pure living. I have written elsewhere of the five Acts into which this life-drama falls, particularly as it reveals itself in the several forms of their visual arts. I have spoken of the universal value of this special art-life, and explained how the inflowing of such an Oriental stream has helped to revitalize Western Arts, and must go on to assist in the solution of our practical educational problems. I would now go back to that other key, to the blossoming of Japanese genius, which I mentioned under my account of the flower festivals, namely, the national poetry, and its rise, through the enriching of four successive periods, to a vital dramatic force in the fifteenth century. Surely literature may be a delicate an exponent of a nation's soul is as art; and there are several phases of Oriental poetry, both Japanese and Chinese, which have practical significance and even inspiration for us in this weak, transitional period of our Western poetic life. We cannot escape, in the coming centuries, even if we would, a stronger and stronger modification of our established standards by the pungent subtlety of

The Japanese people have loved nature so passionately that they have interwoven her life and their own into one continuous drama of the art of pure living. I have written elsewhere of the five Acts into which this life-drama falls, particularly as it reveals itself in the several forms of their visual arts. I have spoken of the universal value of this special art-life, and explained how the inflowing of such an Oriental stream has helped to revitalize Western Arts, and must go on to assist in the solution of our practical educational problems. I would now go back to that other key, to the blossoming of Japanese genius, which I mentioned under my account of the flower festivals, namely, the national poetry, and its rise, through the enriching of four successive periods, to a vital dramatic force in the fifteenth century. Surely literature may be as delicate an exponent of a nation's soul is as art; and there are several phases of Oriental poetry, both Japanese and Chinese, which have practical significance and even inspiration for us in this weak, transitional period of our Western poetic life. We cannot escape, in the coming centuries, even if we would, a stronger and stronger modification of our established standards by the pungent subtlety of Oriental thought, and the power of

海报可以"怨",如同诗可以怨一样,它可以安慰下这种刚刚"穿越"的心?作品思路、作品名字的出现就那瞬间。前辈们早已经悄悄的说"无声胜有声"呀,必须"怨"得无声无息(作品上没有文字)。恩,该会有一些"共鸣"吧,于是决定作品参加比赛。一番鸡飞狗跳,作品总算马马虎虎打了个样,直接耗去百把银两。不出所料,这个"怨"果然有了一些"同怨者",华沙展组委会还写了一段评语:并用行动表示支持,决定给个荣誉奖安慰下这颗"受伤"的心。瞧下面展览现场照片,标签

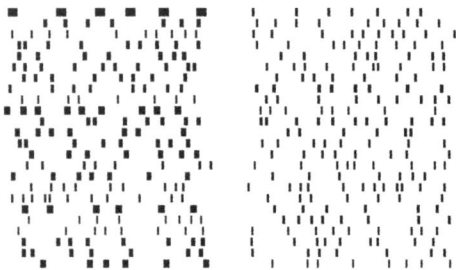

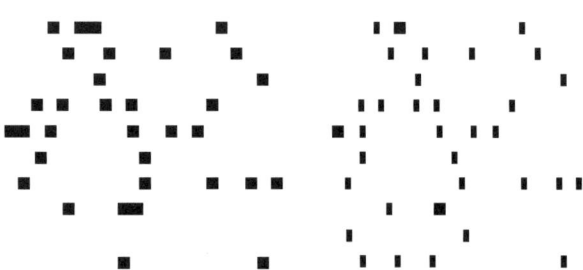

海报可以"怨",如同诗可以怨一样,它可以安慰下这种刚刚"穿越"的心?作品思路、作品名字的出现就那瞬间。前辈们早已经悄悄的说"无声胜有声"呀,必须"怨"得无声无息(作品上没有文字)。恩,该会有一些"共鸣"吧,于是决定作品参加比赛。一番鸡飞狗跳,作品总算马马虎虎打了个样,直接耗去百把银两。不出所料,这个"怨"果然有了一些"同怨者",华沙展组委会还写了一段评语:并用行动表示支持,决定给个荣誉奖安慰下这颗"受伤"的心。瞧下面展览现场照片,标签

■图附6-5　标点挤压设计(即标点所占位置大小的设定)　左两图为英文词距(含标点符号)的设置,右两图为中文标点符号距离的设置。我们不难发现,无论是中文,还是英文,如同两组左边这种过大的距离设定都是不合理的,排版设计对此有如标点挤压等相关设计技巧,两组右边的是调整过的相对合理的距离设定(需要注意,调整的美丑并没有标准答案)。

附录七　汉字行款基本样式确立探源

　　汉字最初的行款应是自由的,字序、行序并没有明确的限定。目前出土的大量疑似文字的行款方式是多样的,如江苏吴县澄湖良渚古井出土的黑陶贯耳壶,腹部的四字横斜状排列❶,而江苏高邮龙虬发现的刻文陶片,可以分为两组❷,四个字的那组应是竖排(图附7-1)。

　　不过这种自由式的行款在面临字数增多,或是有其他更高功能需求的记录时,它的不足就非常明显,新型的行款必然会出现。

　　因新需求而出现的新型行款,早期自由式的行款明显没有多大的参考价值,真正能起关键作用的应是这些新的需求。根据早期汉字的应用情况,我们不难猜测,它就是甲骨文占卜、竹简记录活动❸,那么最后能对行款样式起主要作用的应该集中于两个方面:一是甲骨和竹简本身;二是活动性质的影响。

　　第一点的甲骨常被略去,整治好的甲骨本身对行款的字序、行序都没有多少约束。而竹简常受关注,学者们常从持简习惯、书写习惯等方面入

❶《江苏吴县澄湖良渚古井群的挖掘》,《文物资料丛刊》第9辑,文物出版社,1985年,8页。

❷ 饶宗颐先生认为此片符号似可分为二组。一组四文,另一组作鱼形及动物的图纹,不易辨认。详见其《谈高邮龙虬庄陶片的刻划图文》,《东南文化》,1996年第4期,14-15页。

❸ 早期铭文相对甲骨文与竹简,数量较少,而且字数也不多,以标识性为主,因此应以自由式行款为主,不足以成为行款样式的主要影响因素。

❶ 王凤阳《汉字学》,吉林文史出版社,1989年,737页。

❷ 详见前文字形演变两种模式及书写顺序两个章节的讨论。

❸ 详见李宾《古汉字下行、左行行款探源》,《菏泽学院学报》,2007年第4期,102-105页。

❹ 李零《简帛古书与学术源流》(修订本),生活·读书·新知三联书店,2008年,4页。

❺ 章炳麟《章太炎全集(三)》,上海人民出版社,1984年,33页。

❻ 王宇信《甲骨学通论》,中国社会科学出版社,2015年,90页。

手,认定竹简所起的决定性作用。可惜对于自上而下的字序,尤其是单简书写,无论是"方便说",还是"持简习惯说"都略显得牵强。

"方便说"认为"汉字字形便于竖写,所用的竹简宜于竖写,这是汉字书写的决定性条件。"❶其实尚没有真正讲究书写顺序的初期汉字是无所谓竖写横写的,这时候的书写是为字形服务,而非字形为书写服务❷。此外,就竹简而言,客观上其实也没有明确的最适宜横写或竖写,同样构不成竖写字序的决定性因素。"持简习惯说"认为"古人应是席地而坐,左手持简,置于胸前,右手执笔而书。""正是持简的习惯性动作决定了字序的下行。"❸这个说法的前提条件是古人必须有竖向持简的习惯,而这其实是很难确定的。正如李零先生说的:"我们最容易犯的错误,不是别的,就是'以今人之心度古人之腹'。"❹比如甲骨是种不易写,也不易刻的"不方便"材料,但却被选为早期一个重要的书写载体,可见古人有时候对书写的目的更为重视,方便性反而是其次的。

这样,就剩下第二点,即活动本身了。

毫无疑问,甲骨占卜活动占据了绝对的"话语权",它具有两个先天的优势。

首先,地位优势。"生民之初,必方士为政。"❺当时以卜问吉凶、占福祸、决犹豫、定嫌疑,占卜可以用来指导一切活动❻,是政治上的大事,也是生活中的大事,拥有不可撼动的地位。

其次,亲缘优势。很多学者都认为汉字的诞生与巫及其活动有密切的关联,那么,汉字应用相关规则的制定很大程度上会遵循巫相关活动的

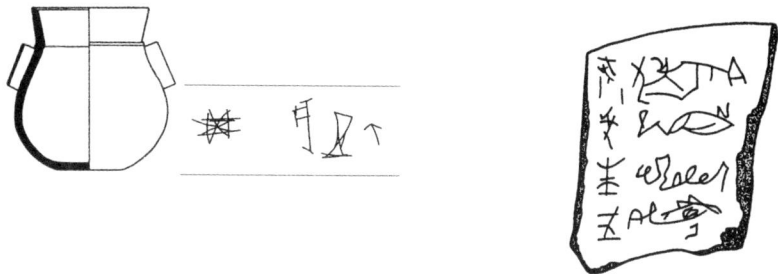

■ 图附 7-1　良渚黑陶贯耳壶(左),龙虬庄刻文陶片(右)

需求,或者说以巫相关活动需求为第一位,而甲骨占卜活动是先民最重要的巫术活动之一。

如此种种,我们都不难发现甲骨占卜活动在行款基本样式确立中的关键性作用。

那么,甲骨占卜如何起作用呢?

从目前出土甲骨文的内容来看,它绝大部分是占卜的结果,即神意由甲骨兆相表达出来[1]的文字呈现,是一种来自神灵,从天而降,"天垂象"式的昭示。行款自上而下的字序从形式上正好吻合这个特点,可见汉字行款自上而下的字序正是源自占卜活动的特性。

对于这种"天垂象"式的自上而下,我们还可以找到几个辅证:

其一,骨板上多个段落阅读次序的设定。一个完整骨板上,如有若干段卜辞,那么这些段落的阅读是自下而上的,就是从下一段开始,按照次序逐段上读[2],这正好切合处于下方的占卜者先问问题,然后逐步往上,高居在上的神灵给予昭示的过程,也与占卜活动的性质相契合。

其二,古代天地上下贯通观念的写照。如良渚文化中祭祀所用的琮,它外方内圆,竖立起来把方和圆串起来,也就是把地和天相贯通起来[3]。古代类似这种样式的祭祀用品在其他地方也出现过,如广东东南端的海丰县发现了与良渚文化相似的玉琮[4],可见,天地贯通应是先民们精神世界里的一种共同观念,汉字行款自上而下字序的设定不也正是这种天地上下贯通观念的直观反映吗?

其三,对应"上达"的"下传"方式。古代常用火烟作为祭祀"上达"的媒介[5],它是自下而上,那么表示"下传"内容的神昭示文字自然就是自上而下了。

❶ 据说卜兆的粗细、长短、曲直、横斜、俯仰、隐显等即是神灵意志的表示,详见李学勤《通向文明之路》,商务印书馆,2010年,315页。

❷ 高明《中国古文字学通论》,北京大学出版社,1996年,243-244页。

❸ 张光直《中国青铜时代》二集,生活·读书·新知三联书店,1990年,71页。

❹ 杨少祥等《广东海丰县发现玉琮和青铜兵器》,《考古》,1990年第8期,751-753页。

❺ 详见游顺钊《闻之为奥与象之为像——视觉因素在语义派生中的作用》,载《古文字研究(第二十六辑)》,中华书局,2006年,469-470页。

■图附 7-2 战国纹巫结长辫 到了战国时期,"上达下传"观念依然能从纹样中感受到。图为战国时代铜器纹饰,一个巫结着长长的辫子,估计是为了方便被神抓上天去,又或是为了方便上天神意的下传。

❶ 高明《中国古文字学通论》,北京大学出版社,1996年,242页。

❷ 详见吉德炜《贞人的笔记:论商代甲骨刻辞属于二次性材料》,原载于游顺钊、麦里筱主编《甲骨文发现百周年纪念国际会议论文集》,《仓颉》首特辑,2001年,后载于《商承祚教授百年诞辰纪念文集》,文物出版社,2003年,256页。

❸ 或许出土的朱书墨书甲骨有一部分就是这类笔记。

❹ 商代无帛书,西周有无未知。这里列出帛书也仅是作为一种猜测。

❺ 钱存训《书于竹帛:中国古代的文字记录》,上海书店出版社,2004年,162页。

❻ 钱存训《书于竹帛:中国古代的文字记录》,上海书店出版社,2004年,167页。

甲骨占卜活动的性质决定了行款自上而下的字序,行序呢?

从甲骨材料出发,它通常可以分为几个对称区域,为此我们常看到为对称之美而设定的"下行而左"和"下行而右"两种方式❶,就是说行序是自由的,可见后来行款常单一地以"下行而左",即行序"从右至左"为主,决定性的因素不在甲骨,也不是甲骨占卜活动。

那么是不是竹简呢?

目前尚没能见到与甲骨文同时期的竹简实物出土,但这并不影响我们讨论竹简在行款基本样式确立中所起的作用。著名汉学家吉德炜先生曾提出了贞人备忘笔记的说法,认为商代贞人有用于备忘的笔记,记录当时的占卜事项,等占卜应验后,根据记录契刻甲骨❷。如果确实存在这种"笔记",那么采用的书写工具可能有甲骨❸、竹简或帛书❹,而根据占卜活动的频繁和竹简的相对易写易得,竹简应是最佳的选择,也应是最常用的工具。

这样,作为辅助的竹简,应是直接执行甲骨占卜活动的行款样式,即自上而下的字序固定化,而行序相对灵活。不过随着时间的推移,行款字序的恒定带来持简方式的固定化,最终促使竹简开发出最适用自身情况的行序。

当然,如果吉德炜先生所猜测的"笔记"并不存在,根据甲骨占卜活动所具备的天然优势,处于"劣势"的竹简应该是类似的状态,即虽然不具备决定字序的机会,但还是拥有决定行序的"权力"。

我们知道对于竹简,无论是先写后编成册,或是先编成册再书写,从右至左都是比较方便的,对此,不少学者已有丰富的论证,下面简单列举其中代表性的一二。

先看先写后编成册的情况,钱存训先生《书于竹帛》中提到:左手持简,右手书写,便于写好的简策顺序置于右侧,由远而近,形成从右到左的习惯❺。劳榦先生在此书的《后序》中进一步详解:左手书写,所有空简放左边,写好依据顺序放右边,形成自右向左的顺序,最后装订就依据此而来❻。

而对于先编后写的情况,王凤阳先生认为:"原因之一是习惯势力的作用;原因之二还是书写上的方便。""从右边写起可以边写边把卷着的简摊开,非常自然。如果从左边写起,腕下垫起大卷的竹简,写起来十分碍事,将编简摊开,移动起来也十分麻烦❶。

据此,我们发现从右至左的行序应是来自竹简书写的作用。

于是,通过甲骨占卜活动和竹简的配合,甲骨文和竹简都形成了各自的行款定式,我们可以列出如下:

甲骨行款:卜辞类字序自上而下,行序从右至左或从左至右,非卜辞类字序一样,行序除了虎骨刻辞外,基本采用从右至左❷。

竹简行款:字序自上而下,行序从右至左。

在此过程中字形"不得不"作出一些配合性的调整,同时也获得了一些新的发展方向:

配合性调整如前文提到的"马""虎"等宽度较大的字形,为"自上而下"的统一需求,纷纷变成竖立起来;"典""箕"等左右太宽的字形,把构件两个"手"下移。

新的发展方向如更关注篇章中上下字之间的关系,而相对忽略左右字之间的关系,这成为后来字形书写顺序确定的主要出发点,影响深远。

不过,汉字行款基本样式的真正确立应是在周代。周代在继承商代的行款中,如同有意地弱化而至抛弃了甲骨占卜的方式一样,"商亡以后,骨卜之俗顿衰"❸,单纯地延续了竹简行款样式,统一使用字序自上而下,行序从右至左的行款,极少有例外❹。自此,被沿用数千年的汉字行款基本样式得以完全确立。

附录八　汉字字形的两种拆解法

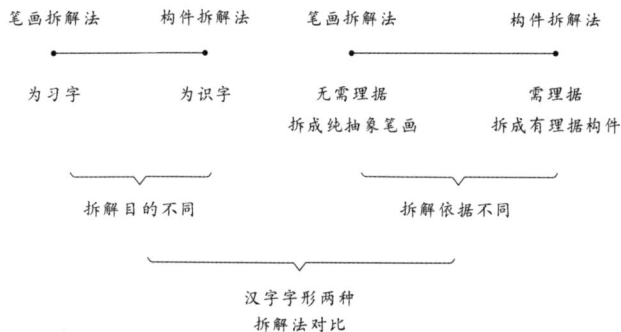

■图附 8-1　汉字字形的两种拆解法

❶ 王凤阳《汉字学》,吉林文史出版社,1989年,740页。

❷ 王宇信《甲骨学通论》,中国社会科学出版社,2015年,115页。

❸ 张光直《中国青铜时代》,生活·读书·新知三联书店,1983年,295页。

❹ 有个别铭文,如齐大宰归父盘行序是自左而右,不过极为稀少。

汉字字形有两种拆解法：笔画拆解法和构件拆解法（图附8-1）。

这是两种完全不同的拆解方式。

首先，两种拆解法的缘起差异很大。

笔画拆解法的出现最初是以习字为目的，大家熟知的"永字八法"就是一种为习字的笔画拆解法。"书'永'字既精，十百亿之字法则皆在其中也。"❶ 代表中国书法中笔画的大体。当代的字体设计延续和扩展了这种拆解法，字库字体归纳了自己的笔画拆解范式，为设计时字形笔画特征的统一提供依据（图附8-2），而品牌类的字体设计则灵活化了这种拆解法，笔画拆解非常随意，如一个横可能被拆解成两笔，是一种个性化的笔画拆解（图附8-3）。

除了以上几点，笔画拆解还被用于字形整理归纳，如字典编纂。通常认为明确将笔画作为区别单位，以笔画多少来排列汉字次序的为1196年韩孝彦首次编纂，其子韩道昭1220年最后修订的《四声篇海》❷，现代字典也常用这种方式，如本书引用的高明先生的《古文字类编》，书后也以笔画结合笔数给予了具体字形的查询方式。

与笔画拆解法不同，构件拆解法是为了识字而诞生的，最早可追溯到"周礼八岁入小学，保氏教国子，先以六书"的制度❸。其中的"六书"某种程度就是一种构

❶ 释溥光《雪庵字要》，载于《历代书法论文选续编》，上海书画出版社，2004年，187页。

❷ 当然，也有学者认为最早以笔画总数来编排汉字次序的字典是佚失的《类玉篇海》，由王太1164年最终修订，见梁春胜《从〈类玉篇海〉到〈四声篇海〉——我国字典编纂史上的一个转折点》，《中国典籍与文化》，2004年第2期，21-26页。

❸ 后来，习字也采用了构件拆解法，如《间架结构三十六法》。

■图附 8-3　个性化的笔画拆解　现代字体设计作品"直觉武汉"中"武"字的斜钩，"汉"字的撇捺都是一种个性化的笔画拆解，李海平设计。

件拆解法,而随着历代文字学家的发扬,构件拆解法更是成为一种常识,以各种方式服务于文字学。《说文解字》的"部首分编法"、唐兰先生的"偏旁分析法"本质都是构件拆解法。

其次,两种拆解法的依据不同。

拆解后的"零件"有没有理据是两种拆解依据的最大不同,笔画拆解法得到的是没有理据的纯符号性笔画;而构件拆解得到的是有一定理据的构件。

汉字字形笔画成熟之后,就基本保持稳定,而字形构件却在演变过程中变化无常,构件理据变异、丢失的现象非常普遍,因此构件拆解法相对复杂得多,经常会产生一些争议。

综上可见,这两种拆解法应该分开对待。汉字字形的笔画拆解法更多只是习字或字形整理归类的一种辅助手段,而构件拆解法才是真正能体现汉字特点的字形分解形式,如果把汉字字形理解为纯由笔画组成,当然是没有错的,但是认为汉字字形就是笔画组成的简单模件形式,就难免简单化了,它抛弃了前文提及的如"字形保留最基本的理据"等汉字重要特征,难免会引起对汉字字形的极大误解,应该引起我们警觉。

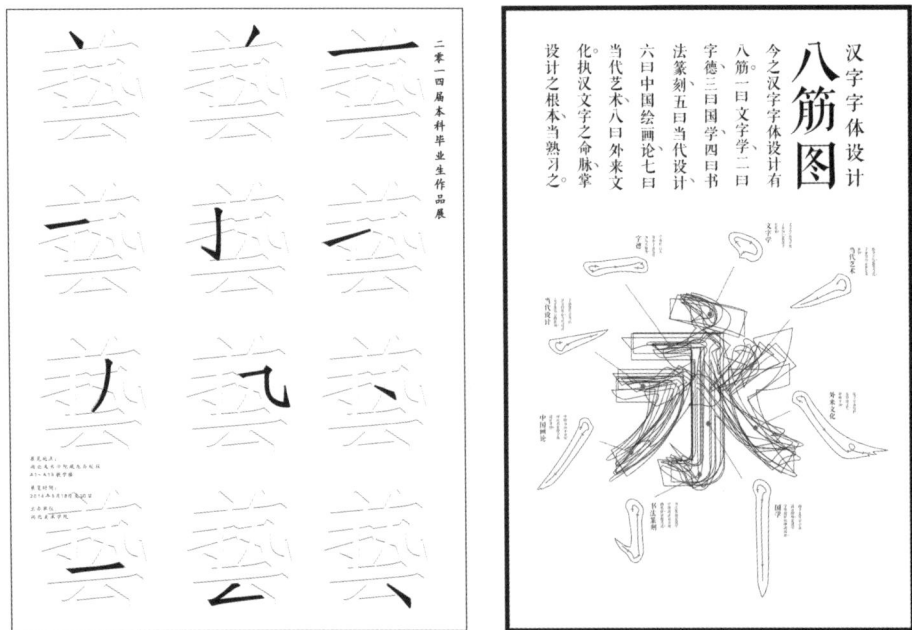

■ 图附 8-4　拆解法的应用　拆解法在海报设计中的应用　左为湖北美术学院 12 个系的毕业展海报,一个系一个笔画正好组成"艺"字(这个繁形"艺"字有 13 个笔画,还剩的一个笔画是全校最后评出的优秀作品,也有一个展览);右边海报既借用了"永字八法"的 8 个笔画来对应字体设计的 8 个相关知识,又借用了"永字八法"的重要性来影射字体设计中相关知识的重要地位,皆李海平设计。

字义　　　　字形本义　　　　文化解读

通常有　　　或存在或丢失　　或有或没有

或吻合或相异的
两个字形意义

汉字字形
三种不同的"义"

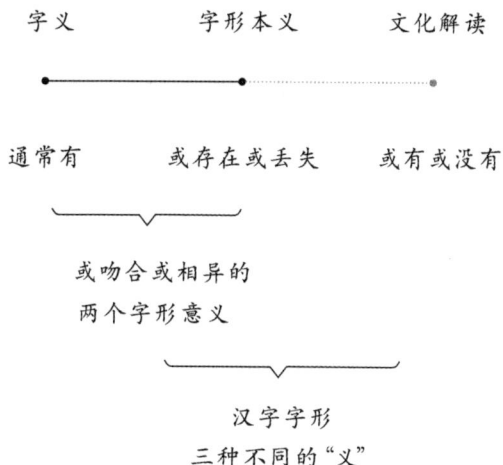

■图附 9-1　汉字字形三种不同的"义"

　　汉字字形通常拥有"字义"和"造字本义",有时候还会出现"文化解读"(图附9-1)。

　　"字义",指汉字所记录汉语中的语素和词的意义,往往包含延伸义、假借义等。"造字本义",指汉字的造字之义,就是汉字造字时字形所蕴含的字义。"文化解读"指借用文化来解读汉字,是中国汉字特有的现象,以"止戈为武"最为大家熟知,它也说明了在春秋时期,造字本义已经出现了丢失的现象。文化解读是造成造字本义、字义混乱的根本原因,历来为文字学家所不喜,但是它又是中国汉字不可避免的一种现象,实际上已经成为中国文化独特的一个组成部分。

　　"字义"和"造字本义"在多数情况下是吻合的,比如"虎""鹿"的字义和造字本义是一样的。但是有时候是不吻合的,出现了造字本义丢失的现象,比如"来"字,字义为往来的"来",而造字本义指麦子,从外域引进的作物;"东"字,字义是日出方位、方向,而造字本义是古人出门远行时携带的、用布和木棍包扎成的行囊;"能"字,字义是做得到,可行,而造字本义是"熊"的本字,指威猛无比的熊。

"文化解读"通常与字义、造字本义相去甚远。民间流传乾隆下江南时遇到一个农夫荷锄而过，引发对"夫"字的各种解读：农夫的"夫"字，上写"土"字，下加"人"字，是个刨土之人；轿夫的"夫"字，先写"人"字，再加两根竿子，是扛竿之人；孔夫子的"夫"字，"天"字出土便是，上通天文，下晓地理之人；夫妻的"夫"字，先写"二"字，后加人，表夫妻是两个人；匹夫的"夫"字，写一个"大"字，再加个"一"，是大丈夫。中国还发展出了特有的拆字解读，宋太宗曾改年号"天下太平"，有人将"太平"分离解析为"一人六十卒"（直排拆读），而宋太宗正巧于59岁时去世。个别字的这种解读无伤大雅，但是由于它更多的是一种主观臆断，大规模的这种解读就会引起不良的效果。宋代王安石的《字说》二十四卷，不顾前人的研究成果，随意穿凿，创造出许多莫名其妙的说解，唐代李阳冰也擅改《说文解字》，脱离六书，全凭臆测，在文字理论上造成极大混乱❶。

可喜的是，并非所有的汉字都拥有第三种意义，当然这里的没有第三种意义仅是指尚没有人对这些字进行文化解读。

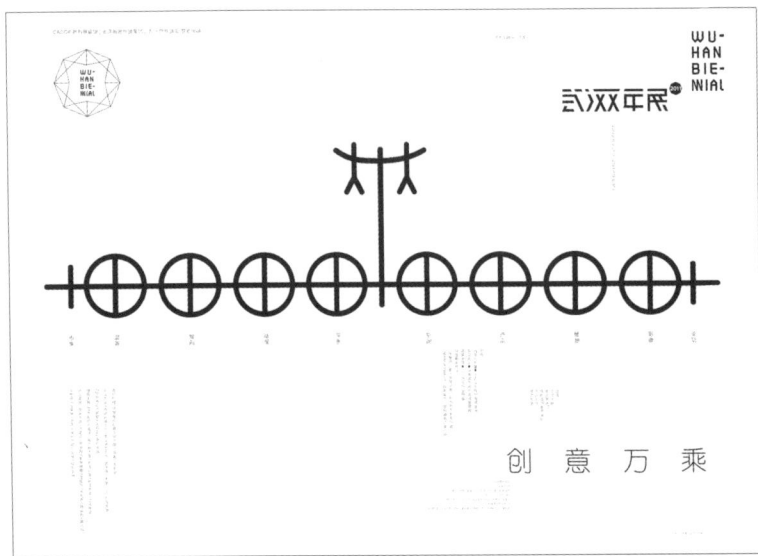

❶ 高明《中国古文字学通论》，北京大学出版社，1996年，15页。

■ **图附9-2 运用字形、字义的海报设计** 左借用"车"字形中轮子的数量来表示展览广泛的覆盖面，右直接用"坐"的字义营造几人围坐探讨的场景，皆李海平设计。

汉字字形学新论

一手执笔，一手持承写物书写常被认为是高坐具通行前的主要书写姿势。这个姿势在承写物是简或牍时非常实用，这在长沙金盆岭西晋墓出土青瓷俑所展现的书写场景已有生动反映（图附10-1）。不过手持的承写物如果是单纸，即便它是真正存在，其实用性、适用性也存在着不少疑问。

持单纸书写，尤其是满纸书写有两个难以克服的不利：

第一，偏软的纸不好手持，容易耷拉下来，形成折痕，甚至破坏纸张；

第二，根据行序自右而左，书写至最后几行时，纸基本没法拿，而如果是长卷，右边会拖出太长，也很麻烦。

■图附10-1　书写姿势　左长沙金盆岭西晋墓出土青瓷俑，右顾恺之《女史箴图》（局部）。

■图附10-2　长沙战国楚墓出土的凭几（复制品）

那么，书写者是否能容忍持单纸书写这种不利长期存在呢？

历代主要的书写主体是文人阶层，从长沙战国早期楚墓出土的一个只是用于凭依的凭几设计和制作（图附10-2），我们能清晰感受到这个阶层对于舒适度的追求和讲究，而事实上要解决用纸书写时的舒适度问题并非难事，或许早已经有了解决办法，只是被淹没在历史长河中，没有被我们发现而已。

综上，对于持单纸书写的姿势，我们不免有两个猜想：

其一，这个姿势或许只是纸张出现后使用时间很短的一种过渡性姿势，在当时并没有被广泛应用。一方面，汉至唐，纸越来越薄❶，如果说早期尚有可能执单纸书写，后来可能性就不大太，它极容易出现上文提到的第一个不利。而且，如果这是常用的书写姿势，那么书写者更"期待"的是增加纸的硬度以便更好地持纸书写，而非想尽办法把纸做薄变软。另一方面，南朝《弘明集》就有后世伏案书写的相关记载❷，伏案书写已经出现。

其二，这个姿势可能更多用于校书或阅读批注之类的书写中，比如北齐《校书图》《勘书图》的校书画面，《女史箴图》的批注场景（图附10-1）。这类书写通常字数和行数都不会太多，上文提到的两个不利表现不明显，它有一个有力的旁证，就是随着装订方式的发展，这个写姿有个"升级版"——持册书写，恰好大量应用于所说的校书、批注等书写中。

除此之外，我们甚至有一个更大胆的猜想。个别作品，如完成于南宋的《猴侍水星神图》（图附10-3），它不同于同时代其他作品出现的书写场景，而是依然采用执单纸的书写姿势。作为宗教画，它的写姿选用或许只是因为这个写姿表面上的潇洒随性更契合宗教表现，而不是真正书写场景的再现。古代图像不是对现实的真实摹写，而是因绘画观念，甚至个体喜好等因素进行艺术加工并非个案，其他出现这个写姿的作品是否也具有类似的艺术加工因素，或是如同《伏生授经图》，是一种后人的臆想呢？❸

❶ 汉代纸多厚重，其厚度为 0.2～0.29毫米；魏晋南北朝纸的厚度为0.15～0.2毫米，0.1毫米以下的少见；而唐代纸（写经纸）的厚度仅为0.05～0.14毫米，详见潘吉星《中国造纸史》，上海人民出版社，2009年，161页、221页。

❷《弘明集》卷一二载齐释道盛《启齐武帝论检试僧事》记载："伏纸流汗，谨启。"见释僧佑编《弘明集》卷一二，景印文渊阁四库全书第1048册，195页。

❸《伏生授经图》中人物的服饰、坐姿、家具、书卷等皆与今存的如壁画、画像石、画像砖等汉代图像资料不合，常被认为是唐人根据其现世的样貌和想象所绘。

■图附 10-3　张思恭（传）《猴侍水星神图》（局部）

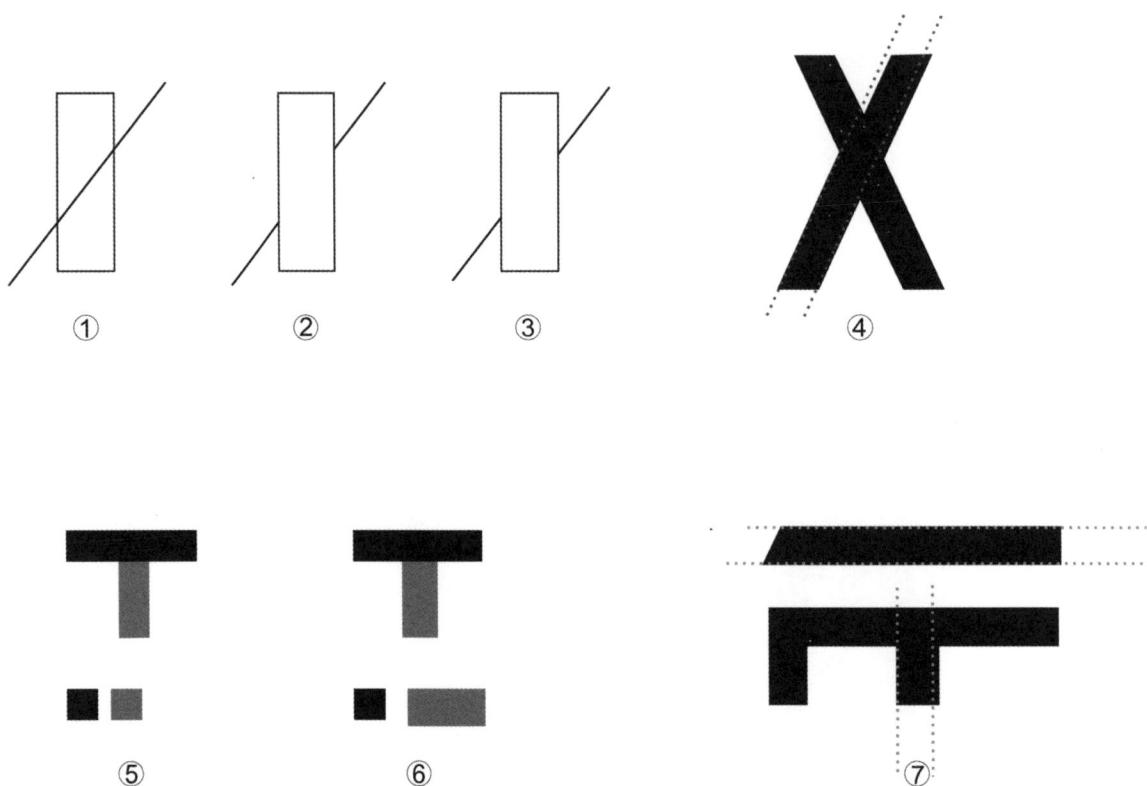

■图附 11-1　"武汉双年展"字体设计中视错觉的应用,李海平设计

图附11-1中,"双"字中"又"的交叉部分根据博格多夫视错觉进行了调整。①②中直线经过方块会产生右边线段偏上的错位感觉,③把直线右边部分往下移动了一点,就可以避免这个错位感。根据这个

❶ 关于"骨感效应"视错觉详见李海平《汉字字体设计原理》, 高等教育出版社, 2016年, 88页。

视觉原理, ④中"双"字交叉部分的倾斜直线, 是经过类似③的调整, 因此视觉上看起来是直线, 但测量就会发现是错位的。

横线、竖线粗细也有视错觉, "武汉双年展"四个字的横与竖也不是视觉上看起的一样粗细。⑤的横与竖是同样宽度的, 但是看起来竖会显得比较细, ⑥把竖加粗了, 视觉看起来横与竖粗细就一样了。⑦中选取了"年"的上部分, 它的横竖虽然看起来一样粗细, 但实际上是有差别的, 竖比横粗一些。

当然这种视错觉调整在早期文字和书法中都不会涉及, 它主要应用于现代字体设计, 比如前文出现的现代字体设计作品"大漆源道""余杨", 笔画都进行了"骨感效应"视错觉❶调整。

■ 图 0-1　甲骨文"宿"

文中引用的殷周(含春秋战国)时期字形及说文小篆字形除特别标注，均引自高明、涂白奎编著《古文字类编(增订本)》，上海古籍出版社，2014年。

■ 图 1-2　民间字体"福"

引自王抗生主编《中国传统艺术 12》219页，中国轻工业出版社，2000年。

■ 图 1-4　宁明花山岩画、《嵌赤铜狩猎纹壶》

岩画为宁明花山岩画，引自广西壮族自治区文化厅文物处、广西壮族自治区博物馆编《广西左江岩画》后附黑白图版 11，文物出版社，1988年；《嵌赤铜狩猎纹壶》引自中国历史博物馆编《华夏文明史》第一卷图 232-1、232-2，朝华出版社，2002年。

■ 图 1-5　《宰丰骨》《颂壶》《王子午鼎》

《宰丰骨》、《颂壶》及铭文、《王子午鼎》引自中国历史博物馆编《华夏文明史》第一卷图 174-1、图 185、图 185-2、图 211，朝华出版社，2002年；《王子午鼎》铭文引自中国社会科学院考古研究所编《殷周金文集成》，五，2811，乙，中华书局，1984年。

■ 图 1-10　民间摆字"寿"

引自吕胜中《意匠文字》219页，中国青年出版社，2001年。

■ 图 1-16　虎溪山汉简《日书》两种字迹

引自王晓光《新出汉晋简牍及书刻研究》图 6-2、图 1-5，荣宝斋出版社，2013年。

■ 图 2-2　马家窑文化《舞蹈纹彩陶盆》、仰韶文化《人面鱼纹彩陶罐》、双墩遗址陶刻符中的符号组合、大汶口文化的陶器上刻符(两个)

分别转引自杨晓能著，唐际根、孙亚冰译《另一种古史：青铜器纹饰、图形文字与图像铭文的解读》图 3-63、图 3-10、图 3-50、图 3-107、图 3-105，生活·读书·新知三联书店，2008年。

■ 图 2-3　马家窑文化《人面像兽骨组合图案彩陶罐》、马家窑文化《人骨架形图案彩陶钵》、仰韶文化《鹳鱼石斧图陶缸》、仰韶文化《龙虎形蚌贝摆塑》、王城图、马家窑文化《漩涡纹四系彩陶罐》

前四者引自杨晓能著，唐际根、孙亚冰译《另一种古史：青铜器纹饰、图形文字与图像铭文的解读》图 3-65、图 3-68、图 3-23、图 3-27，生活·读书·新知三联书店，2008年；王城图引自宋代聂崇义纂辑《新定三礼图》(古刻新韵六辑)王城图，浙江人民美术出版社，2015年，61页；《漩涡纹四系彩陶罐》引自廖群等著《中国审美文化史》图 1-6，上海古籍出版社，2012年。

■ 图 2-4　丁公龙山文化遗址出土陶文

引自冯时《山东丁公龙山时代文字解读》，《考古》，1994年第 1 期，37-54页。

■ 图 2-5　印第安人要求美国总统允许他们迁移到三湖地区的信、印第安车偎部落父亲给儿子的汇款信

前者引自 [俄] B.A. 伊斯特林著，左少兴译《文字的产生和发展》60页，北京大学出版社，1987年；后者转引自王元鹿、朱建军、邓章应《中国文字发展史·民族文字卷》167页，华东师范大学出版社，2015年。

■ 图 3-5　《折觥》及铭文

器物图片引自王露主编《中国国宝精华》138页，大象出版社，2005年；铭文引自上海博物馆商周青铜器铭文编写组《商周青铜器铭文选》图 89，文物出版社，1987年。

■ 图 3-6　敦煌马圈湾简牍、《张景造土牛碑》、《嵩庐妙翰》隶书部分

敦煌马圈湾简牍引自胡之主编《甘肃敦煌汉简(一)》26页，重庆出版社，2008年；《张景造土牛碑》引自彭兴林编著《中国历代名碑释要》150页，山东美术出版社，2011年；《嵩庐妙翰》隶书部分引自白谦慎

《傅山的世界：十七世纪中国书法的嬗变》图2.48，生活·读书·新知三联书店，2015年。

■图3-10　甲骨文的书写顺序模拟

引自赵铨、钟少林、白荣金《甲骨文契刻初探》，《考古》，1982年第1期，85-92页。

■图3-11　《中山王方壶》《薛仲赤簠》铭文

引自上海博物馆商周青铜器铭文编写组《商周青铜器铭文选》图八八一（1）、图八二三，文物出版社，1987年。

■图3-13　《法律问答》

引自湖北省博物馆编《书写历史：战国秦汉简牍》53页，文物出版社，2007年。

■图3-14　睡虎地秦简《法律问答》、郭店楚简《成之闻之》、上博简《三德》

《法律问答》引自湖北省博物馆编《书写历史：战国秦汉简牍》53页；《成之闻之》引自荆门市博物馆编《郭店楚墓竹简》49页，文物出版社出版，1998年；《三德》引自马承源主编《上海博物馆藏战国楚竹书五》三德图九，上海古籍出版社，2005年。

■图3-17　《粉岭大埔墟》的用笔顺序图

转引自孙晓云《书法有法》202页，华艺出版社，2001年。

■图3-19　《急就章》

字形引自皇象《急就章》，上海书画出版社，2013年。

■图4-2　八病势、转折处的用笔弊病

前者引自冯武《书法正传》61-64页，商务印书馆，1933年；后者引自刘小晴《中国书学技法评注》例图21，上海书画出版社，1991年。

■图4-5　瓦当文字

图片转引自申云艳《中国古代瓦当研究》图六六，文物出版社，2006年。

■图4-6　民间花鸟字"龙飞""福寿"、中山靖王鸟篆壶铭"寿肤年病"

花鸟字引自陈原川编著《中国图案》157页、156页，中国建筑工业出版社，2009年；铭文引自张振林《中山靖王鸟篆壶铭之韵读》附图，《古文字研究（第一辑）》。

■图4-9　波洛克作画现场、《1949年23号作品》

分别引自李家祺等《波洛克》130页、123页，河北教育出版社，2005年。

■图4-12　《禽簋》铭文

拓本引自上海博物馆商周青铜器铭文编写组《商周青铜器铭文选》图二七，文物出版社，1987年。

■图4-13　《蔡侯盘》《楚王后六室豆》《王后七府鼎》铭文

分别引自上海博物馆商周青铜器铭文编写组《商周青铜器铭文选》图五八九、图六七二、图六七三，文物出版社，1987年。

■图4-14　《啬庐妙翰》楷书部分

引自白谦慎《傅山的世界：十七世纪中国书法的嬗变》图2.25，生活·读书·新知三联书店，2015年。

■图4-15　《颂壶》铭文

铭文拓片引自上海博物馆商周青铜器铭文编写组《商周青铜器铭文选》图四三六，文物出版社，1987年。

■图4-17　田字格玺

引自李学勤《试说传出殷墟的田字格玺》，《中国书法》，2001年第12期，8-9页。

■图4-20　马王堆老子帛书、《陈侯簠器》铭文

前者引自殷荪编著《中国书法史图录》图166、上海书画出版社，2001年；后者引自上海博物馆商周青铜器铭文编写组《商周青铜器铭文选》图五八四，文物出版社，1987年。

■ 图 4-23 明代青花瓷装饰"福字岁寒三友""寿字桃树"

引自张道一《吉祥文化论》452 页、354 页, 重庆大学出版社, 2011 年。

■ 图 4-24 楚系秦系字形,《居延竹简》、《宣示表》

楚系两字引自马承源主编《上海博物馆藏战国楚竹书 (一)》图六, 上海古籍出版社, 2001 年; 秦系两字引自张守中《睡虎地秦简文字编》165 页、79 页, 文物出版社, 1994 年;《居延竹简》、《宣示表》引自殷荪编著《中国书法史图录》图 157、图 263, 上海书画出版社, 2001 年。

■ 图 4-25 《法律问答》《姑成家父》

《法律问答》引自湖北省博物馆编《书写历史:战国秦汉简牍》53 页, 文物出版社, 2007 年;《姑成家父》引自马承源主编《上海博物馆藏战国楚竹书五》《姑成家父》图七, 上海古籍出版社, 2005 年。

■ 图 4-26 目前出土最潦草的礼器文字

引自上海博物馆商周青铜器铭文编写组《商周青铜器铭文选》图六八一, 文物出版社, 1987 年。

■ 图 5-4 《史墙盘》《遂公盨》铭文

引自 [日] 西林昭一著, 陈松长译《新中国出土书迹》图 3.24, 图 3.29, 文物出版社, 2009 年。

■ 图 5-5 西周《虢季子白盘》铭文、《韭花帖》

前者引自上海博物馆商周青铜器铭文编写组《商周青铜器铭文选》图四四〇, 文物出版社, 1987 年; 后者引自殷荪编著《中国书法史图录》图 581, 上海书画出版社, 2001 年。

■ 图 5-6 齐国《国差𦉜》铭文

引自上海博物馆商周青铜器铭文编写组《商周青铜器铭文选》图八四六, 文物出版社, 1987 年。

■ 图 5-7 东汉陶罐、灵符、护符、日本江户时代的咒符、伊斯兰护符

东汉陶罐引自郭宝钧等《一九五四年春洛阳西郊发掘报告》, 载《考古学报》, 1956 年第 2 期, 1-31 页、141-150 页、181-182 页; 后四图引自 [日] 松田行正、向井周太郎著, 黄碧君译《圆与方》中 89 页、89 页、195 页, 下 88 页、40 页, 中央编译出版社, 2010 年。

■ 图 5-8 《太极河图》、《西厢记》插图、《明代帝王像》、《对相四言》、菲律宾最早印本《无极天主正教真传实录》、明《太上感应篇》、清《七佛如来供养仪轨经》

《太极河图》、《西厢记》插图、《明代帝王像》、《对相四言》皆转引自 [英] 柯律格著, 黄晓鹃译《明代的图像和视觉性》图 5、图 6、图 58、图 62, 北京大学出版社, 2011 年; 菲律宾最早印本《无极天主正教真传实录》、明《太上感应篇》、清《七佛如来供养仪轨经》, 引自张秀民著, 韩琦增订《中国印刷史》图 187、图 60、图 117, 浙江古籍出版社, 2006 年。

■ 图 6-1 巴蜀文字

引自陆锡兴《汉字传播史》103 页, 语文出版社, 2002 年。

■ 图 6-2 中山王墓出土的不同器物上的铭文

引自万业馨《应用汉字学概要》107 页, 商务印书馆, 2012 年。

■ 图 8-3 半波彩陶

引自张明川《中国彩陶图谱》插图 8, 文物出版社, 2005 年。

■ 图 8-9 《孔子讲学图》、明代绢本南京县府地图之《淮安府图》局部、宋代《新定三礼图》中的王城图

前者引自吴国桢著、陈博译《中国的传统》42 页, 东方出版社, 2006 年; 中者引自张杰《中国古代空间文化溯源》图 4-4, 清华大学出版社, 2012 年; 后者引自宋代聂崇义纂辑《新定三礼图》61 页, 浙江人民美术出版社, 2015 年。

■ 图 8-13 二人盘舞鎏金铜饰、二虎噬猪铜扣饰

分别引自张增祺编《滇国青铜艺术》图 169、图 230, 云南美术出版社、云南人民出版社, 2000 年。

■ 图 8-17　取形差异

引自王元鹿、朱建军、邓章应《中国文字发展史·民族文字卷》107页，华东师范大学出版社，2015年。

■ 图 8-24　纳西文"虹"字、甲骨文"亥"字

前两个虹字引自李霖灿编著《纳西族象形标音文字字典》，云南民族出版社，2001年；两亥字引自《甲骨文合集》。

■ 图 8-28　古代马车的轭靼式系驾法

引自孙机《中国古代物质文化》181页，中华书局，2014年。

■ 图 8-40　东巴经《大风祭》

引自吕胜中《意匠文字》上75页、下70页，中国青年出版社，2001年。

■ 图 8-41　孔雀杖头铜饰

引自张增祺编《滇国青铜艺术》图262，云南美术出版社、云南人民出版社，2000年。

■ 图 9-2　鱼形纹样的提取、组合过程

引自张明川《中国彩陶图谱》插图77、80，文物出版社，2005年。

■ 图 9-4　"鬲"字的演变

引自黄德宽《开启中华文明的管钥——汉字的释读与探索》122页图3，北京师范大学出版社，2011年。

■ 图 9-13　《海防纂要》

引自赵前编著《明代版刻图典》图一八六，文物出版社，2008年。

■ 图 10-12　字体"唯吾知足""云间"、陕北民间剪纸鸡牛合体、山西代县鱼纹石刻门墩三鱼图案

"唯吾知足""云间"引自月生编，王仲涛译《中国祥瑞象征图说》524、525页，人民美术出版社，2004年；陕北民间剪纸鸡牛合体、山西代县鱼纹石刻门墩三鱼图案引自李振球、乔晓光著《中国民间吉祥艺术》图78、图553，黑龙江美术出版社，2000年。

■ 图 10-16　《楚王酓肯盘》铭文、《中山王铜方壶》铭文、《曾侯乙鼎盖》铭文

字形拓片分别引自上海博物馆商周青铜器铭文编写组《商周青铜器铭文选》图六六三续一，图八八一（4），图七〇二，文物出版社，1987年。

■ 图 10-17　汉穆拉比时期记录法律文本的楔形文字泥版、武丁时期牛骨刻辞

前者引自中华世纪坛世界艺术馆编《美索不达米亚文明》图39，文物出版社，2007年；后者引自中国历史博物馆编《华夏文明史》第一卷图170-2，朝华出版社，2002年。

■ 图 11-2　罗邦泰草书、《作品4号》、《愚彻》

前者引自洛齐编《书法与当代艺术：世纪末的最后碰撞》166页，中国美术学院出版社，2001年；后两者引自邱振中《书法：七个问题》图5-14、图5-13，中国人民大学出版社，2011年。

■ 图 11-13　《邦簋铭》《海防纂要》《秦汉瓦当文字》

《邦簋铭》引自[日]西林昭一著，陈松长译《新中国出土书迹》图3.23，文物出版社，2009年；《海防纂要》引自赵前编著《明代版刻图典》图一八六，文物出版社，2008年；《秦汉瓦当文字》引自张秀民著，韩琦增订《中国印刷史》图67-3，浙江古籍出版社，2006年。

■ 图 11-15　舞台交换走"三插花"或"编辫子"、舞台空间关系与控位示意图、九宫格状的舞台空间布局图、前面三种关系的叠加图

引自李晓东、杨茳善《中国空间》图5-7、图5-8、图5-10、图5-11，中国建筑工业出版社，2007年。

■ 图 11-16　《奏书》、中山王铭文、《残纸》、《魏灵藏造像记》

《奏书》引自胡之主编《甘肃敦煌汉简（一）》23页，重庆出版社，2008年；中山王铭文拓本引自上海博物馆商周青铜器铭文编写组《商周青铜器铭文选》图八八一（2），文物出版社，1987年；《残纸》引自[日]西川宁著，姚宇亮译《西域出土晋代墨迹的书法史研究》C152，人民美术出版社，2015年；《魏灵

藏造像记》引自彭兴林编著《中国历代名碑释要》461页,山东美术出版社,2011年。

■ 图11-23 黄庭坚《明瓒诗后题卷》

两字引自刘正成主编《中国书法全集》36,275页,荣宝斋出版社,2001年。

■ 图12-2 《宋文宪公护法录》《秦汉瓦当文字》

两图引自张秀民著, 韩琦增订《中国印刷史》图57、图67-3,浙江古籍出版社,2006年。

■ 图14-1 《堇临簋》、《楚王酓朏鼎》盖内铭、武丁时期牛骨刻辞

《堇临簋》、《楚王酓朏鼎》盖内铭引自丁孟主编《你应该知道的200件青铜器》图61, 图174, 紫禁城出版社,2007年;武丁时期牛骨刻辞引自中国历史博物馆编《华夏文明史》第一卷图170-1、图170-2, 朝华出版社,2002年。

■ 图14-2 宅符、镇宅四角符

图片引自李振球、乔晓光著《中国民间吉祥艺术》图241,黑龙江美术出版社,2000年。

■ 图14-3 红顶上刻经摩崖北壁《大空王佛》

图片引自 [日] 西林昭一著, 陈松长译《新中国出土书迹》图7.113e、113f、113g, 文物出版社,2009年。

■ 图15-2 《中山王方壶》及铭文

《中山王方壶》图片引自王露主编《中国国宝精华》166页, 大象出版社,2005年;铭文拓本引自上海博物馆商周青铜器铭文编写组《商周青铜器铭文选》图八八一(2), 文物出版社,1987年。

■ 图15-3 《越王州勾剑》剑格铭文

图片引自台北《中国文物世界》112期86页、87页。

■ 图15-4 秦苏解为陶器盖文字

图片引自袁仲一、刘钰编著《秦陶文新编》图3351, 文物出版社,2009年。

■ 图15-7 《东武睢瓦》

图片引自 [日] 西林昭一著, 陈松长译《新中国出土书迹》图7.1b, 文物出版社,2009年。

■ 图15-8 寿字门笺（江苏南京剪纸）、寿字连续纹（明代丝织图案）

图片引自张道一《吉祥文化论》354页, 重庆大学出版社,2011年。

■ 图16-3 天水放马滩战国秦墓出土毛笔、日本正仓院藏天平时期的鸡距笔、故宫博物院藏明万历青花瓷笔杆羊毫提笔、天津博物馆藏紫檀木管马尾大抓笔、清陶正元款紫檀管抓笔、清恽寿平铭四方形象牙管竹斗提笔

引自朱友舟《中国古代毛笔研究》11页、13页、132页、77页、173页、132页, 荣宝斋出版社,2013年。

■ 图16-4 长沙左家公山楚墓出土毛笔、荆门包山楚墓出土毛笔、敦煌马圈湾汉代烽燧遗址出土毛笔、伊湾汉墓出土文具

分别引自扬之水《古诗文名物新证》图20-1①②④、20-6①②③, 紫禁城出版社,2004年。

■ 图16-5 傅山折柳条代笔书写和毛笔书写作品

分别引自朱友舟《中国古代毛笔研究》209页, 荣宝斋出版社,2013年;白谦慎《傅山的世界:十七世纪中国书法的嬗变》图4.8,生活·读书·新知三联书店,2015年。

■ 图16-6 宋张即之《金刚经》

图片引自[美]牟复礼, 朱鸿林合著, 毕斐译《书法与古籍》图39a-b,中国美术学院出版社,2010年。

■ 图16-7 欧洲中世纪的缮写室、宋摹北齐《校书图》（局部）、宋《十八学士图》（局部）、马远《西园雅集图》（局部）

前者引自 [美] 朱里编著, 张文贺、高雅娜译《什么是文字设计》131页,中国青年出版社,2007年;后三者引自孙晓云《书法有法》图32-1、图42、图43, 华艺出版社,2001年。

■ 图18-1　纳西文

引自李霖灿编著《纳西族象形标音文字字典》40页，云南民族出版社，2001年。

■ 图附5-1　泥活字印本《泥版试印初编》

引自张秀民著，韩琦增订《中国印刷史》图158，浙江古籍出版社，2006年。

■ 图附5-2　明内府刻本《性理大全书》

引自赵前编著《明代版刻图典》图五，文物出版社，2008年。

■ 图附7-1　良渚黑陶贯耳壶、龙虬庄刻文陶片

前者引自上海博物馆、香港市政局《良渚文化珍品展》26页，1992年；后者引自龙虬庄遗址考古队《龙虬庄——江淮东部新石器时代遗址发掘报告》205页，科学出版社，1999年。

■ 图附7-2　战国时代铜器纹饰

引自吴荣曾《战国、汉代的"操蛇神怪"及有关神话迷信的变异》，载《文物》，1989年第10期，46-52页。

■ 图附10-1　长沙金盆岭西晋墓出土青瓷俑、《女史箴图》(局部)

分别引自扬之水《古诗文名物新证》图20-29①②，紫禁城出版社，2004年。

■ 图附10-2　长沙战国早期楚墓出土的凭几（复制品）

引自扬之水《古诗文名物新证》图20-24①，紫禁城出版社，2004年。

■ 图附10-3　《猴侍水星神图》(局部)

分别引自扬之水《古诗文名物新证》图21-30，紫禁城出版社，2004年。

附录十三　相关术语索引

说明:

1.(绪.3)指绪论第三点；(上.3.1.1)，指上篇第三章第二节第一小点。

2.所列出的术语在文中通常都有相应的解释，少量需要根据文中阐述自行归纳。

字德(下.17.2)

图书在版编目（CIP）数据

汉字字形学新论 / 李海平著 — 重庆: 重庆大学出版社,

2019.8

ISBN 978-7-5689-1463-5

I. ① 汉 … II . ① 李 … III . ① 汉字—字形—研究 IV . ① H123

中国版本图书馆 CIP 数据核字 (2019) 第 085337 号

汉字字形学新论

HANZI ZIXINGXUE XINLUN

李海平 著

策划编辑: 张　维

责任编辑: 李桂英

责任校对: 邹　忌

责任印制: 张　策

出版社: 重庆大学出版社出版发行

出版人: 饶帮华

社址: 重庆市沙坪坝区大学城西路 21 号

邮编: 401331

电话: (023) 88617190　88617185（中小学）

传真: (023) 88617168　88617166

网址: http:// www.cqup.en

邮箱: fxk@cqup.com.cn（营销中心）

销售: 全国新华书店经销

印刷: 天津图文方嘉印刷有限公司

开本: 787mm×1092mm　1/16

印张: 16.5

字数: 426 千

印次: 2019 年 8 月第 1 版　2019 年 8 月第 1 次印刷

书号: ISBN 978-7-5689-1463-5

定价: 69.00 元